原理及其意义

探索中国法律文化之道

本成果系国家社科基金重点项目
"中国传统法理学研究"成果

原理及其意义

（第三版）

探索中国法律文化之道

张中秋 / 著

PRINCIPLE AND ITS MEANING

EXPLORING THE WAY
OF CHINESE LEGAL CULTURE

中国政法大学出版社

2021·北京

图书在版编目（ＣＩＰ）数据

原理及其意义：探索中国法律文化之道/张中秋著. —3版. —北京：中国政法大学出版社，2021.5

ISBN 978-7-5620-9831-7

Ⅰ.①原…　Ⅱ.①张…　Ⅲ.①法律－文化－研究－中国　Ⅳ.①D929

中国版本图书馆CIP数据核字(2021)第014270号

出 版 者	中国政法大学出版社
地　　址	北京市海淀区西土城路 25 号
邮寄地址	北京 100088 信箱 8034 分箱　邮编 100088
网　　址	http://www.cuplpress.com (网络实名：中国政法大学出版社)
电　　话	010-58908289(编辑部) 58908334(邮购部)
承　　印	固安华明印业有限公司
开　　本	880mm×1230mm　1/32
印　　张	11
字　　数	250 千字
版　　次	2021 年 5 月第 3 版
印　　次	2021 年 5 月第 1 次印刷
定　　价	55.00 元

第三版序言

　　这是本书的第三版。自第二版问世以来，笔者依然没有放松对中国法律文化之道的探索，对其原理和意义有了一些新的认识，如置于本书篇首的《中国传统法本体研究》一文，意在本体上或者说从根本上，发现和揭示中国传统法是什么样的法，可以说这是本书所要探索的主题的前提。因此，为了能把这些认识及时地反映出来，我对第二版又进行了删改和补充。这样，一方面可以使自己更好地听取他人的意见，另一方面亦可以促使自己继续去思考。对于学术的进步，我想大家都知道，贵在探索中不断创新，但我们同样亦清楚，这事说起来容易做起来难，所以，相对于前一版，这一版又有多少进步抑或不足，还请大家评议。

张中秋

2020 年 5 月

第二版序言

　　在这部集子在 2010 年出版以后，我没有放松对中国法律文化之道的思考，因此对其原理和意义又有了一些新的认识。为了整理自己的思考以便继续探索，同时亦是为了倾听更多的批评和建议，我在原来的基础上进行了新的整合，重点修改了《传统中国法的道德原理及其价值》和《中国社会转型与法的统一性问题思考——传统中国道德原理法思想的形成与完善及未来》两文，撤下了几篇与主题关系不深的文章，换上了几篇与主题关系密切的新文章。另外，还对附录进行了更换。这样，全书的变化不仅表现在文章的替换上，还体现在主题的集中深入上，所以，称之为第二版亦是可以的。当然，和第一版的情形相仿，这一版中的文章亦有少数重复的地方。出现这种情况并不完全是专题文集所难免的，而是更多地表明作者的思考还在过程中，还没有形成完整清晰的思想体系，所以，再次祈请大家谅解。

张中秋

2015 年 5 月

第一版序言

这部集子是我部分文章的选编。这些文章是由同一个问题引发的，即对中国传统法律文化原理及其意义的追问，亦即对中国法律文化之道的探索。

走上探索中国法律文化之道这条路，对我来说似有必然。我生长于清新自然的江南农村，天性中有乡土社会的求实倾向，同时又有对空灵文化的向往，所以，从探求法的历史到追寻法的文化原理，似乎成了我研究历程中的一个自然选择。我对中国法律文化之道的思考，经历了一个从自发到自觉的过程。虽然20年前我在写中国法律的伦理化时已触及了这个问题，但应该说那时还不是很清楚自觉的，只是10年后的研究才使问题愈来愈清晰地呈现在我的面前，迫使我不断地去面对和思考本书的主题，就好像朦胧中隐约有一条线索在不时地牵引着，让我身不由己地朝着中国法律文化的原理和意义的方向移动。

我的探索使我认识到，中国人在哲学和观念上都认为，天人合一，天理、国法、人情相通。这种为中华民族所固有的法观念，正是我们从西周发展而来的中国法律文化之道。这个道用理学的话说是理，用现在的话说是道德原理。道德原理的含义是，道是事物的结构，表示万物的有序性；德是事物的属性，表示万物的创生性；其中，道是德的存在形式，德是道的存在依据，两者合二为一构成事物的统一性，亦即万物统一原理。道与德在哲学上被抽象为阴与阳，在法律上转化为礼与法或德与刑，这样，从阴阳合一、阳主阴从的万物原理，转化成了礼法结合、德主刑辅的法律原理，亦即《唐律疏议·名例》所言："德礼为政教之本，刑罚为政教之用，犹昏晓阳秋相须而成者也"。从道德原理的特征上看，统一性是它的形式，礼教性是它的实体，差序性是它的结构。其中，统一性是指它整体上的系统性，亦即一体化；礼教性是指它实体上的道德属性，其核心是三纲五常，精髓是仁与义，法言情与理，亦即仁爱与正当；差序性是指它主从有序的结构，亦即一体二元主从式多样化的构成。这些特征和内涵与中国人具有生命感的世界观，亦即植根于有机宇宙观的有机整体性、道德生命性和阴阳合一、阳主阴从的辩证性相联系，而其意义和得失亦尽在其中。对此，我们在中国法律文化的实践历史以及它与域外法律文化的交流和比较中，可以得到相应的观察与验证。

毫无疑问，如果不带现代人的偏见，我相信在传统社会的中国人看来，道德作为中国法律文化的原理，亦即传统中国法理的根据之所在，理论上不仅具有充分的正当性，事实上亦是他们理想的至少是合理的现实生活的一部分；而且由于这个原理扎根于万物有序与生生不息的自然之理，于今除了要遗弃它的一些旧时精华而今糟粕的东西，如过度尊崇权威和维护等差的"三纲"礼教外，更因为它在精神上肯定和追求有德的人、向善的法与和谐的社会，契合人类真、善、美的理想，所以依然具有某种程度的普适性和持久性；即使与西方法的自由原理相比较，亦永有其价值，因为道德与自由都是人类所必需的。这恰好表明，我们的先人几千年的法律生活，并不像一般教科书所描述的那样无甚可取，而是在给我们留下悠久丰富的法律文化传统的同时，又赋予了它义理深邃的法律文化哲学。

　　集子里的文章写于不同的时候，而且写的又都是同一个主题，所以，全书虽然主题鲜明但不够系统，少数地方有重复，祈请读者谅解。不过，可以告慰大家是，我今后的课题，将是在此基础上继续钻研，写一部完整而没有重复的中国法律文化原理之作。

　　　　　　　　　　　　　　　　　　　　　　　　张中秋
　　　　　　　　　　　　　　　　　　　　　　　　2010 年 5 月

目　录

第三版序言　／Ⅰ

第二版序言　／Ⅱ

第一版序言　／Ⅲ

※ 中国传统法本体研究　／1

※ 论中国传统法律的伦理化　／43

※ 乡约的诸属性及其文化原理认识　／84

※ 家礼与国法的关系和原理及其意义　／99

※ 传统中国的法秩序及其构成原理与意义　／118

※ 传统中国法的精神及其哲学　／135

※ 传统中国法的道德原理及其价值　／160

※ 为什么说《唐律疏议》是一部优秀的法典　／192

※ 中国经济法律传统及其与社会盛衰之关联

　　　——兼论中国经济法律传统与社会盛衰

关联之道　／206

※ 中国传统法律文化的模式与价值及其转化　／226

※ 中国传统法理学的精髓及其当代意义　／245

※ 中华法系与罗马法的原理及其哲学比较

　　——以《唐律疏议》与《法学阶梯》

　　　为对象的探索　／272

※ 人与文化和法：从人的文化原理比较中西

　法律文化　／293

附录 I　如何使法史学有思想和影响　／309

附录 II　坚持有理想的现实主义　做中国的历史

　　　主义法学　／318

附录 III　张中秋老师访谈录（代后记）　／326

中国传统法本体研究 *

引　言

在人类认识世界中，哲学是最根本的思想。在哲学中，本体与本体论是最根本的问题。在哲学范畴内，本体是指事物存在的根本、根据或者说理据，而本体论则是研究本体的学问，亦即研究事物存在的根本、根据或者说理据的学问。[1]同样，在我们认

＊　原载于《法制与社会发展》2020 年第 1 期，有修改。

[1]　本体与本体论原是西方哲学范畴，19 世纪经由日本传入我国，随后在我国学界持续发生影响。然而，在中国学界，一直存在着关于什么是本体、本体论，本体、本体论的译名是否恰当，以及传统中国有没有本体、本体论等诸如此类问题的争论，这在哲学界亦早已成为学术公案，具体可参见俞宣孟：《本体论研究》（第 3 版），上海人民出版社 2012 年版，第 3～95 页。笔者为撰写本文，对此不得不格外小心，综合各方所得，认为在哲学和法哲学的视角中，传统中国和中国传统法自有本体和本体论，这已为相关研究所证明，完全不必再费笔墨；至于本体和本体论的含义，虽然还没有确切统一的定义，但亦有在本文"引言"中所揭示的大致共识，即本体是指事物存在的根本、根据或者说理据，而本体论则是研究本体的学问。笔者基本认同这个共识并稍加综合，进而推至对法的本体和本体论的理解。笔者上述思考所涉及的资料，请参见俞宣孟：《本体论研究》（第 3 版），上海人民出版社 2012 年版；张岱年：《中国哲学中的本体观念》，载《张岱年全集》（第 5 卷），河北人民出版社 1996 年版；张岱年：《中国古代本体论的发展规律》，载《社会科学战线》1985 年第 3 期；张岱年：《论老子的本体论》，载《社会科学战线》1994 年第 1 期；谢荣华：《中国古代哲学中的"本体"概念考辨》，载《中国哲学史》2005 年第 1 期；向世陵：《中国哲学的"本体"概念与"本体论"》，载《哲学研究》2010 年第 9 期；

识法的世界中，法哲学是最根本的学问。在法哲学范畴内，法本体是指法存在的根本、根据或者说理据，而法本体论则是人们研究法本体的学问，亦即人们对法存在的根本、根据或者说理据所进行的哲学研究。本文就是笔者在这个意义上对中国传统法本体所做的一项研究。这项研究首先离不开中国传统法本体本身，这是本文研究的对象和前提；同时，亦离不开中国传统哲学和法哲学，特别是其中有关本体和法本体的认识，这是本文进一步研究的思想和学术资源；当然，亦离不开现代法哲学，尤其是它的本体论，这是本文展开分析和认识的工具与方法。所以，本文实际上是笔者在立足于中国传统法本体的基础上，透过法哲学的视角，运用法哲学的方法，对中国传统法本体所做的一次探讨。毫无疑问，这样的探讨有多重意义，其中最重要的一点是，在本体上或者说从根本上，发现和揭示中国传统法是什么样的法。这是我们对中国传统法，亦是本书的主题和对象，开展相关研究与认识的前提，但其难度亦可想而知，所以，有不当之处，还请大家指教。

一、中国传统法本体的内涵及其结构

依笔者所见，如果要研究中国传统法本体，最好是从它的内

宋志明：《中国哲学的本体论思路》，载《船山学刊》2004 年第 1 期；［德］古斯塔夫·拉德布鲁赫：《法哲学》，王朴译，法律出版社 2013 年版；公丕祥：《关于法哲学本体论的思考》，载《中外法学》1992 年第 1 期；武夫波：《传统中国法本体研究》，中国政法大学 2017 年博士学位论文，"绪论"和第 1 章"法本体释义"；武夫波：《董仲舒法本体论初探》，载张中秋主编：《道与法——中国传统法哲学新探》，中国政法大学出版社 2016 年版，第 20～38 页。

涵探讨开始，因为这是我们认识的逻辑起点。一般而言，中国传统法本体的内涵包括了对它含义的界定和具体所指的揭示，亦即对中国传统法本体是什么以及有哪些的回答。[2] 依据上文对本体和法本体的理解，中国传统法本体是指中国传统法存在的根本、根据或者说理据。这是对中国传统法本体含义的界定，它回答了中国传统法本体是什么的问题，然而，中国传统法本体含义的具体所指又是什么呢？亦即中国传统法本体的具体内涵，或者说它存在的根本、根据或者说理据有哪些？这是我们接着要回答的问题。

对于这个问题，首先要说明两点，一是法本体既然是法存在的根本、根据或者说理据，那么，它就必须通过法来实证；二是中国传统法包罗广大，所以，研究只能选取有代表性的法律和资料来进行。对照这两点，我们可以通过对中国传统法的代表性资料，如《唐律疏议》《名公书判清明集》以及明清司法资料的运用，来分析探寻中国传统法存在的根本、根据或者说理据。这里就以《唐律疏议》为例，其在开篇《名例》中规定："德礼为政教之本，刑罚为政教之用，犹昏晓阳秋相须而成者也。"[3] 这句话的意思是说，德礼是政教的根本，刑罚是政教的辅用，两者犹如黄昏与早晨（相续为一天）、春天与秋天（相续为一年），只

---

[2] 这里要提出的是，从已经发表的成果来看，对中国传统法本体的直接研究和专门探讨的成果还非常有限，前人研究中有的学者（如吴经熊）涉及中国传统法本体的问题，但并未以"法本体"的概念形式出现（参见吴经熊：《法律哲学研究》，清华大学出版社 2005 年版，第 70 页）；近年来武夫波博士专攻这一问题，撰成《传统中国法本体研究》博士论文，另还发表了几篇相关成果，参见本文"引言"注 1 中所揭示。

[3] （唐）长孙无忌等撰：《唐律疏议》，刘俊文点校，中华书局 1983 年版，第 1 页。

有相互结合方能构成完美的整体。我们知道,《名例》是《唐律疏议》的指导思想和宗旨所在,政教是中国传统政治文化的统称,亦称之为"大法"[4],具体的法律如《唐律疏议》等都包含在其中。因此,作为政教两翼的德礼与刑罚,亦就是礼与刑,或者说礼法,实际上就是中国传统法的基本内容与结构。正如上述《唐律疏议·名例》所规定,在这个结构中,德礼为本、刑罚为用,德礼为本意味着德礼是刑罚亦即《唐律疏议》的根本。既是根本,自然亦可以说是根据或理据。因为无论是在汉语语义,还是在哲学本体论上,根本、根据、理据这三者是相通的。[5]因此,如果换用法哲学的语言,那么,德礼为本就是说德礼是《唐律疏议》的根本、根据或者说理据,亦即德礼是《唐律疏议》的本体所在。由此,我们进一步可以说,鉴于《唐律疏议》是中国传统法的代表性法律,德礼不仅是《唐律疏议》的本体所在,亦是中国传统法的本体所在。

　　德礼作为中国传统法的本体,本文已通过上述分析,在法律

---

〔4〕 中国古代的法有广狭多义,其中狭义上的法主要指律,亦即刑;而广义上的法则包括礼、乐、政、刑等,这与《唐律疏议》中所说的政教相当,所以称之为大法,即如《管子·任法》中所说:"故法者,天下之至道也。……所谓仁义礼乐者,皆出于法。此先圣之所以一民也。"

〔5〕 从汉语语义上讲,根本、根据、理据这三个词,在表示事物的根基、基础、依据的意义上,它们的含义是相通的,参见《汉语大辞典》和"百度百科"的相关辞条释义。在中国哲学,特别是有关本体论的认识上,无论是过去还是现在,中国学者亦是将它们与本体、本根贯通理解的,参见张岱年:《中国古代本体论的发展规律》,载《社会科学战线》1985年第3期;谢荣华:《中国古代哲学中的"本体"概念考辨》,载《中国哲学史》2005年第1期;向世陵:《中国哲学的"本体"概念与"本体论"》,载《哲学研究》2010年第9期;公丕祥:《关于法哲学本体论的思考》,载《中外法学》1992年第1期。

规范的制度层面上得到了实证。如果不再追问，问题可以就此了结，但法哲学研究的特点就是要不断地追问，直至对终极答案的获得。大家知道，在法哲学的视野中，法包括理念、制度和实践，所以，中国传统法的本体在法律规范的制度层面是德礼，那么，它在理念和实践层面又是什么呢？对此，需要继续探讨。这里，我们不妨先摘录一段沈家本先生的序语，以便进入问题的实质。他说："吾国旧学，自成法系，精微之处，**仁**至**义**尽，……新学往往从旧学推演而出，事变愈多，**法理**愈密，然大要总不外'**情理**'二字。无论旧学、新学，不能舍**情理**而别为**法**也，所贵融会而贯通之。"[6]（黑体字为笔者所标的关键词）众所周知，沈家本既是中国传统律学（旧学）的大家，又是中国近代法学（新学）的开创者，他对中外法律特别中国传统法可谓熟稔精通。在他看来，中国旧学自成法系，其中内贯这样的逻辑，即法→法理→情理→仁义。这个逻辑告诉人们，中国法的法理是情理，情理背后亦即法的精微之处是仁义，这在旧法和新法中都是一样的，所贵的只是会通而已。依据这个逻辑，情理和仁义不只是中国传统法的法理，亦可以说是中国传统法的本体。因为法理就是法的根本、根据或者说理据。它与本体所不同的是，本体是法哲学术语，法理是法理学术语，两者虽不能完全等同，但内涵是相通的。这样，中国传统法的本体，准确地说是这个本体的具体内涵，除了德礼外，又有了情理和仁义，那么，情理和仁义是什么意义上的本体呢？德礼、情理和仁义这三者又是什么关

---

[6] 《法学名著序》，载（清）沈家本撰：《历代刑法考》，邓经元、骈宇骞点校，中华书局1985年版，第2240页。

系呢?

　　先说"情理",这是我们在古代法律文献,特别是在宋及以后的司法文献中常见的词。有如论者所言:"学者们注意到,宋明清以来,'情理'一词在司法上运用渐广。确实,最初对'情'的强调,也是从司法领域开始的。所谓情理,在其初,不过是发轫于断狱的司法要求。"[7]事实确是如此,笔者曾仔细研读《名公书判清明集》,发现其中绝大部分判决,都是围绕着情、理、法进行辨析和推导,体现了情理或者说法意与人情的辩证统一。对此,如果要用具体的判词来证实亦非难事,但繁复引证显然不是法哲学的风格,所以,有意者可以参见下面注中所作的提示。[8]此外,在宋明清特别是清代的司法档案中,研究者亦同样发现了情理一词的大量出现和使用,[9]以至于有的学者将其称之为"情理法"。[10]笔者认为,虽然"情理法"一词还不够科

〔7〕　霍存福:《中国传统法文化的文化性状与文化追寻——情理法的发生、发展及其命运》,载《法制与社会发展》2001年第3期。

〔8〕　《名公书判清明集》的判词,几乎都是围绕情理或者说法意与人情展开的,其中较为典型的这类判词,可以参见中国社会科学院历史研究所宋辽金元史研究室点校的《名公书判清明集》(中华书局1987年版)第100~102、124~126、175~176、215~216、348~349、501、602~603页,等等。

〔9〕　参见〔日〕滋贺秀三:《清代诉讼制度之民事法源的概括性考察——情、理、法》,载〔日〕滋贺秀三等:《明清时期的民事审判与民间契约》,王亚新等编译,法律出版社1998年版;霍存福:《中国传统法文化的文化性状与文化追寻——情理法的发生、发展及其命运》,载《法制与社会发展》2001年第3期;〔日〕夫马进:《中国诉讼社会史概论》,范愉译,载中国政法大学法律古籍整理研究所编:《中国古代法律文献研究》(第6辑),社会科学文献出版社2012年版。

〔10〕　如范忠信等:《情理法与中国人——中国传统法律文化探微》,中国人民大学出版社1992年版。

学,[11]但毫无疑问,在宋明以来的法律中,尤其是明清时期的司法实践中,情理被广泛地反复提起和使用,而且是作为法理依据被提起和使用,[12]这至少表明情理是这个时期司法的理据。就此而言,这又意味着它亦是这个时期中国法的本体,准确地说是中国传统法本体在司法实践上的表达。因为能够作为这个时期中国司法的理据,即表明它是这个时期中国法在司法层面上存在的根本、根据或者说理据。因此,从法哲学的角度来看,如果说中国传统法本体在制度层面是德礼的话,那么,如上所论,它在实践层面就应是情理。

如果这个判断不错的话,那么,我们接着要问:仁义又是什么层面上的本体呢?对此,细心的读者其实可以从前引沈家本先生的序中寻得线索。他说"吾国旧学,自成法系,精微之处,仁至义尽"。这表明在他看来,中国传统律学和法系的精微之处在于仁义。众所周知,精微是精深微妙的意思,表示事物的精髓和深奥,决定事物的本质,属于精神范畴,表现为高度抽象的理念或观念,所以,作为中国传统律学和法系的精微所在,仁义是决定中国传统法本质的理念或观念。从这个意义上说,仁义即是中国传统法的本体,准确地说是中国传统法本体在理念上的表

---

[11] 首先,情理是人之原理,具有普遍性而不具有分类的意义;其次,不存在实体性的类于刑事法、民事法、教会法这样的"情理法",所谓的"情理法",实际上只是具有情理属性的法。因此,在形象比喻的意义上,或许可以使用"情理法"这样的说法,但作为科学研究的术语还是应该慎用。

[12] 原始资料可参见前注所揭示的《名公书判清明集》和《刑案汇览(全编)》(法律出版社 2007 年版),研究作品可以参见前揭 [日] 滋贺秀三:《清代诉讼制度之民事法源的概括性考察——情、理、法》;霍存福:《中国传统法文化的文化性状与文化追寻——情理法的发生、发展及其命运》。

达。因为能够决定中国传统法本质的理念或观念，即是中国传统法在观念层面存在的根本、根据或者说理据。当然，就本文而言，仁义作为中国传统法的本体，到目前为止，这还是学理上的推论，如果要证实这个推论，那就要像德礼和情理那样，能够通过法——法律规范或司法实践——来实证。就笔者所知，仁义是中国传统社会的基本伦理，它在先秦时期由孔子提倡孟子发展，到汉武帝接受董仲舒"罢黜百家，独尊儒术"后，由此成为中国传统社会的政治思想和法理的依据，所以，在董仲舒的法律思想和经义决狱中，研究者发现仁义已经是法本体了；[13]嗣后，经过汉及魏晋的法律儒家化运动，仁义作为本体透过律学和立法渐入法律之中，随着《唐律疏议》的诞生和实施，仁义本体遂在中国传统法中得以成型和确立，此后宋明清三代对此都加以承袭和发展。这里，我们仍然通过《唐律疏议》的规定来实证。

《唐律疏议·名例》在谈到立法宗旨和原则时说："《易》曰：'天垂象，圣人则之。'观雷电而制威刑，睹秋霜而有肃杀，惩其未犯而**防其未然**，平其徽纆而**存乎博爱**，盖圣王不获已而用之。……《易》曰：'理财正辞，禁人为非曰义。'故**铨量轻重，依义制律**。"[14]这是一段含义丰富、意味深长的话，其中"防其

---

〔13〕 参见武夫波：《董仲舒法本体论初探》，载张中秋主编：《道与法——中国传统法哲学新探》，中国政法大学出版社 2016 年版；武夫波：《传统中国法本体研究》，中国政法大学 2017 年博士学位论文，第 8 章"传统中国法本体的运行逻辑——以董仲舒春秋决狱为例的考察"。

〔14〕 参见（唐）长孙无忌等撰：《唐律疏议》，刘俊文点校，中华书局 1983 年版，第 1~2 页。

未然，存乎博爱"表明了其"仁"的立法宗旨，而"铨量轻重，依义制律"则表明了其"义"的立法原则，合而言之，可以说仁义就是《唐律疏议》的立法宗旨和原则。仁义既然能够作为《唐律疏议》的立法宗旨和原则，自然亦可以说是《唐律疏议》存在的根本、根据或者说理据了。因为作为国家法律的《唐律疏议》，一旦离开了立法宗旨和原则，其实它亦就不存在了。因此，从这个意义上说，"仁义"即是《唐律疏议》的本体，准确地说是《唐律疏议》所代表的中国传统法的本体在理念上的表达。这种表达在《唐律疏议》中有全面的体现，具体到法律规定上则是一系列相应制度的确立。[15]对此，我们从后人的评价中亦可见一斑。元人柳贇在《唐律疏议序》中说："盖姬周而下，文物仪章，莫备于唐。始太宗因魏徵一言，**遂以宽仁制为出治之本**，中书奏谳，常三覆五覆而后报可，其不欲以法禁胜德化之意，瞰然与哀矜慎恤者同符。"[16]清人孙星衍更是在《重刻故唐律疏议序》中提出："夫不读唐律，不能知先秦历代律令因革之宜，不足彰圣朝**立法之仁、折衷之当**。"[17]在上述柳贇的《唐律疏议序》中，已明白无误地揭示了"仁"在《唐律疏议》中的根本性，即"以宽仁制为出治之本"；而孙星衍的"序"更是清楚地向我们阐明了，《唐律疏议》对《大清律例》的影响，在根本上就是"仁义"二字，即"立法之仁"的"仁"与"折衷之当"

---

[15] 笔者对此有所研究，读者可参见拙作《传统中国法的道德原理及其价值》，载张中秋：《原理及其意义——探索中国法律文化之道》（第2版），中国政法大学出版社2015年版，第48~54页。

[16] （唐）长孙无忌等撰：《唐律疏议》，刘俊文点校，中华书局1983年版，第663页。

[17] （唐）长孙无忌等撰：《唐律疏议》，刘俊文点校，中华书局1983年版，第668页。

的"当",此"当"即是义,因为"义"的本义就是宜(适宜)、当(恰当)。[18]

通过以上实证,特别是通过对《唐律疏议》和宋及明清司法资料的引证分析,我们已经看到,中国传统法的本体有德礼、情理和仁义,那么,这三者是什么关系呢?其实,在上述分析和引证中,我们已有了这样的认识,即德礼是中国传统法的本体在规范制度层面上的表达,情理是它在司法实践层面上的表达,仁义是它在理念观念层面上的表达。就此而言,如果仅是从分析和静态的角度来看,应该说这个认识是不错的,它揭示了中国传统法的本体在理念、制度和实践上的不同表达,由此亦表明这三者只是处于同一本体结构中的不同层面而已,或者说是共处同一本体结构中不同层面上的表现而已。但这个认识还有不足,首先人们会疑惑一个法怎么会有三个本体?其次人们会问这三者到底是什么关系?这就需要我们从辨证和动态的角度来看问题。从辨证和动态的角度看,虽然德礼、情理和仁义是三个不同的词,但在中国传统语境中,特别是在中国传统法中,这三者却是名异而实同,即德礼、情理和仁义都是中国传统道德的表达,其实际内容是同一的纲常礼教。[19] 所以,从分析和静止的角度看,中国传统法的本体是有三个,它们分属于法的理念、制度和实践的不同层面,但辨证和动态地来看,亦即就其实际内容而言却是同一个道

---

[18] "义"有多重含义,其基本含义是"宜",亦即当、恰当、得当、适宜,引申为正当、应当、公平、合理之类。参见张中秋:《中国传统法律正义观研究》,载《清华法学》2018年第3期,正义观的基本内涵部分。

[19] 德礼、情理和仁义都是中国传统道德的表达,实际内容是同一的纲常礼教,这在本文第二部分的原理探讨中将有相应的图示和说明。请阅者参见,兹不赘述。

德，它们的关系就像在一个道德的根上开出了德礼、情理和仁义这三朵道德的花。至此，就中国传统法本体的具体内涵及其关系而言，以上的探讨可以说已经回答了，但如果要继续追问中国传统法本体的终极理据是什么，那么，上述回答还不够。因为在时空范畴内和逻辑关系上，中国传统法的本体及其结构还可以展开。

就笔者初步所见，在传统中国时空范畴内，作为中国传统法本体的德礼、情理和仁义，一方面它们都有历时性，但所历时段有所不同；另一方面它们亦存在着共时性，但共时层略有区分。具体来说，仁义是从汉代开始纵贯中国传统法理念的本体，德礼更多是汉至隋唐中国传统法制度的本体，情理更多是从宋开始至明清中国传统法实践的本体。但如上所说，仁义、德礼和情理同时又是共存于整体的中国传统法之中的本体，即共存于包括了理念、制度与实践为一体的中国传统法本体之中的本体。显然，这种历时但时段不同、共时却有分层的区别，只能说是对事物表面的认识，事实上，由于德礼、情理和仁义名异而实同，更由于中国传统文化有机一体的特点，所以，在特定的时空范围内，譬如说在唐或宋或明清法中，这三者在结构上就会呈现出这样的形态，即由理念到制度再到实践的纵向支配和横向共存的状态，亦即由理念上道德性的仁义贯穿和支配制度和实践上的德礼与情理，但同时这三者又互相渗透、互动贯通以至可以并行替代。这就是说仁义既是中国传统法理念上的本体，同时又可以说是中国传统法制度和实践上的本体；而德礼和情理既分别是中国传统法制度和实践上的本体，同时又分别可以说是中国传统法理念与实践和理念与制度上的本体。对此，我们依然可以通过法来实证。

例如，由上可知，仁义是《唐律疏议》的立法宗旨和原则，这是它作为《唐律疏议》理念上的本体表达；但仁义在《唐律疏议》中又有全面而具体的法律规定上的体现，表现为一系列相应的法律制度的确立，[20]这可以说是它作为《唐律疏议》制度上的本体表达；此外，在记载唐代法律和司法的文献中，仁、仁恕和仁义亦有出现，[21]特别是在著名的《名公书判清明集》中，仁义作为司法理据更是大量出现，[22]这表明仁义作为中国传统法的本体，除了在理念和制度上有表达外，在司法实践上亦有表达。同样，德礼和情理亦都不仅限于制度和实践，可以说在《唐律疏议》中，德礼作为政教之本，既是制度之本，亦是理念和实践之本。至于情理，虽然可以说从宋代开始，它作为司法理据的情形很突出，但事实上它在《唐律疏议》所规定的法律制度中早有

---

[20] 笔者对此有过研究，参见拙作《传统中国法的道德原理及其价值》，载张中秋：《原理及其意义——探索中国法律文化之道》，中国政法大学出版社 2015 年版，第 48～54 页。

[21] 例如，据《旧唐书·刑法志》记载，唐太宗因错杀大理丞张蕴古等之故，于是将死刑三复奏发展为五复奏制度，其最根本的理由或者说理据，就是中国传统的好生之德，亦即唐太宗所说的"人命至重，一死不可再生"[（后晋）刘昫等撰：《旧唐书》，中华书局 1975 年版，第 2140 页] 的仁恕和仁义理念。又，唐太宗时期的："贞观初，诏殿中侍御史崔仁师覆按青州谋反狱，仁师止坐其魁首十余人，余皆释之。大理少卿孙伏伽谓仁师曰：'足下平反者众，人情谁不贪生，恐见徒侣得免，未肯甘心。'仁师曰：'**凡治狱当以仁恕为本**，岂可自规免罪而不为伸邪？万一暗短，误有所中，以一身易十四之死，亦所愿也。'"[（明）丘濬：《大学衍义补》，林冠群、周济夫点校，京华出版社 1994 年版，第 959 页。]

[22] 参见中国社会科学院历史研究所宋辽金元史研究室点校：《名公书判清明集》，中华书局 1987 年版，第 242、290、291、332、338、463、502、527、529、591 页。

出现，[23] 发展到明清时亦已上升为国家立法的理念和制度之本，如明代大臣刘惟谦等人在所上的《进明律表》中说："陛下圣虑渊深，上稽**天理**，下揆**人情**，成此百代之准绳"[24]。乾隆皇帝在为重修后的《大清律例》所作的"序"中亦说："简命大臣取律文及递年奏定成例，详悉参定，重加编辑。揆诸**天理**，准诸**人情**，一本于至公而归于至当……"[25] 毫无疑问，这其中的"天理"和"人情"，即是"情理"作为明清国家立法的理念和制度之本的表达。

就上所论，人们不禁要问，在中国传统法本体的结构中，为什么会出现上述这样的情况，即仁义贯穿和支配德礼与情理，同时这三者又互相渗透、互动贯通以至还可以并行替代？简单说，这是因为中国传统文化有机一体的特点。这个特点不仅造就了中国传统法本体的上述构造，而且还可以引导我们从逻辑上展开对中国传统法本体的再推导，最后帮助我们从它所呈现的完整结构中发现它的整体面貌和终极理据。在进行逻辑推导前，我们有必要先了解一下中国传统文化有机一体的特点。质言之，它的特点是把世界看成是一个有生命的大系统，而构成这个大系统的是无

---

[23] 如《唐律疏议·名例》"大不敬"中有注："指斥乘舆，情理切害。"疏议对"情理切害"的解释说："旧律云'言理切害'，今改为'情理切害'者，盖欲原其本情，广恩慎罚故也。"大家知道，原其本情是考察动机，广恩慎罚是显示仁爱，两者都是道德性的表现，所以，"言理"改为"情理"这一字之改，深刻体现了《唐律疏议》的法理意蕴。

[24] 怀效锋点校：《大明律》，辽沈书社1990年版，第228页。

[25] 马建石、杨育棠主编：《大清律例通考校注》，中国政法大学出版社1992年版，第5～6页。

数有生命的小系统。[26]譬如，具体到法律，在中国文化这个大系统中，它就是一个生命体，所以，法律就像活着的人体一样，整体上是由各部分（器官）组成，形成从上到下、从外到内、由表及里的构造，但各部分（器官）之间又是你中有我、我中有你、同生共存，形成相互联系、互相渗透、分层贯通的系统。在传统中国，这样的理解不仅仅是观念上的，事实上，中国人亦是这样来看待和实践的。例如，我们所熟悉的"天叙有典""天秩有礼""天讨有罪"，[27]以及"道法自然"[28]和《唐律疏议·名例》中所说的"昏晓阳秋"等，都是在表达天地生法这样一种有机一体论的法思想与实践。[29]依据这个思想与实践的逻辑，中国传统法是一个生命系统，中国传统法本体是这个系统中的小系统。如果沿着小系统从上到下，即是由理念到制度到实践，亦即从仁义本位到德礼本位再到情理本位的构成；如果沿着小系统从外到内、由表及里，即是由实践到制度到理念，亦即从情理本位到德礼本位再到仁义本位的构成；如果把中国传统法及其本体这两个系统置于更大的中国文化系统中，我们又会发现，作为法的理念本位的仁义，实际上来自于人的仁义，人的仁义又来自于地

---

[26] 如北宋理学家张载说："一物而两体者，其太极之谓欤！阴阳天道，象之成也；刚柔地道，法之效也；仁义人道，性之立也。三才两之，莫不有乾坤之道也。易一物而合三才，**天地人一**。"［（宋）张载：《张载集》，中华书局1978年版，第235页。］

[27] 《尚书·皋陶谟》。

[28] 《老子》第二十五章。

[29] 天地生法的有机一体论法思想和实践，在中国古籍中不胜枚举，其中《汉书·刑法志》《魏书·刑法志》以及《唐律疏议·名例》的开头部分都是明证。另，参见杨鸿烈：《中国法律思想史》，中国政法大学出版社2004年版，第97~110页"一般法律原理的泛论（一）：阴阳五行等天人交感及诸禁忌说"。

的刚柔（刚柔是仁义的别名[30]），而地的刚柔又来自于天的阴阳，天的阴阳法则是阳生阴成，所以，阳生阴成是自然之道。由于自然是天，所以，自然之道又称为天之道、天之理，简称为天道、天理。因为天道、天理发于自然，而道德即自然[31]，所以，天道、天理又称为道德。道德之所以即自然，是因为在中国文化中，德属阳性为生，道属阴性为成，道与德合二为一即德生道成，德生道成就是阳生阴成，德生道成或阳生阴成就是先生后成、生而有序，先生后成、生而有序即是万物的自然状态和自然法则，简称自然，所以，在中国人的世界观中，道德、自然、天道、天理是相通的。这即是《周易》和《太极图说》中所说的："立天之道，曰阴与阳。立地之道，曰柔与刚。立人之道，曰仁与义。"[32]以及《通书·顺化》所言："天以阳生万物，以阴成万物。生，仁也；成，义也"。[33]推而言之，依着这个理路并结合《唐律疏议·名例》"德礼为政教之本，刑罚为政教之用，犹昏晓阳秋相须而成者也"的明示，那么，立法之道就是德礼与刑

---

[30] 如周敦颐说："仁义即刚柔之别名。"〔（宋）周敦颐撰：《周子通书》，徐洪兴导读，上海古籍出版社 2000 年版，第 34 页。〕

[31] 如《老子》第五十一章曰："道之尊，德之贵，夫莫之命而常自然。"又如陈鼓应先生将《庄子·山木》中"若夫乘道德，而浮游则不然"中的"乘道德"引注为"顺自然"。（陈鼓应：《庄子今注今译》，中华书局 1983 年版，第 498 页及第 499 页注 5。）

[32] （宋）周敦颐撰：《周子通书》，徐洪兴导读，上海古籍出版社 2000 年版，第 48 页。此说原出《周易·说卦》，详解参见杨成寅：《太极哲学》，学林出版社 2003 年版；杜维明：《试淡中国哲学的三个基调》，载胡晓明等主编：《释中国》（第 2 卷），上海文艺出版社 1998 年版，第 877～891 页。

[33] （宋）周敦颐撰：《周子通书》，徐洪文导读，上海古籍出版社 2000 年版，第 36 页。

罚，德礼与刑罚在司法实践中转化为情与理。这样，在中国文化这个大系统中，中国传统法本体的逻辑结构可以图示如下：

道德/自然/天道/天理/阴阳（天）→刚柔（地）→仁义（人/法·理念）→
德礼（法·立法）→情理（法·司法）

在笔者看来，这是到目前为止，有关中国传统法本体最完整的结构。透过这个结构，我们可以看到，中国传统的天、地、人、法一体的生命之道，亦即它们之间的有机联系可谓是层层关联、一以贯之；同时，我们还发现，天、地、人、法存在的根据，亦即它们的本体所在亦是前后相续、一目了然。具体来说，天存在的根据或者说本体是道德/自然/天道/天理/阴阳，地存在的根据或者说本体是刚柔，人存在的根据或者说本体是仁义，法存在的根据或者说本体是仁义/德礼/情理，但由于天、地、人、法是一个整体，内贯共同的生命原理，所以，它们存在的根据或者说本体，就像上面所说的活着的人体器官组织那样，既各自分层又互动贯通，最后形成你中有我、我中有你、相互联系、互相渗透、同生共存的系统。在这个系统中，各层面相互之间存在着互动、联动和贯通的辩证逻辑关系，如图所示，道德成了这个系统最后和最高的存在。因此，从哲学本体论的意义上说，每一层面的本体都可以在系统中向上提升和抽象，如人的本体在它自身层面是仁义，但向上提升和抽象，就可与地的刚柔（属性）、天的阴阳（属性）相通，最后可通于天理/天道/自然，并最终借由道德来表达。同理，法的本体在它自身层面是仁义/德礼/情理，但向上提升和抽象就与人的仁义（属性）相通，再向上提升和抽象就与地的刚柔（属性）、天的阴阳（属性）相通，最后同样可通于天理/天道/自然，并最终同样借由道德来表达。此外，在这个系统中，每一层面的内部关系，亦即在天、地、人、法各自的本体结构中，既是阴与阳、刚与柔、仁与义、德与礼、情与理的二元对应关系，但又不是对等与对抗的二元对应关系，而是感与应或者说发动与回应，亦即经典所载的德生道成的关系。由于生是第一、成是第二，先生后成、生而有序，所以，在上述对应的二元关系中，前者为主、后者为从，两者合为一体，因此，我们又可以把这种本体中的内部关系，概括为一体（前后一体）二元（前后二元）主从式（前主后从）的关系。由此，我们可以推论，天、地、人、法的本体，在天是阴阳，但它是以阳为主、以阴为从、阳主阴从、阴阳一体的本体；在地是刚柔，但它是以刚为主、以柔为从、刚柔相济、刚柔一体的本体；在人是仁义，但它是以仁为主、以义为从、仁施义取、仁义一体的本体；在法是仁义/德礼/情理，但它是以仁/德/情为主、以义/礼/理为辅、仁主义从/德本礼外/情动理合的本体。最后是道德，那就是以德为主、以道为从、德生道成、道德一体的本体。同时，同样由于天、地、人、法是一个整体，所以，天、地、人、法的本体，在由前向后或由后向前的纵向上，亦形成了一个一体（前后一体）二元（前后二元）主从式（前主后从）多样化（从道德到情理）的构造。至此，对于中国传统法本体的内涵及其结构，本文可以做一个概括性的总结了，即中国传统法本体的内涵，亦即它存在的根本、根据或者说理据，直接来说是情理/德礼/仁义，终极来说是天理/天道/自然和道德，依序来说是从情理到天理以至道德的系列，最终构成了一个（从）情理→德礼→仁义→（到）刚柔→阴阳/天理/天道/自然/道德的理据链条；同时，在其内部和纵向上亦形成一个一体二元主从式多样化的构造。然而，就整体而言，它是一个从情理到天理以至道德分层贯通的一体化有机系统。由此可见，中国传统法的本体不是某个单一的理据，而是一个从情理到天理以至道德的动态的理据链，准确地说是一个动态的主从式多样化的理据链结构。

二、中国传统法本体内涵的核心及其原理

通过上面的探讨，我们对中国传统法本体的内涵及其结构已经有了认识，但其实我们所知道的这个结构只是内涵的构造形式而不是实质，所以，如果要追究问题的实质，我们自然要问这个内涵的核心是什么，亦即上述从情理到天理以至道德的内核是什么？因为法哲学本体论的核心是法的正义观，但是从上述中国传统法本体的内涵中，亦即从情理到天理以至道德的系列中，我们却看不出中国传统法本体的正义观是什么，但法哲学告诉我们，法本体的内核必然是法的正义所在。[34] 所以，我们只有深入到它内涵的核心，揭示出从情理到天理以至道德本体的内核，才能回答中国传统法本体的正义观问题，而回答这个问题正是法本体研究的内在要求。

对于中国传统法本体内涵核心的探讨，就像上面对中国传统法本体内涵的探讨一样，我们仍然通过对代表性法的实证和分析推论来进行。在探寻中国传统法本体的内涵时，我们通过对《唐律疏议》和法律文献的分析，先是发现了它的德礼本体，接着又

---

[34] 参见［德］G. 拉德布鲁赫：《法哲学》，王朴译，法律出版社 2005 年版，第 31～37、224～226 页；［德］考夫曼：《法律哲学》，刘幸义等译，法律出版社 2005 年版，第 10～12 章；［德］H. 科殷：《法哲学》，林远荣译，华夏出版社 2002 年版，第 154～155 页。

揭示了它的仁义本体和情理本体，而且还发现这三者是作为唐代法律本体的内涵在理念、制度和实践上的不同表达，但实际上它们却是一个你中有我、我中有你、互动贯通的有机系统，亦即实质上它们是一体的，所以，最后都植根于并归结于道德。那么，作为唐代法律本体的内涵，无论是作为不同表达的仁义、德礼与情理这三者，还是作为最后都可以归结为一的道德，它们的核心又是什么呢？其实，《唐律疏议·名例》"序"在表明了仁义和德礼这个根本，亦即法哲学上所确认的本体后，往下接着就说道："易曰：'理财正辞，禁人为非曰义。'故铨量轻重，依义制律。"[35] 这表明《唐律疏议》是"铨量轻重，依义制律"而成的，准确地说是在仁义和德礼的根本指导下"铨量轻重，依义制律"而成。很显然，这其中"义"是关键。因为"铨量轻重"是为了找到制律所需的"义"，而最终则是依据这个找到的"义"来制定法律，故曰"依义制律"。那么，怎样来理解这个"义"呢？对此，笔者进行了五年的探索，最后撰成了《中国传统法律正义观研究》一文。[36] 依据笔者的研究，可以确认，"义"是中国传统正义观的表达，而《唐律疏议》中的"义"则是中国传统法律正义观的表达。这个"义"既可以说是一种适宜、恰当、正当、应当、公平、合理之类的观念；亦可以说是一种与当时的纲常礼教，亦即与道德、仁义、情理、礼法相通的观念；还可以说就是一种合理的观念，而且由于在中国传统文化语

---

〔35〕 参见（唐）长孙无忌等撰：《唐律疏议》，刘俊文点校，中华书局 1983 年版，第 1~2 页。

〔36〕 参见张中秋：《中国传统法律正义观研究》，载《清华法学》2018 年第 3 期。

境中，"合理"一词本身已涵括了上述"义"的多重含义以及与"义"相通的诸义，所以，以《唐律疏议》中的"义"为代表的中国传统法律正义观，可以说是一种合理的正义观。这个合理的正义观既含有平等又含有不平等，可以说是等与不等，或者说是等者同等、不等者不等、等与不等辩证变动的有机统一，而其等与不等、变与不变的正当性都只在于合理。对此，我们可以把它概括为三项原则，一是等者同等，二是不等者不等，三是等与不等辩证变动。这三项原则的核心是等与不等，所谓等就是同理者同等；所谓不等就是不同理者不同等，而是依理之大小排序。这样，无论是等还是不等，都是建立在理上，所以，称之为合理。而且，这种合理本身亦要合理地或者说辩证地来理解，即它是动态的，其等与不等不是绝对的、固定的，而是相对的、变动的，所以，这又可以称之为动态的合理正义观。这种动态的合理正义观恰是中国人固有的法律正义观。譬如，在中国传统观念中，人生来是一样的，亦即人都是一条命，这意味着人的自然生命有同等价值，这是天然的理，亦即天理，所以，法律依据这个理，在原则上规定，人命关天，杀人者死、伤人者刑，不分高低，这是一种原则性的或者说理念上的合理正义观。[37]但实际上，人生来是一样的，后来发展不一样，集中体现在人的德和能的不同，亦即人的精神生命和社会生命的价值有高低差别，这是实际的理或者说理的现实，所以，法律又依据这个理，亦即人的德与能的不同这个现实的理，来具体分配权利义务和定罪量刑，高者高、低

---

[37] 如《汉书·刑法志》记载："汉兴，高祖初入关，约法三章曰：'杀人者死，伤及盗抵罪。'"（《历代刑法志》，群众出版社1988年版，第14页）即是其例。

者低、等者同等、不等者不等、等与不等辩证变动。这样，在理的支点上又形成了可上下移动的阶梯结构，其结果即是我们所看到的礼法结合所形成的差序格局。这种等中有不等、不等中又有等、等与不等辩证变动的情况，正是动态的合理正义观的体现，这种正义观在《唐律疏议》的规定中可以得到广泛普遍的实证，以下略作说明。

首先是体现在"等者同等"的法律规定上。这主要表现在两个方面：一方面是部分罪名不区分犯罪主体的身分，而是依据所犯罪行，纳入同一法律规制。如《唐律疏议·户婚》规定，凡是不以嫡妻的长子为嫡子的，均被视为立嫡违法，不区分犯罪者是贵族、官员，还是一般百姓，均处以一年徒刑，只有"嫡妻年五十以上无子者，得立嫡以长"〔38〕。另一方面是同一阶层的主体之间享有相同的法律权利，这又主要表现为两类：一是同一层级的特权阶层享有的权利是相等的，如对于"议""请""减""赎"等特权的适用主体而言，他们之间有高低贵贱之分，但对于同样享有某一特权的人来说，他们之间却是平等的。譬如，"七品以上之官及官爵得请者之祖父母、父母、兄弟、姊妹、妻、子孙"在触犯流罪及其以下刑罚时，都享有"减一等"处罚的司法特权。〔39〕二是贱民阶层的权利虽受到法律的限制，但同一层级的贱民阶层之间享有的权利却是相等的。如法律明确规定良贱之间不得为婚，否则将受到刑罚处罚。然而，贱民与贱民之间成

---

〔38〕 参见（唐）长孙无忌等撰：《唐律疏议》，刘俊文点校，中华书局1983年版，第238页。

〔39〕 参见（唐）长孙无忌等撰：《唐律疏议》，刘俊文点校，中华书局1983年版，第34页。

婚的权利却是法律所允许的。因此，就贱民阶层内部而言，他们之间所享有的权利亦是平等的。[40]

其次是体现在"不等者不等"的法律规定上。这亦表现为两个方面：一方面是规定不同的社会阶层享有不同的司法权利。如《唐律疏议》规定，官僚、贵族等特权阶层都享有一定的司法特权，最明显的是《唐律疏议·名例》中规定了一定范围内的官僚、贵族阶层享有"八议""上请""减免""官当"等司法特权；[41]而部曲、奴婢等贱民阶层的司法权利就要受到限制，如《唐律疏议·名例》中规定了官户、部曲、奴婢犯罪不同于良人的处罚方式，即"诸官户、部曲（称部曲者，部曲妻及客女亦同。）官私奴婢有犯……若犯流、徒者，加杖，免居作"[42]。此外，还有规定不同阶层之间互相侵犯时轻重不一的法律责任，如《唐律疏议·斗讼》通过"殴制使府主刺史县令"[43]等条，明确规定不同阶层之间相互侵犯的处刑原则是：贵犯贱，处刑较常人为轻；贱犯贵，处刑较常人为重。[44]体现"不等者不等"的法律规定的另一方面是，依据服制、尊卑等原则厘定亲属之间的法律责任。依据《唐律疏议》的规定，相对于尊亲属而言，卑

---

[40] 参见（唐）长孙无忌等撰：《唐律疏议》，刘俊文点校，中华书局1983年版，第269～271页。

[41] 参见（唐）长孙无忌等撰：《唐律疏议》，刘俊文点校，中华书局1983年版，第16～38页。

[42] 参见（唐）长孙无忌等撰：《唐律疏议》，刘俊文点校，中华书局1983年版，第131～132页。

[43] 参见（唐）长孙无忌等撰：《唐律疏议》，刘俊文点校，中华书局1983年版，第395～396页。

[44] 参见（唐）长孙无忌等撰：《唐律疏议》，刘俊文点校，中华书局1983年版，第404～406页。

亲属承担更多的法律义务。如祖父母父母在，则子孙不得别籍异财等。[45]

最后是体现在"等与不等辩证变动"的法律规定上。这主要有三个方面：一是体现在时间上，如唐律令规定，国家分配土地和征收赋税以丁为准，其他人依丁递减，成丁的年龄一般是18 岁以上至 60 岁以下的男子（有时 16 岁的中男亦同于丁）。[46]这表明在接受土地授受（权利）和承担赋税（义务）上，成丁者相等，未成丁者亦相等，但成丁与未成丁者之间不等。然而，随着未成丁者达到成丁年龄，他们之间原来的不等就变为相等。二是体现在空间上，如《唐律疏议·户婚》规定，男女卑幼自己没有主婚权，主婚权由尊长行使，但这是在正常情况下的一般规定。[47]如果卑幼在外自娶妻，其尊长后为定婚，以及娶妻已成者，这两类婚姻都合法有效。[48]这亦表明同一主体的主婚权，随着空间的变化，其法律地位中的等与不等，或者说他的权利义务，亦不是一成不变的，而是辩证变动的。三是体现在主体身份和客体上，如前引《唐律疏议·名例》规定，特权阶层都享有"议""请""减""赎"等司法特权，但不同的特权阶层所享有

---

〔45〕 参见（唐）长孙无忌等撰：《唐律疏议》，刘俊文点校，中华书局 1983 年版，第 236～237 页。

〔46〕 参见［日］仁井田陞撰：《唐令拾遗》，栗劲等译，长春出版社 1989 年版，第 542 页及以下、第 588 页及以下；（唐）长孙无忌等撰：《唐律疏议》，刘俊文点校，中华书局 1983 年版，第 249 页，第 251～252 页。

〔47〕 参见（唐）长孙无忌等撰：《唐律疏议》，刘俊文点校，中华书局 1983 年版，第 272 页。

〔48〕 参见（唐）长孙无忌等撰：《唐律疏议》，刘俊文点校，中华书局 1983 年版，第 267 页。

的这个特权是不同的，这是由主体身份变化所导致的特权中等与不等的变化。还有，《唐律疏议·名例》规定，特权阶层所享有的这些特权，一概不适用于"十恶"犯罪，即"其犯十恶者，不用此律"[49]。这是典型的由"十恶"犯罪所侵犯的客体变化所带来的特权和特权中等与不等的彻底变化，表明在最高的政治权力和根本的利害面前，所有特权都是不存在的。

上述《唐律疏议》中的诸种情形，其实并不仅限于唐律，而且亦并不仅限于单纯的制度规定。因为《唐律疏议》是中国传统法的代表，且它与其他历代基本法典一样，都是当朝司法的基本依据，所以，上述《唐律疏议》中的相关规定，还有其他历代基本法典中的相关规定，都不仅仅是单纯的制度上的规定，正常情况下亦基本能落实到司法实践中去。[50]所以，我们可以

---

[49] 参见（唐）长孙无忌等撰：《唐律疏议》，刘俊文点校，中华书局1983年版，第32页。

[50] 例如，"（唐）元和六年九月，富平县人梁悦，为父杀仇人秦果，投县请罪。敕：'复仇杀人，固有彝典。以申其冤请罪，视死如归，自诣公门，发于天性。志在徇节，本无求生之心，宁失不经，特从减死之法。宜决一百，配流循州。'职方员外郎韩愈献议曰：……宜定其制曰：凡有复父罪者，事发，具其事由，下尚书省集议奏闻。**酌其宜而处之，则经律无失其指矣**。"（《历代刑法志》，群众出版社1988年版，第301～302页。）又，唐长庆"二年四月，刑部员外郎孙革奏：'京兆府云阳县人张莅，欠羽林官骑康宪钱米。宪征之，莅承醉拉宪，气息将绝。宪男买得，年十四，将救其父。以莅角觝力人，不敢为解，遂持木锸击莅之首见血，后三日致死者。准律，父为人所殴，子往救，击其人折伤，减凡斗三等，至死者，依常律。即买得救父难是性孝，非暴；击张莅是心切，非凶。以蓂荚之岁，正父子之亲，若非圣化所加，童子安能及此？王制称五刑之理，必**原父子之亲以权之，慎测浅深之量以别之**。春秋之义，原心定罪。周书所训，**诸罚有权**。今买得生被皇风，幼龄至孝，哀矜之宥，伏在圣慈。臣职当谳刑，合为善恶。'敕：'康买得尚在童年，能知子道，虽杀人当死，而为父可哀。若从沉命之科，恐失原情之义，宜付法司，减死一等。'"（《历代刑法

说，上述情形实则是以《唐律疏议》为代表的中国传统法的正义观的体现。至此，我们对中国传统法的正义观可以先做一个初步的概括，即它的基本内涵是适宜、恰当、正当、应当、公平、合理之类，以及当时与此相通的纲常礼教，亦即道德、仁义、情理、礼法等，归结为合理；合理的原则是等者同等、不等者不等、等与不等辩证变动。对此，我们再作进一步的分层理解，以揭示它们之间内在的逻辑关系。就上述中国传统法正义观基本内涵的结构而言，其最直接的层面是体现三纲五常的礼法，亦即当时主流的伦理规范和居统治地位的法律规范；其第二层面是支撑这些规范或者说礼法的伦理法理本体，亦即道德、仁义、情理；其第三层面是支持和支配这些伦理法理本体的道理，亦即这些伦理法理的正当性根据，亦就是适宜、恰当、正当、应当、公平之类，而适宜、恰当、正当、应当、公平之类的正当性所在即是理或者说合理。这是它深层但还不是最为深层的内涵，因为还有理或者说合理自身的正当性或本体所在，那就是等者同等、不等者不等、等与不等辩证变动这个自然之理，或者说万物之理。这个自然之理或者说万物之理的正当性所在，亦即作为自然/万物存在的根本、根据或者说理据这个本体，就是万物生生不息与井然

志》，群众出版社 1988 年版，第 303 页。）在上述两例引文中，其"酌其宜而处之"的"酌"，以及"原父子之亲以权之，慎测浅深之量以别之"和"诸罚有权"中的"权"与"测"，讲的都是在司法中，具体即是在本案中，判官如何在经与律中进行动态的斟酌、权衡、测试/揣量以达到合理正义（宜/义）的意思；而其"宜而处之，则经律无失其指"下的"特从减死之法"，以及在"亲以权之"和"量以别之"下的"虽杀人当死，而为父可哀"的结果，正是这种动态的合理正义观在本案司法中的体现和实现。另，参见张中秋、潘萍：《传统中国的司法理念及其实践》，载《法学》2018 年第 1 期。

有序的有机统一。生生不息是生，井然有序是序，生生不息与井然有序的有机统一就是生而有序；生而有序既是万物的自然状态，又是万物的自然法则，两者结合即是世界存在这个事实本身，这个事实本身就是中国人所说的天理或天道。[51] 透过以上层层递进而又相互贯通的内在逻辑展开，我们可以发现这正是生命体或者说有机世界的内在法则，所以，可以说中国传统法的正义观实际上是一种类于有机生命体的有机正义观。由此，我们还发现，中国传统法本体的内涵与其正义观的内涵是相通的，两者的核心内容和精神实质亦是一致的，都是从情理/仁义/到天理/天道的系列。这意味着中国传统法本体内涵的核心，亦即它的内核实际上就是动态的合理正义观。如果从法哲学本体论的角度来看，这个动态的合理正义观就是中国传统法的正当性所在，亦即它作为法存在的根本、根据或者说理据的内核所在。

那么，这个动态的合理正义观的正当性又是什么呢？在这里提出和探讨回答这个问题，既是本文继续追问的必要，亦是最终从根本上来理解中国传统法本体的必要。正如大家所知，在法哲学中，作为法本体的正义都有其"论"或"观"的，构成人们所知的法正义论或法正义观。其实，这个"论"或"观"就是证成法正义的思想理论体系，而这个思想理论体系的背后又有其"道"，这个"道"用我们今天的话说就是原理，这个原理就是最终的根本意义上的理论根据。在此，笔者希望通过对原理的探

---

[51]　如前所论，"天理"与"天道"是相通的，即朱熹所说的"天道者，天理自然之本体，其实一理也"。［（宋）朱熹撰：《四书章句集注》，中华书局 1983 年版，第 79 页。］

讨，来揭示和阐释这种动态的合理正义观，或者说这种有机正义观的正当性所在，进而把我们对中国传统法本体的认识，从它的内涵、结构和内核推至原理，从而在理论逻辑和文化根源上，获得对它更完整更深入的理解与把握。

如前所述，中国传统法的本体是从情理到天理以至道德的系列。无疑，在这个系列中，道德是它的终极本体，而本体是事物存在亦即事物成为自己的根本、根据或者说理据，这就意味着道德是传统中国人视法之为法，亦即法的正当性或者说它动态的合理正义观的终极理据。那么，这种道德的正当性又是从何而来的呢？要弄清这个问题，先来看下列图示：

```
地/ →静→ 井然 → 道→成→ 成型/ → 义 → 伦 → 尊尊 → 爱有 → 不等者
 ↗阴      有序          得当/宜   之理  亲亲  等差   不等        ↘
天理/天道：德生道成→生而有序→中和·有机←合理←等与不等 :合理正义观
 ↘              一体·和谐  有序  辩证变动        ↗
 天/ →动→ 生生 → 德→生→ 生长/ → 仁→ 情 → 民胞 → 一体 → 等者
  阳      不息          生意/爱  之理  物与  之仁   同等
```

从天理/天道到动态的合理正义观贯通示意图

从上述图示中，我们可以清楚、直观地看到，从天理、天道到动态的合理正义观的贯通。具体来说，天理、天道为一阴一阳。其中，地为阴，阴为静，静表示万物的井然有序，有序谓之道；天为阳，阳为动，动表示万物的生生不息，生生谓之德。一阴一阳表示世界是井然有序与生生不息的有机统一，亦即万物生而有序，或者说德生道成。这就是万物之理，亦即天理、天道，或者说德生道成之理，简称道德原理。由于中国传统文化把天、地、人、法看成是一个大生命体，所以，这万物之理或者说道德原理，就是天、地、人、法的共理。这共理在天为阴阳、在地为

刚柔、在人为仁义，在法为仁义/德礼/情理。[52]实际上，无论是
阴阳、刚柔，还是仁义、德礼、情理，本质上都是植根于天地德
生道成的道德，所以，在中国人的观念中，"天地间至尊者道，
至贵者德而已矣"。[53]总之，天地万物中道德最高贵。这是因为
天地的法则或者说万物之理就是德生道成，所以，世界是道德的
世界，道德的世界就是理和合理的世界，亦即自然和合自然法则
的世界。[54]因此，如果再对照上述图示，我们又可以看到，从图
示左端天理、天道的阴与阳、道与德的展开至图示右端的不等者
不等、等者同等这两者之间前后的内在逻辑和贯通理路；还有从
图示左端中间天理、天道的德生道成到中和·有机一体与从图示
右端中间合理正义观的等与不等辩证变动到和谐·有机一体相向
对应的内在逻辑和贯通理路。在上述这两个逻辑和贯通的理路
中，前者是从天理、天道的阴与阳、道与德到等者同等、不等者

---

[52]　如《周易·说卦》曰："是以立天之道曰阴与阳，立地之道曰柔与刚，立人之
　　　 道曰仁与义。"（陈成国点校：《四书五经》，岳麓书社1991年版，第206页。）

[53]　（宋）周敦颐撰：《周子通书》，徐洪兴导读，上海古籍出版社2000年版，第
　　　 39页。

[54]　如朱熹说："**宇宙之间，一理而已。**天得之而为天，地得之而为地，而凡生于
　　　 天地之间者，又各得之而为性。其张之为三纲，其纪之为五常，盖皆此理之流
　　　 行，无所适而不在。"［（宋）朱熹撰：《朱子全集》，朱杰人、严佐之、刘永翔
　　　 主编，上海古籍出版社与安徽教育出版社2002年联合出版，第3376页。］李
　　　 约瑟先生对朱熹的这个思想给予了高度的评价，他说："……根据这一观点，
　　　 宇宙的本性从某种意义上说，乃是道德的"。（［英］李约瑟：《中国科学技术
　　　 史》（第2卷·科学思想史），何兆武等译，科学出版社、上海古籍出版社
　　　 1990年版，第485页。）对此，或许有人会问：这个作为宇宙本性的道德又是
　　　 如何从自然或者说宇宙秩序中导出的呢？我以为中国人的生命世界观或者说有
　　　 机宇宙论是根本，反映在《易传》和《中庸》上是感与应的类与通，其后董
　　　 仲舒以"类比"导出，朱熹理学以"理一"导出，其内在的理路就是天地人
　　　 的贯通，亦即人法地、地法天、天法道、道法自然的有机世界观的贯通。

不等的合理正义观的体现；后者是从天理、天道的德生道成到等与不等辩证变动的合理正义观的体现。前者是相对确定的，确定的原因在于阴静道成的理与阳动德生的理的各自确定性，即不变之理与变之理，或者说理的不变与变都是分别明确的，所以，不等与等可以确定，如示意图中尊尊亲亲的爱有等差（不等）与民胞物与的一体之仁（等）都是明确的，实例有如前面所讨论的唐律中等者同等、不等者不等的规定，这就是合理正义观的体现。后者是相对变动的，变动的原因在于阴静道成的理与阳动德生的理结合在一起后所引起的不确定性，即不变之理与变之理纠合在一起后，理的不变与变分别都不明确了，所以，等与不等亦不能确定，只能是辩证地对待，如示意图中等与不等辩证变动所引起的合理有序中的合理与有序都是动态的，实例有如前面所讨论的唐律中等与不等辩证变动的规定，这就是动态的合理正义观的体现。笔者以为，理的这种确定性和变动性源于生命体固有的机能，即有机事物存在的固有机理，亦即万物生而有序的自然法则，对此，我们的先贤把它概括为一阴一阳之道，或者说德生道成的道德，或者说天理/天道等，实际上就是世界存在和之所以存在的这个事实本身。这就是我们为什么要把中国传统法本体的正义观，亦即它动态的合理正义观看成是一种有机正义观的原因所在。由此，我们从上述图示和说明中可以进一步认识到，这种动态的合理正义观的法理与哲理，即其法理是植根于仁、义、礼（伦之理与情之理，合称为伦理与情理）之中的合理，合理的基本内涵是正当、恰当、应当、适宜、公平之类；其原则为等者同等、不等者不等、等与不等辩证变动的有机统一；其哲理就是体现在天理、天道中的生而有序这个自然法则，或者说一阴一阳之道，或者说德生道成的道德原理。至此，我们终于明白了，道德为什么是中国传统法的本体，或者说是它动态的合理正义观的终极理据，亦即这种正当性的正当性之所在。同时，这亦意味着我们已在理论逻辑和文化根源上，对中国传统法本体内涵的核心及其原理，获得了更为完整深入的理解与把握。[55]

三、中国传统法本体对法的回答及其启示

通过前面两部分的探讨，我们终于知道了中国传统法本体是什么和为什么，即它的内涵、结构和核心告诉了我们是什么，而它的原理则告诉了我们为什么。那么，我们得到这样的认识或者说开展这项研究的意义又是什么呢？大家知道，在法哲学范畴内，对法是什么、法为什么是法以及法如何成为法，这三个前后相互关联的问题的回答，包括能否回答以及如何回答，不仅构成了法哲学本体论自身内容的核心，而且亦确立了它在整个法哲学中的决定性地位和价值。因为法哲学是由法的本体论与价值论和

---

[55] 当然，若要深究下去，那么可以说，虽然这种动态的合理正义观在理论逻辑和文化源头上可以溯源到天理、天道，但实际上它的具体内容、原则和制度都植根于传统中国人的生活本身，亦就是说它是传统中国社会内生的一种法律正义观，具体说是从传统中国社会这个特定的时空环境，亦即由特定的自然环境、社会环境和文化环境所构成的历史性场域中生长起来的。所以，它既然植根于传统中国社会特别是民众的日常生活，就必然与这个社会所拥有的主流世界观，亦即以天理、天道名义出现的道德世界观相一致。这意味着在观念上，动态来源于中国人的生命世界观。因为世界生命观中的生命是生生不息的，这种生生不息的状态和结果自然是动态的。但实际上，从根源上说，这种动态的生命世界观源于生活。因为人们的生活是川流不息的，所以社会必然呈现出动态状。这样，为生活所决定而由观念来反映的合理正义观就是动态的合理正义观，或者说这种动态的合理正义观的动态正是为生命世界观所反映了的中国人的生活本身。

方法论所构成的，但在法哲学体系中，法的本体论决定了法的价值论与方法论。[56] 所以，无论是从学理还是从实践上来看，通过对中国传统法本体的研究，揭示并阐明它是什么和为什么，其意义首先就在于寻求它对上述三个问题的回答，然后是由此而给我们所带来的启示，以下即是笔者从中所得的回答和启示。

首先，让我们来看中国传统法本体对法是什么的回答。在法哲学本体论的意义上，对法是什么的回答一般是：正义。[57] 换言之，不正义不是法。这是人类法哲学本体论的共识，即使不同文明对正义的定义不完全相同，有的表述和理解甚至很不相同，但这并不影响人们依然用"正义"来表达和交流法是什么。如前所论，中国传统法本体的内涵，直接来说是情理/德礼/仁义，终

---

[56]　部分参见公丕祥：《关于法哲学本体论的思考》，载《中外法学》1992 年第 1 期；武夫波：《传统中国法本体研究》中国政法大学 2017 年博士学位论文，第 6 章"传统中国法本体的展开逻辑"。

[57]　例如，罗马《国法大全》之一的《学说汇纂》第一编第一章"正义和法"辑录了乌尔比安《法学阶梯》第一编的忠告："对于打算学习罗马法的人来说，必须首先了解'法'（jus）的称谓从何而来。它来自于正义（justita）。实际上（正如塞尔苏所巧妙定义的那样）法是善良和公正的艺术。"按此解释，正义即是善良和公正，而法则是正义（善良和公正）的体现。西方权威的法律辞典亦有类似的表述："法的基本问题之一是法的目的问题。我们认为法应当在社会中寻求什么目的？能不能或者说应该不应该通过对目的的描述来给法下定义？尽管特定情况下的正义被解释为在很大程度上依赖个人的、社会的、道德的、政治的立场及其他个人因素，但人们仍普遍认为，法的目的正在于帮助人们在国与国、团体与团体、人与人之间的关系中实现正义。虽然具体的某一项法律规定可能不公平，但仍有必要从在司法活动中表现出来的法律目的来加深对法律概念的理解。另外，法律的目的包括实现安全、获得最大多数人的最大限度的幸福，达到普遍的满足及一个人的意志与另一个人的自由的协调。这些目的的实现就是正义，或者说，这可以是并且就是法律的适当目的。"（[英] 戴维·M. 沃克编著：《牛津法律大辞典》，邓正来等译，光明日报出版社 1988 版，第 518 页。）

极来说是天理/天道/自然和道德，依序来说是从情理到天理以至道德的系列，但这些内涵名异而实同，最后都可以归于道德，而其内核则是动态的合理正义观。这表明在法哲学本体论的意义上，中国传统法本体对法是什么的回答亦是正义，亦即上引《唐律疏议》"依义制律"中的"义"，这个"义"是中国传统法对正义的表达，实际上就是中国传统法的正义观。这意味着人类法哲学关于法是什么的一般回答，在中国传统法本体上有着同样的表达和体现。这个表达和体现，一方面加强了人类法哲学本体论对法是什么回答的一般性，另一方面亦表明中国传统法本体具有人类法的共同性。不过，我们同时要认识到，中国传统法本体中的正义是动态的合理正义观，这是中国传统法本体对法是什么回答的独特性体现。有如前述，这种动态的合理正义观的内涵是适宜、恰当、正当等，其原则是等者同等、不等者不等、等与不等辩证变动，而等与不等、变与不变都以理或合理为准。从法哲学上说，这种动态的合理正义观的普遍性，就体现在等者同等、不等者不等的对等性原则上，这是人类法的共性及体现，这种共性及体现在中国哲学中谓之"理一"。同样，从法哲学上说，这种动态的合理正义观的独特性，就体现在等与不等辩证变动的变动性原则上，这是中国法的特性及体现，这种特性及体现在中国哲学中谓之"分殊"。由此可见，在中国传统法本体对法是什么的回答中，亦即在中国传统法的动态的合理正义观中，包含了人类正义的普遍性和中国正义的独特性，它是人类共性与中国特性的统一，这在中国哲学上谓之"理一分殊"。总之，"理"是中国传统法本体正义观的标准，所以，在中国传统法本体中，法即正义，正义即合理。换言之，不合理即不正义，不正义就不是法。

如前所示，中国传统法本体的所合之"理"，实即是它从情理到天理以至道德的系列，所以，在中国传统法本体中，可以说法是正义，亦可以说法是情理／德礼／仁义／天理／天道。总之，法是合理，当然，最后还可以说法是道德。换言之，则又可以说，道德／天道／天理／仁义／德礼／情理都是法本体的所合之"理"，而合理即正义，正义即法，所以，法是正义。但无论是哪一种说法，它们都是中国传统法本体在形而上，亦即在法哲学本体论的层面上，对法是什么所作的回答。如果是从形而下，亦即从形而上之法的实现形态来说，那么，中国传统法本体意义上的法，就是依义或者说合理或合道德，亦即具有正当性或正义的秩序和规范体系，现实中表现为融天理、国法、人情于一体的德礼刑罚，亦即礼法，包括意识、规则和习惯。

其次，让我们来看中国传统法本体对法为什么是法的回答。在法哲学本体论的意义上，对法为什么是法的回答一般是：因为法是正义，所以法是法。换言之，同样是：不正义不是法。这亦是人类法哲学本体论的共识。如果要追问：为什么正义是法，不正义不是法。从根本上来说，这源于人的正义感。人的正义感直接源于人对人类生活秩序化的追求，这是人类社会存在和发展的前提。同时，人的正义感亦植根于自然法则，这是人类社会存在和发展的基础。最后，人的正义感就合成于这两者的双重构造中。即如前述，在中国传统法本体中，法是义，所以，法是法。这是在法哲学本体论意义上，中国传统法本体对法为什么是法的回答的普遍性体现。但同样如前所述，中国传统法的正义是动态的合理正义，那么，这种动态的合理正义为什么亦是法？简言之，因为它合理，合理就是正义，所以合理亦是法。那么，合理

为什么正义，因为合理符合道德；符合道德为什么正义，因为道
德是德生道成的结合，结合的结果是生而有序；生而有序为什么
正义，因为生而有序是生命世界的自然现象与自然法则；生命世
界的自然现象与自然法则为什么正义，因为生命本来如此；生命
本来如此为什么正义，这部分是因为它符合生命世界的自然现象
与自然法则，所以，保持和维护生命如此这般的存在就是正义，
这就是人类观念中根深蒂固的自然即正义或者说自然正义观的渊
源；[58]此外，还有部分是因为说到底正义毕竟是有生命的人的正
义，所以，维护生命如此这般的存在，这正是正义存在的前提和
价值所在，相反，如果离开了如此这般存在的有生命的人，那正
义亦就没有必要存在亦不可能存在了。这个源于人类生存和发展
需求的正义原理，不仅符合中国人对人类生活秩序化的追求，亦
植根于中国人对自然（法则）的认识和遵循。在中国传统的语
境和表达中，前者表现为人世的仁义/德礼/情理，后者表现为天
理/天道/自然，两者合而为一表现在中国传统法本体上，即是作
为正义载体的理或天理/天道，亦即前面所说的从情理到天理以
至于道德的系列。尽管它们措词不同，但名异而实同，都可以统
称在一个"理"字之下。因为从情理到天理/天道都是理，而道
德则是最终的理。这表明在法之为法的范畴内，理或者说作为最
终之理的道德，乃是中国传统法的终极理据所在，所以，合理自

---

〔58〕 这是人类普遍的观念，在西方古代有斯多噶主义和罗马法以及后来自然法思
想，在中国上古有《易》后来有诸子百家特别是以儒、道两家为代表的效法自
然的思想，这些都是包含了对自然即正义的自然正义观的表达。笔者对此有过
探讨，参见张中秋：《中西法律文化比较研究》（第5版），法律出版社2019年
版，第8章第2节相关部分。

然成了中国传统法本体正义观的表达。反之，在中国传统法本体中，不合理就不是法；不合理为什么不是法，因为不合理就不正义；不合理为什么不正义，因为不合理不符合道德；不符合道德为什么不正义，因为不符合道德就不能生而有序；不能生而有序为什么不正义，因为不能生而有序是反自然（法则）的，反自然（法则）的结果必然是混乱，混乱的结果是一切都失去确定性、连续性和可预期性，最终是人类自身失去正常生活生存的可能性。这既不符合所有人对人类生活有序化的追求，亦有违生活于农耕社会中的传统中国人对自然（法则）的天然遵循，所以说没有理和不合理，或者说不正义和不道德，都不能构成中国传统法的本体，亦即都不能成为中国传统法存在的根本、根据或理据。这亦就是说，在法哲学本体论的意义上，理和合理，或者说正义和道德等，这些都可以用"理"来概括和表达的正义观，亦即前面所说的中国人固有的动态的合理正义观，即是中国传统法本体对法为什么是法的回答。同样，这亦是在形而上的层面上，对法为什么是法所作的回答。如果是从形而下，亦即从形而上之法的实现形态来说，那么，中国传统法本体对法为什么是法的回答是，不依义或者说不合理或不道德，亦即不具有正当性或不正义的秩序和规范体系，现实上就不可能表现为融天理、国法、人情于一体的德礼刑罚，亦就不是礼法，一句话，就不是法，或者说不是真正合法（理/正义）意义上的法，无论是意识、规则还是习惯都概莫能外。

再次，让我们来看中国传统法本体对法如何成为法的回答。在法哲学本体论的意义上，对法如何成为法的回答是：法的实现。法的实现是法本体的显现，法的实现的途径包括法的创制和实施。这是人类法哲学本体论对法如何成为法的普遍回答，或者说是人类法哲学本体论的共识。在中国传统法哲学本体论上，对法如何成为法的回答亦是法的实现，实现的途径亦是包括法的创制和实施。这表明在法哲学本体论的意义上，中国传统法本体对法如何成为法的回答具有普遍性；但这种普遍性在中国传统法本体中又别有内涵，其中在法的实现中的法的创制上，它总的理念是传统中国特有的"道生法"。这是在法哲学本体论的意义上，中国传统法本体对法如何成为法的独特性体现。关于"道生法"，在理念上可以理解为道生成法，或者说法从道中生出。但道如何生成法，或者说法又如何从道中生出，这在中国经历了从多种途径和模式的竞争到基本途径和模式融合形成的过程。具体来说，在先秦和秦汉初期，如果这个"道"是道家和黄老之道，那么，道生法的具体路径和模式就是人法地、地法天、天法道、道法自然，即人效法天地自然的现象与法则立法。[59]但如果这个"道"是各家之道的道生法，那么，具体就各有路径和模式，其中儒家是"天垂象，圣人则之"，即圣人仿效天所呈现的天象与法则立法；[60]法家是君生法、臣执法、民守法，即君主自己立法；[61]

---

[59] 譬如，《老子》第二十五章曰："人法地，地法天，天法道，道法自然。"《黄帝四经》之《经法·道法》曰："道生法"。

[60] 譬如，《易经·系辞》曰："天垂象……圣人则之。"《汉书·刑法志》曰："圣人……制礼作教，立法设刑，动缘民情，而则天象地。故曰先王立礼，'则天之明，因地之性'也。刑罚威狱，以类天之震曜杀戮也；温慈惠和，以效天之生殖长育也。书云：'天秩有礼'，'天讨有罪'。故圣人因天秩而制五礼，因天讨而作五刑。"

[61] 譬如，《管子·任法》曰："法者，上之所以一民使下也。"《荀子·君道》曰："法者，治之端也，君主者，法之原也。"《韩非子·定法》曰："君无术则弊于上，臣无法则乱于下，此不可一无，皆帝王之具也。"

等等。但从汉武帝开始，道生法的基本途径和模式趋于融合，到唐时儒、法、道三家之道在法律中融为一体，具体即前述《唐律疏议·名例》所载的"德礼为政教之本，刑罚为政教之用，犹昏晓阳秋相须而成者也"之下的"依义制律"。为什么说这标志着儒、法、道三家之道已在法律中融为一体了呢？因为从概念的倾向上讲，"德礼"是儒家的，"刑罚"是法家的，"昏晓阳秋"是道家的，这三者在国家法典的《唐律疏议》中融为一体，并如上所说成了《唐律疏议》的指导思想和存在的根本，而这个指导思想和存在的根本的内涵，即是《唐律疏议》"依义制律"中"义"的内涵，其具体内容就是前面揭示的从情理到天理以至道德的系列，这个系列的内核正是中国传统法本体中动态的合理正义观。由此，我们可以看到，各家的道生法，尽管途径和模式不同，但其实都认为自己是依正义立法，所以，道生法实质上是中国人依正义观立法，只是各家正义观的内涵不同，到儒、法、道三家在《唐律疏议》中融为一体后，中国人共同的正义观，亦即动态的合理正义观，不仅终于成为中国传统法之为法的根本、根据，同时亦已完成了道生法的基本途径和模式的形成，即像天地自然万物所呈现的现象与法则那样：等者同等，不等者不等，等与不等辩证变动，三者有机结合，最终呈现为生而有序的和谐，亦即万物本来的自然状态。至此，我们可以说，道生法的基本途径和模式终于形成。这是在法哲学本体论的意义上，中国传统法本体对法的实现中法的创制的回答，对于法的实现中法的实施的回答，它总的路径是教化与行政和司法并行，其中教化在于法的理念的实施/实现，行政和司法在于法的规则和习惯的实施/实现。事实上，这亦是在法哲学本体论的意义上，中国传统法本体对法如何成为法的独特性体现，但由于教化与行政和司法并行这方面，对于稍具中国传统法知识的人来说并不陌生，所以，这里不再赘述。

最后，让我们来看看中国传统法本体对法的回答的启示。从以上的论述中，我们看到中国传统法本体对法是什么、法为什么是法以及法如何成为法，这三个前后相互关联的问题的回答分别是：其一，法是正义，准确地说是动态的合理正义，表现为依义或合理或合道德，亦即具有正当性或正义的秩序和规范体系，具体即是融天理、国法、人情于一体的德礼刑罚，或者说礼法，包括意识、规则和习惯；其二，法因为是正义，准确地说是动态的合理正义，具体即是融天理、国法、人情于一体的德礼刑罚，亦即礼法，包括意识、规则和习惯，所以，法是法；其三，法成为法的途径是道生法的创制与教化、行政、司法并行的实施。由此，我们可以得到这样确切的认识，即在法的本体，亦即法存在的根本意义上，中国传统法是符合人类法哲学本体论标准的法。它既有自己的个性，又有人类法的共性。这意味着中国传统法，虽然在西方法的冲击下解体了，但它不是人类法的另类，而是人类法的正常组成部分，就像中国人一样，它/他/她是中国特性和人类共性的统一。这是我们通过对中国传统法本体的探讨而获得的认识，若不是通过对法本体的探讨，就不会有这样的认识；即使有了这样的认识，但若不是法本体意义上的认识，就不会是深刻的根本的认识，就会不可避免地陷入经验认识的相对性，从而难以达致逻辑和科学的普遍性。因为法本体是法存在的根本、根据或者说理据所在，是法之为法的逻辑和科学的证成方式，所以，法本体的认识是深刻的根本的认识。由此，我们不仅看到了对中国传统法本体探讨的意义，更启发我们对中国传统法应保有真切的理解和信心。这份理解和信心对于当下中国特色的法治建设和学科建构尤为重要，因为它能够极大地增强我们植根于传统和历史文化之上的主体性。这是总的启示。在这个总的启示下，沿着本文的理路，还可以由上而下、由表及里地得到一些具体的启发，这包括本体的内涵、内核及其原理等方面。

就中国传统法本体的内涵而言，它直接来说是情理/德礼/仁义，终极来说是天理/天道/自然和道德，依序来说是从情理到天理以至道德的系列。这明示我们，不能把中国传统法的本体理解为某个单一的理据，实际它是一个从情理到天理以至道德的动态的理据链，准确地说是一个动态的主从式多样化的理据链结构。这有很大的启发意义。譬如，有学者将中国传统哲学（一般都包括法哲学）的本体和法的理想目标都归结为一个"仁"字。[62] 但依据本文对中国传统法本体的探讨，法的本体还有它的理想目标（本体链中形上对形下就是理想目标，如天理对仁义、仁义对德礼、德礼对情理等），应该不只是一个"仁"字而是"仁义"二字，准确地说是以仁为主、以义为从的对立统一体，亦即一体化了的仁义之体。[63] 当然，仁是主要的，但离开了义，仁不可独存；同样，离开了仁，义亦不可以独立。犹如天的阴阳、地的刚柔那样，人与法中的仁义亦是一个整体，所以，仁与义是你中有

[62] 参见陈来：《仁学本体论》，生活、读书、新知三联书店2014年版，第29页及以下；苏亦工：《天下归仁：儒家文化与法》，人民出版社2015年版。

[63] 所以，当有人从体统论上问朱熹仁义时，他回答说："是仁为体，义为用。大抵仁义中又各自有体用。"〔（宋）周敦颐撰：《周子通书》，徐洪兴导读，上海古籍出版社2000年版，第69页。〕

我、我中有你、相互依存、不可分割。[64]正是因为这样，理学大师周敦颐才说："天以阳生万物，以阴成万物。生，仁也；成，义也。故圣人在上，以仁育万物，以义正万民。"[65]可见，仁义一体是我们从中国传统法本体和先贤名言上得到的完整认识，但如果人们忽视、轻视和限制这个认识的完整性，只说或只强调仁，并将它推广到社会文化制度上，那么，"义"所蕴涵和代表的正当秩序和法律制度就要受到忽视、轻视和限制，而历史上正是因为儒家过分重视和强调了"仁"这一面，结果导致了中国历史上"义"所蕴涵和代表的正当秩序和法律制度建设的不足。或许有鉴于此，所以，明代的理学和律学大家丘浚，在他的《治国平天下之要》中提出："人君为治，大要在仁义，所以持仁义者，信也。不当死而死之，非仁；当死而不死之，非义；既许以不死而又死之，非信。失此三者，何以为国？"[66]在追求依法治国、建设法治国家的今天，我们不能再犯这个错误，要仁义一体、德法并举，否则要误国害民。

　　同样，就本体的内核及其原理方面的启发来说，正如本文前面所论，中国传统法本体的内核是动态的合理正义观，动态的合

---

[64]　正如董仲舒在《春秋繁露·基义》中所说："凡物必有合。……物莫无合，而合各有阴阳。阳兼于阴，阴兼于阳……德礼之于刑罚，犹此也。"（袁长江主编：《董仲舒集》，学苑出版社2003年版，第277~278页。）又如朱熹在《朱子论太极图》中所说："统言阴阳，只是两端，而阴中自分阴阳，阳中亦有阴阳……"〔（宋）周敦颐撰：《周子通书》，徐洪兴导读，上海古籍出版社2000年版，第60页。〕

[65]　（宋）周敦颐撰：《周子通书》，徐洪文导读，上海古籍出版社2000年版，第36页。

[66]　（明）丘浚：《大学衍义补》，林冠群、周济夫点校，京华出版社1994年版，第937页。

理正义观的原则是，等者同等、不等者不等、等与不等辩证变动
的有机统一，其等与不等、变与不变的正当性都在于合理，而其
背后则是天、地、人、法一体的道德原理，亦即万物有机的生命
世界观。这启发我们，在中国特色的法治建设和法律学科建构
中，中国传统法本体中动态的合理正义观及其道德原理都具有独
特的价值，其中动态的合理正义观有将助于我们确立具体的主体
自觉和文化自信，因为中国传统法同样是立足于正义追求正义而
且是动态的合理正义的法；而道德原理的生命世界观对机械唯物
论和原子世界观的非生命性都将是一个超越，从而有助于在中国
法哲学本体论上形成道德对功利的引导之势，以促进人的类本质
亦即人的道德属性在法律中的实践和实现。[67]此外，就探讨中国
传统法本体这个行为本身来说，对于我们正确认识中国传统法，
重建中国法史学科亦不无启发意义。因为在现行中国法史学中，
无论是制度史还是思想史，都深受现行法理学教科书对法的定义
（多以实证主义法律概念为主）的影响，所以，一般都没能正确
地理解和阐述中国传统法的固有概念，导致对中国传统法大都只
是做描述性的叙述和教条性的解释，很少去追问法背后的正当性
问题，因而彰显不出中国传统法自身的内涵、特质、价值和方
法，尤其是它作为法的正当性的法理和哲理问题，亦即本文所探
讨的中国传统法存在的根本、根据或者说理据，迄今还没有得到
认真科学的挖掘、理解和认识，当然亦就更谈不上尊重了，结果
自然是遮蔽了中国传统法的人类共性和自我特性。譬如，本文正

---

[67] 对此，笔者亦有所思考，参见收入本书的《中国传统法理学的精髓及其当代意
义》一文（第三部分）。

是通过对中国传统法本体的探讨，才认识到中国传统法是符合人类法哲学本体论标准的法。它既有自己的个性，又有人类法的共性。如果不是通过这样的探讨，我们或许得不到这样的认识，即使有这样的认识，亦不是本体论意义上的根本性认识。又如，先秦儒家认为仁是法的本体，道家认为道是法的本体，法家认为君主的利益是法的本体。[68] 虽然各家法本体的说法不同，但其实都是他们心目中正当性的表述。可是，为什么这样？这有什么意义？等等。对于这些问题的不断追问，事实上亦就构成了对中国传统法本体的探讨。由此可以想见，这种探讨与以往和现行的中国法史研究都深为不同，其结果对于我们正确认识中国传统法，重建具有思想和学理意味的中国法史学，都将会有回归主体和返本开新的意义。

---

〔68〕 参见武夫波：《传统中国法本体研究》，中国政法大学 2017 年博士学位论文，第 2~4 章有关道家、儒家和法家的法本体研究。

论中国传统法律的伦理化 *

　　法律与伦理是法律文化的核心问题，因此探索中国法律文化之道，寻求它的原理和意义，有必要从中国传统法律的伦理化并始。所谓中国传统法律的伦理化，从原理上可以理解为，中国传统的人伦道德，亦即儒家伦理或者说宗法伦理，内化在中国传统法律之中并在精神和原则上支配着法律的变化和发展。伦理化的表现是儒家伦理成为国家立法与司法的指导思想，法律内容和人们的法律意识渗透了儒家伦理的意蕴。因此，伦理化并不意味着中国法律在规范形式上有什么变化，亦不存在任何实体意义上的"伦理法"或"情理法"。[1]在中国传统法律的伦理化中，"伦

　*　原载于《比较法研究》1991 年第 1 期，有修改。
〔1〕 学界对中国传统法律与儒家伦理的关系模式有不同的解说，陈寅恪先生和瞿同祖先生概括为"儒家化"，俞荣根教授表达为"伦理法"，范忠信教授等名之为"情理法"。我以为"儒家化"的概括是有原创性的，但在比较法律文化中，"儒家化"作为一种人文类型在分类上还不够精准，特别是面对具有宗教伦理色彩的西方法，"儒家伦理化"或者说"宗法伦理伦化"要更贴切些。本文为了使用方便，简称为"伦理化"，实际是指"儒家伦理化"或"宗法伦理伦化"。至于"伦理法"和"情理法"，我以为这样的概括是不科学的。首先"伦理"和"情理"都是人之原理，具有普遍性而不具分类的意义；其次不存在实体性的类于刑法、民法、教会法等那样的"伦理法"和"情理法"，所谓的"伦理法"或"情理法"，实际上只是具有伦理和情理属性的法。因此，在形象比喻的意义上，亦许可以使用"伦理法"和"情理法"这样的称呼，但作为科学研究应慎用。相关资料参见陈寅恪：《隋唐制度渊源略论稿》，上海古籍出版社 1982 年版，第 100 页；瞿同祖：《瞿同祖法学论著集》，中国政法大学

理"是关键词。那么，何谓"伦理"？《说文解字》曰："伦，辈也，从人，仑声。"段玉裁注释说："伦，道也，理也。"[2]可见，在中文文献和汉语世界里，伦理就是人的辈分之理，亦即人们怎样按辈分来相处这样一种做人的道理，简称为人道、人理、人义，实际上就是人们通常所说的人伦道德。[3]中国传统的人伦道德一般指儒家伦理，或谓之宗法伦理，简称为礼教。[4]所以，本文所探讨的中国传统法律的伦理化，实质是关于礼教对中国传统法律影响的问题。

一、中国传统法律伦理化的进程

在中国的青铜时代，亦就是以青铜为文明标志的夏、商、周时期，法律与宗教伦理的混合，突出表现在神权政治与宗法家族政治的融合，亦即神权与王权和族权的合一。不过，中国历史上的神权政治与神权法有一个特点，即在全国范围内从未出现过凌驾于世俗政权之上的教会和教权。青铜时代的神权法和神权法思想是从属并服务于当时世俗王权的，其目的在于使王权神圣

出版社 1998 年版，第 361～381 页；俞荣根：《儒家法思想通论》，广西人民出版社 1992 年版；范忠信等：《情理法与中国人——中国传统法律文化探微》，中国人民大学出版社 1992 年版；任喜荣：《"伦理法"的是与非》，载《吉林大学社会科学学报》2001 年第 6 期。

[2] （汉）许慎撰、（清）段玉裁注：《说文解字注》，上海古籍出版社 1981 年版，第 371 页。

[3] 参见李钟声：《中华法系》（上册），台湾华欣文化事业中心 1985 年版，第 211 页。

[4] 儒家伦理或者说中国传统的礼教，曾被尊之为天经地义，即子产所说的："夫礼，天之经也，地之义也，民之行也。天地之经，而民实之。"（《左传·昭公二十五年》）

化。[5]当时的神权观念主要源于对天命和鬼神的崇敬与恐惧,古籍中有此记载,如《尚书·召诰》曰:"有夏服天命。""有殷服天命。"《论语·泰伯》曰:"(夏禹)菲饮食而致孝乎鬼神。"《礼记·表记》亦曰:"夏道尊命。……殷人尊神,率民以事神,先鬼而后礼,先罚而后赏,尊而不亲,其民之敝,荡而不静,胜而无耻。"夏商神权法的实践是"天罚神判",即假借天意和神旨实施司法制裁,上古甲骨文和金文中均记有实例。[6]到西周时期,神权政治尽管仍有很大影响,但已有了动摇,神权法和天命思想逐渐消退下去。[7]《尚书·君奭》记叙西周的情况是:"天不可信,我道惟宁王德延,天不庸释于文王受命。"与此同时,"天罚神判"在西周亦渐渐消失,取而代之的是"五听"制度。[8]

　　法律与宗教伦理在我国的真正分离,大致在春秋战国至汉初这段时期。这有两方面的原因:一是神权政治和神权法进一步崩溃,旧贵族用以束缚人的精神枷锁"天命"观念随着"礼崩乐坏"而趋倾倒,人的解放(对旧制度的挣脱)已成为时代潮流,

---

〔5〕 对远古及青铜时代中国宗教(巫)与政治的关系,张光直先生有十分精彩的分析。参见[美]张光直:《中国青铜时代》(二集),生活·读书·新知三联书店1990年版,第102~114页。

〔6〕 参见《殷墟文字乙编》,4604;《殷契佚存》,850。

〔7〕 参见蒲坚主编:《中国法制通史·夏商周》,法律出版社1999年版,第342~345页。

〔8〕 《周礼·秋官·小司寇》:"以五声听狱讼,求民情。一曰辞听,二曰色听,三曰气听,四曰耳听,五曰目听。"即审判官从当事人说话、面部表情、气息、听觉以及目光这五个方面的反应,来观察和判断其有无理亏心虚的表现,尔后确定犯罪与否。这种方式虽科学性有限,但它已脱离了宗教巫术神判,是司法迈向人的理性和人文文明的有力一步。

而人的地位的每一步提高，即是神的地位的进一步下降。《左传》中有不少此类记载，如《左传》桓公六年，随国季梁谏其君曰："夫民，神之主也，是以圣王先成民而后致力乎神。"《左传》昭公十八年，郑国发生大火，有人要求子产祭神禳火，认为不这样做，还会发生火灾。子产驳斥道："天道远，人道迩，非所及也，何以知之？"此类记载还可见之于《左传》庄公十四年、庄公三十二年等，这些被广泛引证的史载向我们展示了神权法时代的结束。[9]造成法律与宗教伦理分离的另一个很重要的原因是，法家思想和法家系统的法律制度占据了战国到汉初这段时期的国家意识形态和上层建筑。法家的特色是"严刑峻法"，轻蔑和排斥儒家及西周遗留下来的礼制，推行重刑主义。这样，西周时期伦理（礼）和法律（刑）的混合局面被打破了，法律有了独立的发展。[10]

法律独立发展的运动在西汉政权建立后，特别是从汉武帝开始，逐渐停止下来，并转向伦理化。开始倡导、推动和实施这项工程而最负盛名的是西汉大儒董仲舒，他提出的"独尊儒术，罢黜百家"[11]得到了汉武帝的首肯和支持。此后，他以其独特的决

---

[9] 参见杨景凡、俞荣根：《孔子的法律思想》，群众出版社1984年版，第66～68页。

[10] 所谓"法律的独立发展"，意指法律摆脱了宗教伦理的束缚与支配，其独立存在的价值得到了社会的普遍认可和尊重，具有了自觉、自主的发展。

[11] 董仲舒在阐发他的《春秋》大一统时说："《春秋》大一统者，天地之常经，古今之通谊也。今师异道，人异论，百家殊方，指意不同，是以上亡以持一统；法制数变，下不知所守。臣愚以为，诸不在六艺之科、孔子之术者，皆绝其道，勿使并进。邪辟之说息，然后统纪可一而法度可明，民知所从也。"（《汉书·董仲舒传》）

狱风格和巨大影响，大大推进了汉代"以礼入法"的进程。这个进程亦即后世学者所说的中国法律的儒家化，[12]我谓之伦理化，意即中国传统法律于此开始接受儒家伦理的影响和支配。

伦理化的进程，按目前学术界的一般看法，从汉武帝起而止于唐律的诞生，前后耗时达七个半世纪。其间可以粗分为三个阶段。第一阶段是汉，包括汉武帝至东汉末年这段时期。这是伦理化的初期阶段，礼教对法律的影响和改造只能通过"引经决狱"和研习律学、解释法律这种侧面迂回的方式来实现。所以，在汉代史籍中，我们常能读到有关循吏引用儒家经书尤其是《春秋》来剖析疑案的记载。《后汉书·应劭传》记：

> 故胶东相董仲舒老病致仕，朝廷每有政议，数遣廷尉张汤亲至陋巷，问其得失，于是作《春秋决狱》二百三十二事，动以经对，言之详矣。

董仲舒已老病致仕荣休在家，堂堂的汉朝中央最高司法官有事还要亲至陋巷向他请教，盖因董氏乃是当时"引经决狱"的旗手和领袖人物，由此亦可想见"引经决狱"的影响之大。"引

---

[12] 瞿同祖先生对"中国法律之儒家化"有很好的解说（参见瞿同祖：《瞿同祖法学论著集》，中国政法大学出版社1998年版，第361~381页），但应指出，这一概念并非由他首创，杨鸿烈和陈寅恪先生已有说在先。杨氏在《中国法律思想史》中有比较明确的说明；陈氏在《隋唐制度渊源略论稿》中更有确定的说法，他写道："又古代礼律关系密切，而司马氏以东汉末年之儒学大族创建晋室，统制中国，其所制定之刑律尤为儒家化……以至于唐，实为华夏刑律不祧之正统。"（参见陈寅恪：《隋唐制度渊源略论稿》，上海古籍出版社1982年版，第100页。）

经决狱"造成了汉代经义解律的盛行，[13]特别是到东汉时，解释
汉律的有马融、郑玄等数十家，每家都有几十万字的著作，观点
颇为纷杂，但都是改造法家系统的法律并使之儒家化的努力。尽
管这些工作声势很大，收效亦很可观，但若以为汉律已为儒家礼
教所完全改造，这显然又是不合实际的。事实上，汉儒的工作只
是开了中国传统法律伦理化的先河，这项艰巨的事业是在第二阶
段三国两晋南北朝时期被完成的。促进这项事业成功的原因很
多，一个最重要的方面是，在这段时期内，由于中央权威遭到破
坏，地方豪强并起，庄园经济有了急速的发展，因而，集豪强与
庄主为一身的地方领袖——士族——实际控制了政权。[14]这些地
方领袖大都受过儒家礼教的熏陶，聚集和重用了大批饱读经书的
儒生，他们共同参与立法，并借立法之机将儒家礼教直接而全面
地贯彻到了法律中。[15]通览这一时期的立法，从曹魏的"八议"
入律，到《晋律》确立"准五服以制罪"的原则；从《北魏律》
的"官当"法律化，到《北齐律》的"重罪十条"等，都十分
清晰地显示出伦理化在持续不断地深入和扩大。最后，在第三阶
段，隋唐折衷条贯，《唐律》总其大成。就此而言，《四库全书
总目·唐律疏议提要》所说的"论者谓《唐律》一准乎礼"，正
是一语中的。这表明中国传统法律价值的重建至此已最终完成，
同时亦揭示出这一价值体系的实际意蕴，即把儒家伦理奉为最高

---

〔13〕 台湾学者黄源盛先生对"春秋决狱"有很系统的分析。参见黄源盛：《中国传
统法制与思想》，五南图书出版公司1998年版，第85页及以下。

〔14〕 参见张晋藩、王超：《中国政治制度史》，中国政法大学出版社1987年版，第
289～295页。

〔15〕 参见瞿同祖：《中国法律与中国社会》，中华书局1981年版，第334～344页。

的评判标准，凡礼教所认可的，即是法律所赞同的；反之，礼教之所去，亦法律之所禁。[16]正可谓"礼之所去，刑之所禁；失礼则入刑，相为表里者也"[17]。

《唐律》及其《疏议》是一部成熟而典型的伦理化法典，贯注其中的精神和由它所确定的原则、制度、篇目以至具体的律文、术语，都为宋、元、明、清诸律所继承。有如清代名儒纪昀在《四库全书总目·唐律疏议提要》中所说："论者谓《唐律》一准乎礼，以为出入得古今之平，故宋世多采用之。元时断狱，亦每引为据。明洪武初，命儒臣四人同刑官进讲《唐律》，后命刘惟谦等详定《明律》，其篇目一准于唐。"[18]清代学者王友谅在《书唐律后》中亦说："《唐律》具存，计篇十二，计卷三十，而国朝定制，参稽旧文，损益以归于大中，其所资者，亦以《唐律》为多。"[19]但有必要说明的一点是，宋、元、明、清诸律在以《唐律》为蓝本的同时，还对《唐律》中的伦理化精神作了与时俱进的弘扬和发挥，特别是宋明理学取代汉唐儒学成为统治思想后，礼教的观念获得了前所未有的深化和扩散，法律的伦理化较《唐律》实远过之而无不及。诚如前述，中国传统法律伦理化，虽然在宋代之前就有了，但只有到宋代理学产生后，才将它的正当性系统化并上升到道的本原，即天地宇宙、人类万物的

----

[16] 参见梁治平：《寻求自然秩序中的和谐》，中国政法大学出版2002年版，第265～343页。

[17] 《后汉书·陈宠传》。

[18] （唐）长孙无忌等撰：《唐律疏议》，刘俊文点校，中华书局1983年版，第677页。

[19] 《清·经世文编》卷九。

原理高度。亦正因为此，至少有这个原因，从宋代开始，中国传统法律，无论是国法还是准国法的乡规民约，都一致地表现出强烈的礼教性，其中最为人们所熟悉的是礼教的核心"三纲五常"上升到了天理、人情、国法一体化的高度。这我们可以从朱熹那里得到说明，朱熹说："宇宙之间，一理而已。天得之而为天，地得之而为地，而凡生于天地之间者，又各得之而为性。其张之为三纲，其纪之为五常，盖皆此理之流行，无所适而不在。"[20]这表明"三纲五常"既然是宇宙之理（天理），自然亦是通行天下的法理和情理，因为天地人一体，所以，人间诸法莫不以此为据。这样一来，天理、国法、人情就高度一体化了，故而乾隆皇帝在为重修后的《大清律例》所作的"序"中说："简命大臣取律文及递年奏定成例，详悉参定，重加编辑。揆诸天理，准诸人情，一本于至公而归于至当。"[21]职是之故，从宋代以后至于明清，中国传统法律在有关伦理纲常的诸多领域，特别是在有关婚姻、家庭、两性关系方面的伦理化日趋极端。[22]这种局面直到清末引进西方法律文化才得以打破。自此以后，中国法律才有了现代意义上的自觉，在精神和原则上摆脱了儒家伦理的支配与束缚，走上了独立发展的道路。

二、中国传统法律伦理化的表现

中国传统法律伦理化的影响极其广泛，我们可以在中国传统

---

[20] 《朱文公文集》卷七十《读大纪》。

[21] 马建石、杨育棠主编：《大清律例通考校注》，中国政法大学出版社1992年版，第5~6页。

[22] 参见张中秋：《中国封建社会奸罪述论》，载《南京大学学报》1987年第3期。

法律文化的各个领域中观察到它的表现，亦可以在每一部法典甚至每一条律文中，觉察到伦理精神和原则的均匀渗透。此外，有关这一问题还有众多的研究资料可资参阅。鉴于这两方面的原因，我在此对中国传统法律伦理化的表现略作论述。

伦理化的实质是礼教化，一俟礼教的精神和原则贯注到法律中，成为立法和司法的指导思想，外化为具体的法律原则、制度和规范，即是伦理化的实现。《唐律疏议》首篇开宗明义所揭示的"德礼为政教之本，刑罚为政教之用"，与孔子所推崇的"道之以政，齐之以刑，民免而无耻；道之以德，齐之以礼，有耻且格"[23]，以及与董仲舒所一贯倡导的"德主刑辅"[24]，在思想精神上是完全一致的。对照孔子、董仲舒之言论和《唐律疏议》之规定，可以印证《唐律疏议》是一部以儒家礼教思想为指导的伦理化的法典。鉴于《唐律疏议》在中国传统法律文化上承前启后的特殊地位，以下就以它为中心，同时兼及其余，对中国传统法律的伦理化的表现分项举要说明。

（一）在国家政治领域中的表现

礼在西周时期就确立了两大原则：一是"尊尊"，二是"亲亲"。"尊尊"为"忠"，"亲亲"为孝。[25]"忠"与"孝"在当时家国一体的宗法社会中没有实质性的区别，"忠"即是"孝"，"孝"即是"忠"，"忠""孝"是一体化的。这种局面在西周宗法政治崩溃后发生了变化。到西汉时期，"忠"逐渐演变为礼教

---

〔23〕 《论语·为政》。

〔24〕 《春秋繁露·天辨》；《春秋繁露·基义》；《汉书·董仲舒传》。

〔25〕 关于礼的基本原则，《礼记·大传》云："亲亲也，尊尊也，长长也，男女有别，此其不可得与民变革者也。"

中"三纲"的"君为臣纲","孝"则扩大为"三纲"中的"父为子纲"和"夫为妻纲"。同时,两者的职能大体有了分工,"父为子纲"和"夫为妻纲"成为调整家庭、婚姻关系的最高准则,而"君为臣纲"被广泛推行于国家的政治领域。从汉律确定"不忠"为大逆不道,发展到魏晋的"重罪十条",再演变为隋唐及宋元明清的"十恶"犯罪,尤其是前三恶的"谋反""谋大逆"及"谋叛"诸罪,集中体现了"君为臣纲"在法律中的逐步深入和重要性,表明法律确认君权的无限和至尊。这正是礼教的首要目的,亦是中国传统法律伦理化最重要的特征之一。以《唐律疏议》为例,其中有关皇帝人身、财产、权位、尊严、荣誉、家族,以及与此相关的官僚体制的保护性条文,在整个法典中占有十分突出的地位。首先,这些律文基本上都置于法典的前三篇("名例""卫禁"和"职制")中,其用意是显而易见的。"名例"篇自不待言,它是全律的精神所系。"卫禁"和"职制"两篇排列的意义,各篇篇首已有说明,即"卫者,言警卫之法;禁者,以关禁为名。但敬上防非,于事尤重,故次'名例'之下,居诸篇之首"。而"职制律者……言职司法制,备在此篇。宫卫事了,设官为次,故在'卫禁'之下"。其次,这些律文在数量上亦很可观,初步统计,择其著者就有八十余条,约占总数的六分之一。[26] 尤应值得注意的是,对触犯这类律条的处罚比一般的同类犯罪的处罚要严厉得多。这里我们可以略择几条,列表说明。

---

[26] 据粗略统计,有关条文有八十余条,《唐律疏议》五百条,故约为六分之一。

**表 I　《唐律疏议》所规定的一般犯罪与事关君皇的
同类犯罪的处罚差异对照表**

类别对比	一般性的犯罪	事关君皇的犯罪	等差
谋杀（反）	"诸谋杀人者，徒三年。"（《唐律疏议·贼盗》谋杀人条）	"诸谋反及大逆者，皆斩。"（《唐律疏议·贼盗》谋反大逆条）	四等
窃盗	"诸窃盗，不得财笞五十；……（罪止）加役流（流三千里，加苦役三年）。"（《唐律疏议·贼盗》窃盗条）	"诸盗御宝者，绞。"（《唐律疏议·贼盗》盗御宝及乘舆服御物条）	十四等至一等
诈为	"诸诈为官文书及增减者，杖一百。"（《唐律疏议·诈伪》诈为官文书及增减条）	"诸诈为制书及增减者，绞。"（《唐律疏议·诈伪》诈为制书及增减条）	九等
合药有误	"诸医为人合药及题疏、针刺，误不如本方，杀人者，徒二年半。"（《唐律疏议·杂律》医合药不如方条）	"诸合和御药，误不如本方及封题有误者，医绞。"（《唐律疏议·职制》合和御药有误条）	五等
射击	"诸向城及官私宅，若道径射者杖六十。"（《唐律疏议·杂律》向城官私宅射条）	"诸向宫殿内射，宫垣，徒二年。"（《唐律疏议·卫禁》向宫殿射条）	七等
备注	表中括号内的注释均为笔者所加；《唐律疏议》"五刑"共二十等：笞五等；杖五等；徒五等；流三等，死二等。表中所谓等差，皆指同类犯罪的轻重处罚之差。		

中国传统社会从北宋开始，中央集权呈加强的趋势，明、清两朝达到顶点。在这种大的历史背景下，唐以后诸朝法律在贯彻

"君为臣纲"的伦理精神上达到了无以复加的程度。宋朝的"编敕"和"审刑院",明清的"大诰"及"会审"制度的出现,表明国家最高的立法和司法权已完全为皇权所控制。《大明律》和《大清律例》对冒犯君皇尊严和侵犯君上大权的各种犯罪的处罚,均要比所唐律所规定的严厉的多。[27] 这是儒家伦理在中国传统法律有关政治的领域中日益强化的表现。

(二)在家庭/家族与社会领域中的表现

中国传统法律在有关家庭与家族领域内所贯彻的儒家伦理或者说礼教,集中体现为一个"孝"字。"孝"作为儒家伦理中一个最重要的基本范畴,具有极其丰富的内涵。家庭与家族领域内上下辈之间各种关系的伦理要求可以用一个"孝"字来概括。子女因为孝而美名远扬、传颂于世;子女因为不孝而声名狼藉、不齿于人。这类事例在中国的古典文献,如"家礼"和"乡约"[28]以至文学作品中都有大量记载。法律凭借其特有的强制力对此加以褒贬,它赋予父母对子女的教令权,违犯教令的子女要受到刑罚制裁。《唐律疏议·斗讼》"子孙违反教令"规定:"诸子孙违反教令及供养有阙者,徒二年。"宋代以后,父母对不孝之子甚

---

[27] 对比《唐律疏议》与《大明律》和《大清律例》中的同类规定,即能见出其中的差别。清代律学大家薛允升撰《唐明律合编》,实即是对唐、明、清三朝法律的比较,于此有很好的比对和评注。阅者可以参见(清)薛允升撰:《唐明律合编》,怀效锋、李鸣点校,法律出版社1999年版。

[28] 参见收入本书的《家礼与国法的关系和原理及其意义》和《乡约的诸属性及其文化原理认识》两文。有关中国古代家法族规中关于"孝"的规定,参见费成康主编:《中国的家法族规》(修订版),上海社会科学院出版社2016年版,相关部分。

至有了处死权。[29]在国家法律中，"违反教令"的概念含混不清，涉及面十分广泛，包括不顺父母、供养有阙、赌博等。明、清律中对不顺父母的子女，除承认父母拥有自行责罚权外，还规定有送惩权，即父母拥有请求官府代为惩处子女的权力。[30]教令权只是父权的一个方面，实际上中国传统法律赋予家长的权利是极其广泛的，正如瞿同祖先生所说："中国的家族是父权家长制的，父祖是统治的首脑，一切权力都集中在他的手中，家族中所有人口——包括他的妻妾子孙和他们的妻妾，未婚的女儿孙女，同居的旁系卑亲属，以及家族中的奴婢，都在他的权力之下，经济权、法律权、宗教权都在他的手里。……同时，由于法律对其统治权的承认和支持，他的权力更不可撼摇了。"[31]瞿先生在他的著作中对父权的范围和内容及其司法实践作了十分详细和精辟的分析。[32]藉此可见，"父为子纲"的儒家伦理对中国传统法律的影响是何等的深刻！

夫权和族权是父权的延伸和扩大。在中国传统社会，无论是国法还是民间的宗族法，都给予这两项权力以特殊的保护。例如，从汉代开始，国家法律就明确规定，丈夫拥有单方面休妻的

---

[29] 参见《元史·刑法志》三"杀伤"；《明律例·刑律》二"殴祖父母父母"；《大清律例·刑律》，"殴祖父母父母"。明、清律皆云：若违反教令而依法决罚邂逅致死者勿论；元律则云：诸父有故殴其子女邂逅致死者免罪。

[30] 父母可以子孙违反教令为理由送请官府惩戒。唐、宋的处分是徒刑二年（参见《唐律疏议·斗讼》"子孙违反教令"；《宋刑统·斗讼》"告周亲以下"）。明、清律杖一百（参见《明律例·刑律》二"子孙违反教令"；《大清律例·刑律》，"子孙违反教令"）。

[31] 参见瞿同祖：《中国法律与中国社会》，中华书局1981年版，第5~6页。

[32] 参见瞿同祖：《中国法律与中国社会》，中华书局1981年版，第5~27页。

权利，这即是人们所熟悉的"七弃"。"七弃"虽有"三不去"
的限制，但实际亦是为伦理着想而设计的。[33]丈夫对妻既可休
之，遑论其他！至于族长之权，除宗族法有具体规定外，国法亦
特别关注。《清律续纂条例》有二十余条，从不同的方面授权族
长，令其约束、监督本族成员。皇帝还不断颁布上谕，鼓励族长
行使权力，辅佐地方政府维持治安。[34]传统法律之所以如此优待
父权、夫权和族权，是因为它们直接关系到社会的基础——家庭
与家族——的稳定。这不止与儒家伦理息息相关，重要的是它还
关系到王朝的政治命运。其中的道理并不复杂，家庭和家族是儒
家伦理赖以生存的社会土壤，离开了家庭和家族的天然血缘关
系，儒家伦理就会变成无源之水、无本之木，就不可能具有渗透
到社会各个领域以至人心的那种神奇力量，更不可能在思想意识
方面成功地维系一个广阔而悠久的文明国度。所以，传统法律在
调整家庭与家族领域内的各种关系上，一方面特别重视和细致，
另一方面几乎完全以儒家伦理为准则。有关这方面的例证很多，

---

[33] 按："七弃"又称"七出"，意指妻子有七种情况之一者，丈夫可以单方面休
弃她。《大戴礼记·本命》云："妇有七出：不顺父母，去；无子，去；淫，
去；妒，去；有恶疾，去；多言，去；盗窃，去。""三不去"者，即妻有下列
三种情形之一，可以不被休弃，"妇有三不去：有所取无所归不去；与更三年
丧不去；前贫贱后富贵不去。"（《史记·梁孝王世家》）唐、宋见之于令（《唐
律疏议·户婚》"妻无七出而出之"条"疏议"；《宋刑统·户婚》"和娶人
妻"条"疏议"）；元、明亦然（《通制条格·户令》《大明令·户令》）；清律
附注于律文之内（《大清律例·户律》"出妻"条例"例注"）。"七弃""三不
去"原为传统之礼，法律予以确认，可谓是法律礼教化的又一实例："七出者
礼应去之也；三不去者，礼应留之也。"（《清律辑注》）是故，"三不去"是为
礼义而设，含有对夫权服从的精神，并不是承认妻子有婚姻自主权。

[34] 《钦定大清会典事例·刑律》；又见朱勇：《清代宗族法研究》，湖南教育出版
社1987年版，第154~162页。

可以选择若干典型常见的罪名，通过列表的方式予以说明。

1. 斗、杀、伤罪。依现代刑法，侵犯他人的人身权利，不论受害人是谁，其社会危害性都同样严重，因而刑事责任亦相同，但中国传统法律的规定迥然不同。我们把《唐律疏议》中关于斗、杀、伤的规定列成表（见表Ⅱ"《唐律疏议》关于斗、杀、伤规定一览表"），从表中可以得出一个结论，同一种行为，随着主体和客体伦理关系的逐步密切，尊长作为主体与卑幼作为主体所负的刑事责任的差距渐次增大，直至尊长不坐、卑幼处斩，主要的依据就是视其对伦理关系的侵犯程度。[35]

2. 奸罪。奸罪包括强奸与和奸（通奸），是中国传统法律中侵犯伦理的一大罪名。儒家伦理要求人们尊卑有序、男女有别，一切依礼而行，"非礼无以别男女、父子、兄弟之亲，婚姻疏数之教也。"[36]故而人们之间的性禁忌特别严格，淫乱被认为是灭绝人伦的禽兽行为，为社会和法律所不允，处罚格外严厉。这里中国传统法律中有关"凡人（一般身份的良民）犯奸"和"亲属（五服亲）犯奸"的情况，列表以供分析（详见表Ⅲ"凡人犯奸与亲属犯奸处罚差异一览表"）。

从表Ⅲ中至少可以得出四点认识：其一，凡人犯奸中对有夫奸的处罚重于无夫奸。这是因为中国传统社会以男子为中心，《礼仪·丧服》称："夫者妻之天也。"妇女一辈子没有独立的人格，只有义务，守贞操是最重要的义务。有夫奸重于无夫奸，

---

[35] 参见王占通：《论违礼是唐律的刑事责任依据——兼论中华法系的特点》，载《社会科学战线》1987年第4期。另，正文中《唐律疏议》关于斗、杀、伤之规定一览表亦转引自该文。

[36] 《礼记·哀公问》。

表Ⅱ 《唐律疏议》关于斗、杀、伤规定一览表

关系／主客体	行为：骂（詈）	殴	伤	折伤
凡人（主客体同）	×	笞四十	杖一百	因伤程度徒一年至流三千里
缌麻亲 兄・客体	×	杖一百	徒一年	折伤加凡一等
缌麻亲 兄・主体	×	×	×	始坐减凡二等
缌麻亲 姊・客体	×	杖一百	徒一年	折伤加凡一等
缌麻亲 姊・主体	×	×	×	始坐减凡二等
缌麻亲 尊・客体	×	徒一年	徒一年半	折伤加凡一等
缌麻亲 尊・主体	×	×	×	始坐减凡二等
缌麻亲 属・客体	×	徒一年	徒一年半	折伤加凡一等
缌麻亲 属・主体	×	×	×	始坐减凡二等
小功亲 兄・客体	×	徒一年	徒一年半	加凡一等
小功亲 兄・主体	×	×	×	减凡二等
小功亲 姊・客体	×	徒一年	徒一年半	加凡一等
小功亲 姊・主体	×	×	×	减凡二等
小功亲 尊・客体	×	徒一年半	徒二年	加凡一等
小功亲 尊・主体	×	×	×	减凡二等
小功亲 属・客体	×	徒一年半	徒二年	加凡一等
小功亲 属・主体	×	×	×	减凡二等
大功亲（无尊属）・客体	×	徒一年半	徒二年	加凡二等
大功亲（无尊属）・主体	×	×	×	减凡三等
期亲 兄・客体	杖一百	徒二年半	徒三年	流三千里
期亲 兄・主体	×	×	×	×
期亲 姊・客体	杖一百	徒二年半	徒三年	流三千里
期亲 姊・主体	×	×	×	×
期亲 尊属・客体	徒一年	徒三年	流二千里	流三千里
期亲 尊属・主体	×	×	×	×
祖父母父母・客体	绞	斩	斩	斩
祖父母父母・主体	×	×	×	×

续表

行为\关系（主客体/处罚）	凡人（主客体同）	缌麻亲 兄姊·兄（主体）	缌麻亲 兄姊·姊（客体）	缌麻亲 尊属（主体）	缌麻亲 尊属（客体）	小功亲 兄姊·兄（主体）	小功亲 兄姊·姊（客体）	小功亲 尊属（主体）	小功亲 尊属（客体）	大功亲（无尊属）（主体）	大功亲（无尊属）（客体）	期亲 兄姊·兄（主体）	期亲 兄姊·姊（客体）	期亲 尊属（主体）	期亲 尊属（客体）	祖父母父母（主体）	祖父母父母（客体）
致死	斩	绞	斩	绞	斩	绞	斩	绞	斩	流三千里	斩	徒三年	斩	徒三年	斩	子女违反教令，徒一年半	斩
过失伤	听赎（铜赎）	大功以下同凡人，准赎										×	二年半	×	二年半	×	三年
过失杀	听赎	同伤										×	三年	×	三年	×	流三千里

表Ⅲ 凡人犯奸与亲属犯奸处罚差异一览表

罪行	朝代					
	汉	唐	宋	元	明	清
凡人犯奸	和奸耐为鬼薪（徒三年）；强奸者，诛。（《汉书·功臣表》）；奸者半年半（《汉书·济川王传》）	和奸者各徒一年，强奸者徒二年（无夫）、二年半（有夫）。（《唐律疏议·杂律》犯奸）	同唐。（《宋刑统·杂律》诸色犯奸）	和奸杖七十七，有夫八十七；强奸有夫者死，无夫夫者杖一百七。（《元史·刑法志》奸非）	和奸杖八十，有夫九十；强奸者绞。（《大明律·刑律》犯奸门）	同明。（《大清律例·刑律》奸犯门）
奸同宗无服亲及无服亲之妻者				与族兄弟之女奸，减（死）二等（徒三年杖一百七）。	各杖一百。	同明。
奸缌麻以上亲及缌麻以上亲之妻，若奸父妻前夫之女及同母异父姊妹者		徒三年，强者流二千里，折伤者绞。妾减一等。	同唐。	诸与兄弟妻奸，各杖一百七，奸妇从夫远流。奸妇从夫，及强奸妻前夫之女，并杖一百七，妻离之。	各杖一百，徒三年，强者绞。	同明。

续表

罪行	汉	唐	宋	元	明	清
				朝　代		
奸从祖祖母姑,从祖伯叔母姑,从父姊妹及兄弟子妻等		流二千里;强者绞。	同唐。	诸强奸佐妇,未成者,杖一百七。	各绞;强者斩。	同明。
奸父祖妾、伯叔母、姑、姊妹、子孙之妇、兄弟之女者	代王坐与同产妹奸,废徙房陵,与邑百家。(《汉书·诸王表》)	绞。	同唐。	诸与兄弟之女奸,皆处死。诸与兄弟之女奸,减死一等。	各斩,妾减(妻)一等流(三千里);强者斩绞。	同明。
资料来源		《唐律疏议·杂律》诸亲属相奸	《宋刑统·杂律》诸色犯奸	《元史·刑法志》奸非	《大明律·刑律》亲属相奸	《大清律例·刑律》亲属相奸
备注	1. 唐以前诸律散佚,以汉为始,并以案例补充说明,唐以后以律文为准。 2. "凡人相奸"以下四栏的资料出处相同,统归于"资料来源";"同唐""同明"的含义是指内容与唐律相同,"同明"亦然。					

并不表明既嫁女比未嫁女的人格在法律上有何变化，而恰恰是说明妇女是男子的附从物。"夫为妻纲"中的夫权是绝对的，对有夫之妇犯奸，就是对夫权的侵犯，故而才有有夫奸重于无夫奸的法律规定。其二，亲属犯奸重于凡人犯奸。亲属之间犯奸在传统法律中称之为"内乱"，列入"十恶"之中。儒家伦理认为，"女有家，男有室，无相渎，易此则乱。若有禽兽其行，朋淫其家，紊乱礼经，故曰'内乱'。"[37]所以，历代诸律对亲属犯奸都以重刑论处。如唐代凡人和奸各徒一年半，强奸者徒二年（无夫）和二年半（有夫），若有人奸父祖妾、伯叔母、姑、姊妹、子孙之妇及兄弟之女者，一律处绞刑，比凡人重五、六等。其三，亲属之间犯奸，血缘越近处罚越重。从表中可以看到，凡人犯奸以下四栏，每一栏中的亲属关系都比前一栏内的密切，处罚亦就随之加重。其四，通览全表，不论是凡人犯奸还是亲属犯奸，处刑都是渐趋加重的。唐代凡人犯奸处徒刑，元代以后处死刑。表中第四栏内，唐代和奸流二千里，强奸者绞，同栏内明清律却规定，和奸各绞，强奸者斩。同样一种犯罪，因不同的人而有不同的处罚，且随着文明的发展，处罚反而加重，这种现象在世界法律文化中是很独特的，是中国传统法律伦理化和伦理化愈益深入的表现。舍此，似乎没有更恰当的解释。

中国传统法律伦理化的表现难以一一详述，除上述两个重要领域以外，主要的表现还有这样几个方面：一是在经济财产方面，传统法律遵循礼的要求抑利求义。孔子在《论语·里仁》中说："君子喻于义，小人喻于利。"法律既由君子所定，亦由君

---

[37]《唐律疏议·名例》"内乱"条"疏议"。

子所行，所以，小人和利在法律中自然处于不利位置。这不仅表现为传统法律设置种种苛刻的条款来抑制工商业的发展，[38] 还突出表现在一般官吏在审理案件时，首要的问题是为了厚民俗、淳民风，对于财产的保护是放在其次的。[39] 这种做法实际上把财产问题变成了道德问题，把人与物的关系转换成了人与人的关系。人们能否依法拥有或享有某物并不重要，重要的是大家都要遵从并围绕伦常建立起一套伦理道德秩序，其结果首先不在"权利"而在于"义理"，这是中国传统法律的一个特殊性所在。[40] 二是在人们的社会地位和生活方面，传统法律依据儒家关于君子小人及贵贱上下的理论，竭力维护等级特权制度。法律不仅赋予贵族和官僚以议、请、减、赎、官当的特权，还承认贵贱之间在婚姻、饮食、衣饰、房舍、舆马、丧葬、祭祀等生活方式上的区别，并规定不得逾越，违者要受到刑罚制裁。[41] 三是在司法狱政方面，传统法律遵照儒家"刚柔相济"的原则，推行严惩与宽恕相结合的措施。就严惩言，有残酷的法定刑讯制度、株连制

---

〔38〕 参见曹三明：《明清封建法制对资本主义萌芽的摧残》，载《中国社会科学》1982 年第 2 期；张中秋：《法律与经济——传统中国经济的法律分析》（第 1 卷），南京大学出版社 1995 年版，有关工商法律的部分。

〔39〕 例如，在《名公书判清明集》的开卷载有指导意义的《咨目呈两通判及职曹书》，其中申儆并告示官吏说："……盖闻为政之本，风化是先。……至于听讼之际，尤当以正名分，厚风俗为主……"（中国社会科学院历史研究所宋辽金元史研究室点校：《名公书判清明集》，中华书局 1987 年版，第 1~2 页。）事实上，《名公书判清明集》中的判词，即使不是全部亦是绝大部分，实际所贯彻和体现的正是这个特征，亦即正名分与厚风俗，读者不妨试作辨析。

〔40〕 参见梁治平：《寻求自然秩序中的和谐》，上海人民出版社 1991 年版，第 168~198 页。

〔41〕 参见瞿同祖：《中国法律与中国社会》，中华书局 1981 年版，第 136~196 页。

度、名籍制度，以及残忍的流放和死刑执行制度等；就宽恕言，有怜老恤幼制度、宽恕孕妇制度、录囚制度、秋冬行刑制度、大赦制度、越诉制度、容隐制度以及秋审朝审制度等。这些都是法律儒家伦理化的表现。

三、中国传统法律伦理化的成因

社会科学探索中的一大难题是，人们所探索的对象与其他事物之间存在着复杂的关系，而探索者是不可能把这些复杂关系清晰地呈现出来的。这不只是由于事物本身的复杂性是人们不可能完全认识清楚的，在很大程度上还受到了人类文字表述的限制，这种限制在探讨并回答事物的因果关系中表现得尤为突出。因此，在对待中国传统法律伦理化的成因问题上，有两点需要说明：一是中国传统法律伦理化是极其复杂的各种因素互为因果、共同作用的结果；二是笔者既不能把每一项因素或成因揭示出来，亦不可能同时表述所揭示的各项因素或成因。

要探索中国传统法律伦理化的成因，最好是从它开始的时候开始，亦即从源头说起。如前所论，中国古代法（以刑为中心）最初是随着部族之间的征战而逐渐成长起来的。这个过程实际上是它不断地对同一血缘/同族的认定和对不同血缘/异族的否定的过程。无论是在这个过程的初始还是进行之中，抑或是这个过程的完结之时，血缘始终是当时法律区分敌我、确定罪与非罪的主要标志，这意味着上古法律具有强烈的血缘性。[42]同时，由于中

---

[42]　参见张中秋：《中西法律文化比较研究》（第 5 版），法律出版社 2019 年版，第一章第一节。

国原始部族在转变为国家组织时，氏族血缘纽带没有断裂，固有的血缘关系没有解体，而是直接转化为新的宗法血缘关系，宗法血缘关系在春秋战国以后又转化为新的宗族/家族血缘关系。[43] 由此可见，古代中国的社会组织虽然经历了几次变化，但由于没有受到古希腊那种由航海和商品经济所引发的内外力量的冲击与瓦解，因而，所变不离其宗，血缘纽带一直未受到根本触动。这正是中国传统法律愈益伦理化的秘密所在。如果我们将这一秘密与中国上古时期的社会组织和法的形成特征联系起来观察，便可发现中国古代法（以刑为中心）在其早期形成中所产生的那种强烈的与生俱来的血缘性，可以说是它日后进入伦理化路径的历史渊源。

历史的渊源意味着事物发展的可能去向，在上层建筑和意识形态领域，事物的可能去向要发展成为必然趋势，必得凭藉强大的物质力量，这种物质力量依习惯可称之为社会经济基础。中国传统法律伦理化的社会经济基础是什么呢？要清楚地回答这个问题，就要涉及中国传统法律的本位和伦理载体。我们知道，中国传统法律一直以集团为本位，表现在西周以前是氏族、部族，西周时期是宗族，秦汉至清末是家族和建立在家族之上的国家。[44] 把这几个阶段贯穿起来，显而易见，除原始氏族外，无论是青铜时代的氏族、宗族，还是封建时代的家族和国家，实际上都是以个体血缘家庭为核心的。可以这样认为，离开了个体血缘家庭，

---

[43] 参见张中秋：《中西法律文化比较研究》（第 5 版），法律出版社 2019 年版，第二章第一节。

[44] 参见张中秋：《中西法律文化比较研究》（第 5 版），法律出版社 2019 年版，第二章第一节。

上述各种组织都是难以存在和发展的，所以，一言以蔽之，个体血缘家庭是中国传统法律集团本位的核心和基础。不惟如此，在我看来，个体血缘家庭还是传统伦理的社会载体。常识告诉我们，虽然传统中国是一个伦理社会，但抽象意义上的社会不可能成为实体化的伦理载体。相反，首先由于存在着构成社会的大量伦理实体，尔后才使这个社会具有了伦理性。个体血缘家庭之所以成为传统伦理的社会载体，首先是因为它是社会的细胞，但更具决定意义的是，它天然的血缘性恰是传统伦理得以生成和发展的土壤。儒家经典著作《礼记·礼运》对此有十分明确的表述："何谓人义？父慈、子孝、兄良、弟悌、夫义、妇听、长惠、幼顺、君仁、臣忠。十者谓之人义。"在儒家看来，伦理不过是有关人义的理论化和程序化，它的基本范围即是《礼运》所列的"十项"。这十项中的前八项直接是个体血缘家庭里的自然血缘关系，这种关系经过儒家的改造和发挥，形成了"父为子纲"和"夫为妻纲"的传统伦理。后两项是家庭自然血缘关系伦理化在国家和社会上的延伸与体现，概括为"君为臣纲"。十分清楚，个体血缘家庭既是传统伦理滋生的原始母体，又是传统伦理存在和发展的社会载体。

现在，问题开始明朗起来了。既然中国传统法律以个体血缘家庭为其集团本位的核心和基础，而这个核心和基础又是传统伦理的原始母体和社会载体，那么，中国传统法律以伦理为核心，具有伦理性，不就顺理成章了吗？是的，但问题还没有终结。我们知道，个体血缘家庭不只存在于中国传统社会，亦存在于中国以外的世界；不仅存在于古代，亦存在于当今。然而，为什么唯有中国传统社会的个体血缘家庭成了儒家伦理的原始母体和社会

载体直至法律本位的核心呢？关于这个问题，我的理解是，中国
传统社会的个体血缘家庭自身具有独特的宗法性，它是中国传统
伦理的原生形态，亦即文化学上的原型，这是任何别的社会和时
代的个体血缘家庭所不具有的。而且，这种属性不是从天上掉下
来的，亦不是思想家们凭空创造后附加给它的。依据相关研究，
中国传统社会个体血缘家庭的宗法性只能根源于它所赖以存在的
条件，这个条件就是宗法小农经济和与其相适应的生活方式。

众所周知，中国是闻名于世的农业文明古国，这个特色最迟
在夏朝就有了杰出的表现。[45]此后数千年，这一文明达到了极高
的水准，成为这一类型的典范。[46]然而，中国传统的农业生产
生活方式与西欧、印度以及俄罗斯社会有所不同。西欧中世纪
的农业生产生活方式主要是庄园制；[47]印度和俄罗斯主要是村
社制；[48]传统中国则主要表现为普遍的个体小农经营。[49]小农经
营的好坏除了难以预测的天灾人祸外，主要依靠生产经验和劳动
力的投入，这决定了富有生产经验的长者（小农生产的经验一般
与年龄增长成正比）和拥有体力的男子在生产中的重要性，亦相
应形成了长辈对下辈、父亲对子女、丈夫对妻子、男性对女性的

---

〔45〕　参见柳诒徵编著：《中国文化史》（上册），中国大百科全书出版社 1988 年版，
第 72 页。

〔46〕　参见马克垚主编：《中西封建社会比较研究》，学林出版社 1997 年版，第 28 ~
50 页。

〔47〕　参见［美］汤普逊：《中世纪经济社会史》（下册）耿淡如译，商务印书馆 1984
年版，第 324 ~ 406 页。

〔48〕　参见［德］马克斯·维贝尔：《世界经济通史》，姚曾廙译，上海译文出版社
1981 年版，第 15 ~ 21 页。

〔49〕　参见傅筑夫：《中国古代经济史概论》，中国社会科学出版社 1981 年版，第 87 ~
146 页。

领导和指挥。[50]这种在小农生产中形成的关系，转移到家庭生活中因与家内血缘关系的耦合而强化，变得更加稳固和自然了。儒家把这种独特却又普遍存在于中国传统社会的现象加以提炼和概括，创造出了系统的伦理学说。回转过来，已成为文化意识形态的伦理学说一旦与现实社会中孕育它的母体相结合，又释放出新的能量，促使家内原有的血缘关系朝着神圣化、规范化和社会化的方向发展，最后形成一种新型的家内关系，人们把这种关系称之为宗法。这种宗法式的家庭关系总是和小农生产结合在一起，从而形成特有的宗法小农经济和与之相适应的生活方式。由此可见，中国传统社会个体血缘家庭的宗法性，或者说它的宗法伦理原型，是以宗法小农经济和与之相适应的生活方式为其经济社会基础的。

由于宗法小农经济是中国传统社会存在和运行的基础，这就决定了传统中国的统治者必须以宗法小农经济的存在形式"家"为支点来制定符合现实而便于推行的法律制度的客观必然性。统治者在施政中应该如何来遵循这种必然性呢？《礼记·礼运》教导他们说：

---

[50] 马克斯·韦伯曾从家族共同体的立场对家庭的这种权威作过概括，他说："它（引者按：指家庭和家族共同体）是虔敬的权威的最原始的基础，……两种权威的基础：一是，较强者的权威；二是，较有经验者的权威，即男人们对妇女和孩子们的权威；有作战能力和劳动能力的人对无此能力的人的权威；成年人对孩子们的权威。'虔敬'的基础：既包括权威服从者对待权威者，亦包括权威服从者之间的虔敬。它是作为对先辈的孝敬转入宗教的关系之中的，作为对世袭官员、扈从和封臣的虔敬，转入到这些原先具有家族性质的关系中的。"（［德］马克斯·韦伯：《经济与社会》（上卷），林远荣译，商务印书馆1998年版，第400～401页。）中国传统家庭关系中的权威和虔敬既有韦伯所说的那种一般性，又有其特殊性，即宗法性。

　　故圣王修义之柄、礼之序，以治人情。故人情者，圣王
之田也，修礼以耕之，陈义以种之，讲学以耨之，本仁以聚
之，播乐以安之。

　　作者将治国喻为农耕，对百姓施政犹如农夫耕作一般，修礼
如耕地，陈义如下种，讲学如除去杂草，本于爱心以使天下之人
近悦远来，播乐以使大家相安和睦，这完全是宗法小农的生产生
活方式在政治法律层面上的显现。事实上，统治者要做到这些，
还需要经历对这种必然性的充分认识和不断实践的过程。换言
之，这个过程就是中国传统法律伦理化的开始、展开和完成，亦
就是具有宗法性的个体血缘家庭逐渐成为传统法律集团本位核心
的过程。这个过程一旦完成，就是伦理化的实现，表现为传统法
律从精神到原则、从制度到规范都贯注了这种特定的伦理，成为
进一步规范并支配法律发展与变化的内在力量。

　　如果要深究下去，就会提出这样的问题：中国传统法律的伦
理化为什么持续如此之久且趋于强化？笔者以为，由于传统中国
在清末变革前，生产力的标志性工具主要是手工铁器，而在人类
的文明史上，与手工铁器相适应的生产生活方式或者说文明的形
态是农业性的，只有生产力出现了质的变化（如蒸汽机代替手工
铁器、电子代替蒸汽机，信息代替电子等），生产生活方式和文
明形态才随之变迁。惜乎这种情形在传统中国没有发生，这在根
本上内定了小农经济生产生活方式的长期存在。与之相关的另一
个方面是，生产力的低下大大降低了人们征服自然（如开垦荒地
和抗拒自然灾害等）的能力，为了弥补这一缺陷，只有增加劳动

人手，而劳动人手的增加又会产生人多地少的新矛盾。为解决这一矛盾，就必须精耕细作。精耕细作的生产方式更需要生产经验和家内团结，结果是原有的宗法关系被强化。被强化的宗法关系和实际的生产生活再相结合，形成了更加坚固的宗法小农经济生产生活方式。所以，传统中国自宋代以还，宗法小农经济的生产生活方式（包括宗法制度）不是弱化而是了强化了。[51]这种情形反映到政治法律上，自然是伦理化的持续不断和趋于强化。

从中国传统法律伦理化的理论和实践来看，除了战国及秦这一动荡时期（实际上这亦可以理解为汉代法律伦理化正式到来之前的前奏），总体上较为平顺。自汉武帝经魏晋至隋唐，其进程基本上没有中断，更无反复，保持着加速前进的势头。宋代以后，情形亦大体相仿。依据我的理解，这不仅仅是物质性的力量发挥了作用，还得力于政治权力的支持和社会大文化的烘托。

所谓政治权力的支持，即是当政者利用行政权力来积极推进法律的伦理化以达到对社会的控制。考之史实，我们不难发现，不论是汉武帝、魏明帝，还是晋武帝、隋文帝以及唐太宗，他们与秦始皇、汉高祖相比，在法律与伦理道德关系的认识上，虽然都没有亦不可能忽视刑法的功能，但显然他们更倾向于将刑法的锋芒收掩在伦理道德的面纱之后，融霸道于王道之中。这在中国古代典籍中被称作礼法结合、德主刑辅，礼法结合、德主刑辅是传统中国汉以后一直占统治地位的法律思想。[52]《唐律疏议·名

---

[51] 宋代以后，传统中国广泛实行租佃制。租佃制较中唐以前推行的均田制，既放松了国家对个体农民的控制，又加速了土地兼并和小农分化。这两项因素结合起来，更加有力地推动了小农经济和宗法制度的发展。

[52] 参见张国华主编：《中国法律思想史》，法律出版社1982年版，第4~6页。

例》中所说的"因政教而施刑法",与明太祖对群臣讲的"朕仿古为治,明礼以导民,定律以绳顽,刊著为令"〔53〕,说的都是这个意思。当政者之所以这样,是因为儒家礼教的精神,特别是"君为臣纲"的戒条,符合中国传统社会的现实,有利于统治者对日益复杂紧张的社会关系的调控。诚如隋文帝所言:"礼之为用,时义大矣。黄琮苍璧,降天地之神,粢盛牲食,展宗庙之敬,正父子君臣之序,明婚姻丧纪之节。故道德仁义,非礼不成;安上治人,莫善于礼。"〔54〕

有关政治权力支持的情况大体如此,现在让我们来看一看社会大文化背景的烘托问题。先要说明的是,法律亦是文化的一部分,此处所说的社会大文化背景,是指法律以外的一般伦理、哲学和文学、艺术以及社会氛围。毋庸赘言,中国传统社会是一个泛道德的社会,特别是理学兴起后,上至国家的政治、经济、军事、外交和社会的哲学、文学、艺术,下至普通百姓的衣食住行、处身立世和言谈好恶,无不弥漫和浸染着伦理的要素。诸如"刑有三千,罪莫大于不孝""不孝有三,无后为大""忠君报国,伦之纲常""五刑之中,十恶尤切""万恶淫为首"等伦理教条,构成了浓厚的社会氛围,无形却有力地影响着人们的言行。这无疑为传统法律伦理化的展开、深化,提供了十分有利的社会环境。

社会中各种因素和关系的反应是连锁的,政治权力的支持和社会大文化背景的烘托,不仅加速了中国传统法律的伦理化进

〔53〕《明史·刑法志》。
〔54〕《隋书·高祖纪》。

程，亦促成了中国传统法律的非宗教化。尽管中国历史上亦有过一段法律与宗教伦理不分的神权政治时期，甚至在汉代以后的国家法律中还有一些宗教性的因素，[55]但由于世俗政权的强大，特别是它对儒家伦理所持的肯定态度和儒家对道、佛两教的强烈排斥，致使道、佛之教在制度上对中国传统法律的影响极其有限。[56]

---

[55] 青铜时代是神权政治时代［参见张国华等编著：《中国法律思想史纲》（上册），甘肃人民出版社1984年版，第3～37页］，秦汉以后的法律中有一些条文涉及宗教，尤其是道教和佛教。例如："诸盗毁天尊像、佛像者，徒三年。即道士、女官盗毁天尊像，僧、尼盗毁佛像者，加役流。真人、菩萨，各减一等。盗而供养者，杖一百。"（《唐律疏议·贼盗》"盗毁天尊佛像"条。）

[56] 道教是本土宗教，佛教是外来的，但经历了中国化的改造。道教和佛教对中国文化艺术和民众生活都有极大的影响，于人们的思想观念和心灵世界影响尤为深刻，但它们对中国政治、经济、法律、军事、交通等一系列制度的影响却极为有限。以法律为例，道教的阴阳相通说和佛教的善恶因果论都对中国人，特别是对普通百姓的法意识和法行为均有影响，但中国主流的法律思想、制度和体制一脉相承，基本上是由先秦经验和儒、法、道三家构造。这里的"道"是指先秦道家而非秦汉以后的道教，此点应予区别。有关佛教对中国法文化的影响，可参见柯柏生的《佛教与中国传统法律文化》（载《法商研究》1999年第4期）。至于中国传统法律为何没有深受道、佛两教的影响，而是非宗教化，这是个有趣的问题，笔者有过简单的思考，罗列为以下几点：①道教晚出，佛教晚来，道、佛两教开始有影响力的时候，中国传统法律的基本概念、制度框架和体系模式已初步形成，并正处于儒家伦理化的过程中。这样一来，时间上不利于，法律传统上亦不便于，道、佛两教的渗透。②法律的政治性、制度性和现实性这些它所固有的天然属性，与倡导出世的道、佛两教的属性不相容，且道、佛两教尤其是道教对法律的干预亦缺乏积极性。③儒家伦理在支配法律的同时，一直在竭力抵制、排斥与其相异的道、佛两教，其中对佛教的排斥尤为激烈。④到理学形成时，新儒家已将道、佛两教中的某些要素纳入自己的新体系，从而理学一统天下，成为国家哲学，道、佛两教从此再亦无力直接对法律发生影响。⑤最基本同时亦是最重要的原因是，中国传统社会的结构和特征是宗法性的，这与儒家伦理相吻合，而与道、佛两教的宗教伦理不合，因此，道、佛两教要使中国传统法律宗教化可以说缺乏相应的社会基础。

四、对中国传统法律伦理化的认识

从社会结构的观点来看，伦理化的中国传统法律显然是中国传统政治体系中合理又合适的组成部分。合理意味着它是中国传统的政治（世俗政权的强大和它对儒家礼教所持的肯定态度）、经济（宗法小农经济）、文化（世俗伦理文化）与传统（法律形成中的氏族血缘性）等，这些既定的特定条件在法律领域内共同作用的结果；合适则意味着它适应并推动了这个社会的发展。具体来说，伦理化是中国传统法律的必然归宿，一旦这种必然成为现实，它即对社会具有了维系力和推动力。历史地看，传统中国的政治实践反复验证了这样一个道理："无德任刑"或"弃刑任德"都要导致社会动荡与统治失败。夏、商及秦的统治者都自称受命于天，但终因"罪人不孥""刑杀无度"而招致灭亡。[57] 儒家学派的创始人孔、孟之辈周游列国，竭力宣扬他们的"礼治""仁政"，但因这个理论过于忽视法律（刑）的现实作用，显得迂阔而不切实际，终未被用。[58] 有鉴于这正反两方面的教训，以董仲舒为首的汉儒才提出了礼法结合、德主刑辅的政治法律主张。这个理论因切合中国社会实际，而得以成功地贯彻实施。这里所说的成功，不专指传统法律伦理化的实现，重要的是伦理化的法律通过将伦理性的社会、经济、家庭等各种关系的法律化，亦即赋予这些关系以法律的确定性和强制性，从而实现了社会的有序化，进而为

---

[57]　参见（清）沈家本撰：《历代刑法考》（一），邓经元、骈宇骞点校，中华书局1985年版，第1~17页。

[58]　参见瞿同祖：《中国法律与中国社会》，中华书局1981年版，第329~330页。

社会发展和繁荣提供了保障。这样说是毫不夸张的，18 世纪以前中国文明在世界范围内所达到的水准，与伦理化的传统法律有着不可分割的内在联系。这不仅因为它本身是这个文明的一部分，还因为它的法律属性，这个文明才得以更广泛地维系和更持久地传承。

与此同时，有一点需要注意到，即中国传统法律在摆脱它与原始性的宗教、巫术和习惯相混合的状态后，走上的是一条兼具道德理性和人文色彩的伦理之路。这个人文性立足于道德之上，体现为对人之为人的德性的确认、保护和促进。这一点使它不同于立足于知识和宗教理性之上的西方人文主义传统。[59] 如果要以史为证的话，我们可以说，在中国的夏商时期，法律还受原始性的宗教神权支配，所以"天罚神判"盛行，人的主体性和理性都受到神性的压制。但从西周开始，人的主体性和理性崛起，体现德性的人文法逐渐代替原始性的宗教神权法。西汉以后中国的法律与儒家伦理相结合，到唐朝两者达到了水乳交融的境地，形成了德主刑辅的唐律，以后相沿不改。在古代社会，这是一种高度发达的人文法，其正当性源于它的道德性，而其哲学依据就是人们常说的道。道的结构是阳主阴从，阳主阴从是传统中国人所认识到的万物构成的原理，体现到人就是人的德性对兽性的控制，体现到法就是德主刑辅的礼法结合。这样的法不只是摆脱了神鬼式的原始宗教的束缚，而且是肯定、高扬了现实中的人和人的德性，所以说它是一种高度发达的人文法。[60]

诚然，依现代观念，儒家伦理对人性中某些方面的扼杀当是

---

〔59〕 参见收入本书的《人与文化和法：从人的文化原理比较中西法律文化》一文。
〔60〕 参见收入本书的《传统中国法的道德原理及其价值》一文。

无可置疑的。[61]然而，比较来看，儒家伦理有一点是应该肯定的，即它始终是以世俗社会的"人"为中心，以人的"德"为支点，这使它与宗教神学有了本质的区别。理论上，儒家伦理的最高政治理想是立足于德的"仁政"。所谓仁政，依中国古代思想家的意见，就是爱人的政治。[62]实现仁政最理想的途径，在儒家看来只能是"礼治"。[63]所以，伦理化的中国传统法律虽然没有亦不可能实现理想的仁政，但在等级前提下的仁爱精神还是有体现的，礼必然蕴含着仁的宗旨。传统法律中的录囚制度、容隐制度，对老弱病残妇幼者的恤刑制度，对死刑特别慎重的会审制度等，无不体现德性，亦无不具有仁的要素。[64]这对机械化和功利化的现代社会及其法制来说，未尝没有一点积极的意义。

从文化类型来看，包括法律在内的中国传统文化是一种农业文明。毫无疑问，农业文明是较原始的采集渔猎文明、上古时代的青铜文明更为先进和发达的一种文明形态，但相对于近代以来的工商文明又有时代的落差。从进化论的观点看，伦理化的中国传统法律不惟有这种时代的落差，亦有很强烈的非现代化机能。现代化的法律固然亦是在传统的基础上生长起来的，[65]但相对于

[61] 参见刘泽华等：《论儒家文化中的"人"》，载《社会科学战线》1988年第1期。
[62] 《论语·颜渊篇》："樊迟问政，子曰'爱人'"；《孟子·离娄》："仁者，爱人。"另，参见郭沫若：《十批判书》，人民出版社1954年版，第86~88页。
[63] 参见杨景凡、俞荣根：《孔子的法律思想》，群众出版社1984年版，第84~86页。
[64] 参见收入本书的《传统中国法的精神及其哲学》一文。
[65] 现代化的西方法律体系是在传统的罗马法和中世纪的教会法、判例法的基础上发展起来的。（参见［英］戴维·M.沃克编著：《牛津法律大辞典》，北京社会与科技发展研究所组织翻译，光明日报出版社1988年版，第163页"民法法系"、第184页"普通法法系"。）

传统的法律，它拥有一系列的现代属性，如对血缘网络的瓦解，对民主、自由、平等、权利精神的贯彻，对科学理性的追求等。伦理化的中国传统法律在这些方面与此相悖。首先，伦理化的中国传统法律是以宗法个体血缘家庭为其集团本位核心的，因此，直到清末，中国传统法律仍然是以血缘团体的家和扩大了的家（家族与国家）为立法和司法的支点，个体的人和人的权利几乎淹没在团体性的血缘/关系/责任和义务的网络之中，《大明律》和《大清律例》首置"五服亲族图"即是最好的例证，这是有违法律现代化精神的。现代化对法律而言，意味着它凭藉工商文明的强力瓦解了旧的因农业生产生活方式而形成的人与人之间的身份关系，在法律上把个人从血缘团体中解放出来，并以个体的人和人的权利为其本位和支点。由此观之，两者确有重大的差别。

从法的现代化进程来看，现代化的法律是在与封建和宗教专制的长期冲突中形成的，这一背景铸就了它的民主性格。中国古代法（以刑为中心）最初形成于部族之间的酷烈征战，许多法令都是部族首领发布的军事命令，这使它具有了专断性。伦理化并未改变这种属性，而是使之更隐蔽。传统的儒家伦理以阴阳为其哲学基础，将专制的君权、族权、父权、夫权神圣化、神秘化，[66] 使仁义与杀戮、礼教与刑罚一镜两面，融为一体。宋儒朱熹在《朱子语类》卷七八中有极好的说明："教之不从，刑以督之，惩一人而天下知所劝戒。所谓辟以止辟。虽曰杀之，而仁爱

---

〔66〕 参见张国华等编著：《中国法律思想史纲》（上册）甘肃人民出版社 1984 年版，第 225 ~ 234 页。

之实已行乎其中。"近代学者严复在比较中西法律时指出，法家
之法是专制之法。[67]其实，伦理化的儒家之法又何尝不是?

现代化法律的另一个基本精神是人的平等。在法律上，人们
不分民族、种族、身份、血缘、财产、家庭、教育、信仰、职业
上的差别，一体平等地享有权利承担义务，而这些都是传统中国
的儒家伦理和伦理化的法律所排斥的。虽然公开确认人的不平等
可谓是世界古代法的普遍特征，但伦理化的中国传统法律的等差
别有特点，它把政治、经济、社会地位上的不平等和家内血缘关
系糅合在一起，把社会的不平等转换成天然的不平等。[68]我们知
道，中国传统法律的伦理化即是礼教化和血缘化，由于血缘关系
的天然属性，加上儒家阴阳学说的修饰，使人们视等差为天经地
义。中国古典经书如是说:

> 礼者，天地之序也。[69]
> 夫礼，先王以承天之道，以治人之情。[70]
> 故先王案为之制礼义以分之，使有贵贱之等，长幼之
> 差，知愚、能不能之分，皆使人载其事而各得其宜。[71]

这样一种富于等差的礼，在古代社会自有其合理性，但随着
伦理化的深入，它既强化了法律中固有的等级性，又软化了这种

---

[67] 参见严复译述的《孟德斯鸠法意》卷二《专制形质》。
[68] 参见瞿同祖:《中国法律与中国社会》，中华书局1981年版，第270~272页。
[69] 《礼记·乐记》。
[70] 《礼记·礼运》。
[71] 《荀子·荣辱篇》。

等级性。所谓强化指的是它使法律中的等级愈趋扩大和增强，所谓软化是指它为愈趋扩大和增强的等级提供正当的伦理根据。传统法律中的议、请、减、赎、官当、良贱有别之类的特权等级制度，都是在汉以后法律伦理化过程中形成的。[72]如果说中国传统法律中还有平等的话，那只是一种等差的平等，亦即同一等级的平等，不同等级之间则存在着不平等。[73]这种不平等最初源于人们的出身，尔后因社会地位的变动而有所变化，但这种情况只发生在极少数成功者的身上，绝大多数人是生来直至终生都生活在法律所设定的不平等中。由此我们认识到，伦理化的中国传统法律要转向现代化的法律，既要打破普遍的封建等级障碍，还要排除法律中天然的血缘等级限制。这是中国法律现代化中比西方更大的难题。

最后要指出的是，中国传统法律伦理化的理论基础——阴阳法哲学——还有欠科学性。战国后期的阴阳家把先民们早先创立的阴阳五行说这一朴素的自然观附会到社会这个大系统上，以之来解释德、刑等各种社会现象，提出春夏行德、秋冬行刑的时令

---

〔72〕 参见《晋书·刑法志》《魏书·刑罚志》《南北朝刑法志》，收入《历代刑法志》，群众出版社 1988 年版，第 246 ~ 283 页。

〔73〕 除皇室、贵族、官僚外，中国传统法律将人一般区分为二个等级：第一等级是良民，一般平民（主要是农民）属于良民。第二等级是贱民，包括官私奴婢、杂户、官户、工乐户、部曲等。在法律上，皇室、贵族、官僚享有特权，贱民遭受歧视和虐待，一般平民居中。同一等级之间，身份地位相差不大，可以平等地参加科举和相互通婚；不同等级之间，身份地位相差悬殊，若违背法律规定而良贱通婚者，要受到法律的制裁，或徒或杖或流，且婚姻必须撤销。有关规定和介绍，参见《唐律疏议·名例》，《唐律疏议·户婚》"奴娶良人为妻""杂户官户与良人为婚"；［日］仁井田陞：《中国法制史研究——奴婢法、家族法》，东京大学出版会 1962 年版，第 7 ~ 8 页。

说。西汉诸儒特别是董仲舒，又将阴阳家的神秘学说与儒家传统思想相糅合，形成以儒学为核心、以神学目的论为理论形式的思想体系。在涉及法律时，他说：

> 凡物必有合。……阴者阳之合，妻者夫之合，子者父之合，臣者君之合。物莫无合，而合各有阴阳。……君臣父子夫妇之义，皆取诸阴阳之道。……阳之出也，常县于前而任事；阴之出也，常县于后而守空处。此见天之亲阳而疏阴，任德而不任刑也。是故，……德教之与刑罚，犹此也。故圣人多其爱而少其严，厚其德而简其刑，以此配天。[74]

这就是《唐律疏议·名例》开头所说的"观雷电而制威刑，睹秋霜而有肃杀""德礼为政教之本，刑罚为政教之用，犹昏晓阳秋相须而成者也"的理论根据。这种伦理化的阴阳五行学说不仅深刻影响了传统中国的立法和司法，[75]还强烈影响了民间的家法族规，[76]甚至造就了传统中国特有的阴阳法观念。[77]实际上，这还是一种建基在简单的生产生活方式之上的经验论。但常识告诉我们，纯粹的自然现象和复杂的人类社会关系是不能相提并论的，因为它们之间是存在着但并不必然存在着联系。道理虽然简

---

[74] 《春秋繁露·基义》。
[75] 参见《史记·秦始皇本纪》；[日] 西田太一郎：《中国刑法史研究》，段秋关译，北京大学出版社1985年版，第164~172页。
[76] 浙江会稽《顾氏族谱》卷二《家范》："大凡女子立身异乎男子，有屈伏之道，无专制之义，正如阴之从阳，无敢得以擅成。"
[77] 参见朱勇：《中国古代法律的自然主义特征》，载《中国社会科学》1991年第5期。

单，但深明这一道理的中国古代思想家却寥寥无几，[78]绝大多数是信其然而从不究其所以然。法律基础理论上的这种特点，不能不说是中国传统法律与现代化法律之间的又一个鸿沟。

中国传统法律的这些缺陷，都是相对于现代法制而言的。如果从历史和文化的视角来看，我们应该承认：

> 按照现代以前的任何标准来看，中国法典显然是自成一格的宏伟巨作。亦同中国社会的许多其他方面一样，中国旧法制是"非现代"的，然而按其所处的时代环境来看，还不应马上称它是"落后"的。早期欧洲观察者曾对中国人的秉公执法获有深刻印象。只是到了18、19世纪，西方改革了法律和刑律之后，中国才落后了。[79]

然而，尽管如此，从法律成长的立场出发，伦理化的中国传统法律对它自己所产生的一个不利后果是，其自身的独立发展受到了制约，最终成为伦理道德体系的附庸。笔者在前面曾指出，中国传统法律在春秋战国时期摆脱宗教伦理的束缚后获得了独立自主的发展，可惜这种发展到西汉后被迫中止下来了，代之而起的是法律的伦理化。伦理化为何能取消法律的独立发展呢？美国汉学家金勇义的论述，可以作为对这个问题的部分回答。他说：

---

[78] 唐代的柳宗元是我国古代极少数反对阴阳时令说的杰出代表之一。参见《柳河东集》卷三《断刑论》（下）；卷三《时令论》（上、下）。

[79] 参见［美］费正清：《美国与中国》，张理京译，商务印书馆1985年版，第85～86页。

在传统中国的法律体系里，成文法乃是道德规范的必要补充。因为反对以成文法的至高无上为基础的绝对的机械法律论，存在着一个强大的道德意识，即认为成文法体系（刑法）是第二位的，充其量是调整和控制人们行为的工具，这可以称之为中国法中的道德决定论。司马迁这样评价法律说："可以行一时之计，而不可长用也。"法律被认为是人们在社会中实现道德理想的工具。[80]

金的看法是符合实际的。[81]法律本是一种社会调节器，亦是为政者实施统治的有效工具。它和占统治地位的伦理道德、思想教育在终极目标上一致，但它们的功能及其实现方式各异。如果相互替代或某一项役使另一项，那么，对被替代和被役使的来说，真正的独立发展几不可能，因为它已失去作为独立主体的价值和品格。中国传统法律由于伦理化而丧失了它独立的功能、价值和品格，儒家伦理的价值、旨趣和属性成了它的精髓，结果它随着伦理的发展而发展，变化而变化，甚至因伦理的滞后或枯竭而变得僵化。[82]中国传统法律的主干"律"，在唐以后没有发生实质性的变化和进步，这与因宋明理学兴起而变得保守、僵化的

---

[80] 参见［美］金勇义：《中国与西方的法律观念》，陈国平等译，辽宁人民出版社 1989 年版，第 29～30 页。

[81] 传统中国以法律作为实现伦理道德（礼教）的工具，可用"出礼入刑"和"明刑弼教"两语概括之。著名法制史学者陈顾远先生在他的《中国法制史概要》（三民书局 1977 年版）第 53～54 页中对此有简练的说明。

[82] 祝总斌先生的《略论晋律之"儒家化"》一文，从一个时代一个角度具体而微地揭示了儒家伦理与法律发展、变化的相互关系。该文载于《中国史研究》1985 年第 2 期。

传统伦理有直接的关系，所以，清末变革传统法律所受到的指责，不是基于法律而是基于伦理。[83]伦理化不仅使传统法律成为实现道德的工具，亦损害了道德自身，[84]并使研究法律的学术成为对伦理的注解。[85]同样值得指出的是，伦理化的法律虽然摆脱了宗教的控制，兼具道德理性和人文价值，但同时亦失去了宗教意义上的神圣性，[86]流为一种俗世的工具，其品格与现代法治的信仰相抵牾，以致在精神上制约了中国现代法治的建立。

伦理化虽然给中国法律的独立发展带来了致命的内伤，但亦因伦理化这个特色而使它对近代以前的东亚法律和现今世界的法学产生意义。在西方殖民主义者和西方文化大规模进入东亚以前，以唐律为代表的中国传统法律一直是日本、朝鲜、琉球、安南（现今的越南）等东亚诸国学习和模仿的榜样，从而形成著名的中华法系。中华法系虽然在西方法律文化的冲击下解体了，

---

[83] 清末变法修律引发了一场守旧与革新之间的冲突，以张之洞、劳乃宣、刘廷琛为首的"礼教"派，激烈指责以沈家本为首的"法理"派的变法修律是"蔑弃礼教"，认为三纲五常"实为数千年相传之国粹，立国之大本"，不可改矣！[参见故宫博物院明清档案部编：《清末筹备立宪档案史料》（下册），中华书局1979年版，第821~915页。]

[84] 吴经熊先生提到，在中国古代，"因为道德与法律被认为是阴阳之两面，故凡不道德的均认为是犯罪，从此点来看，我国的法律似乎是很道德的，但其实过分的吸收道德，反而会成为一不道德的法律，因为法律是具有强制性的，而道德是自由的，是无强制性的。故加外力或其他强制力，去强制实施一切道德上的义务，结果等于把道德变质了。"（参见潘维和等：《中西法律思想论集》，汉林出版社1982年版，第21页。）

[85] 参见张中秋：《中西法律文化比较研究》（第5版），法律出版社2019年版，第六章第一节。

[86] 关于法律神圣性的根源，参见［德］马克斯·韦伯：《经济与社会》（上卷），商务印书馆1998年版，第487页。

但它对世界法学的贡献是难以估量的，作为宗法伦理型的法文化，它对人类法学智慧的补充和启迪将永世有益。

还要强调的是，18 世纪以来，西方法律文化凭借其工商文明的强力和殖民主义者的武力，逐渐摧毁了其他三个古老的法律文明，并渗入这些国家，发展到最后为这些国家和世界上绝大多数国家所采纳和仿效。[87]这一历史巨变不免给世人尤其是给法学家们留下这样的印象：似乎西方法律文化是唯一优秀的法律文化，西方法律模式亦是普遍适用的模式。事实上，近二三个世纪以来人类在法律文化上的实践已经表明，尽管西方法律文化是构成现代世界法治的主流文化，但这并不意味着它是完美无缺的，更不表明它的模式可以不加修改而可普遍适用。放眼当今非西方社会的法律生活，特别是中国的法律实践，[88]可以看到，每个国家的法律现代化都有它自己的特色，这个特色就是传统在法律现代化中的活力体现。宗法伦理型的中国传统法律文化在经过与时代相适应的改造和调适后，正在发挥并将继续发挥参与铸造中国现代法律文明的功效。[89]

---

[87] 参见 [法] 勒内·达维德：《当代主要法律体系》，漆竹生译，上海译文出版社 1984 年版，第 425～499 页。

[88] 有关伊斯兰教法系国家的法律传统在法律现代化中的作用情况，可参见 [英] 诺·库尔森：《伊斯兰教法律史》，吴云贵译，中国社会科学出版社 1986 年版，第 123～188 页；高鸿钧："中突与抉择：伊斯兰世界法律现代化"，载《比较法研究》2001 年第 4 期。有关印度和非洲国家的这类情况，分别参见 [法] 勒内·达维德：《当代主要法律体系》，漆竹生译，上海译文出版社 1984 年版，第 468～482、513～541 页。有关中国的这类情况，参见沈宗灵：《比较法总论》，北京大学出版社 1987 年版，第 487～502 页。

[89] 众所周知，中国已进入新时代，相信法治中国建设将愈益显现包含中国传统的中国特色，如以德治国与依法治国相结合，等等。

乡约的诸属性及其文化原理认识 *

　　乡约是乡民基于一定的地缘和血缘关系，为某种共同目的而设立的生活规则和组织。乡约在中国社会的秩序构造中发挥了重要的作用，是一项有特色的法律文化传统。乡约最初形成于中国，其后传播至朝鲜半岛、日本和越南等东亚诸国，成为东亚社会共同的法律文化现象。19 世纪末以来，乡约在西方法律文化冲击和东亚社会的转型中趋于瓦解。斗转星移，随着东亚部分国家和地区现代化的成功，特别是近来中国和越南社会不断取得的进步，东亚自主意识增强，某些历史传统，如本文所要讨论的乡约，因表现出新的动向而受到关注。[1]在这样的背景下，着眼于中国和东亚社会的法律发展，探讨乡约既有某种历史文化价值，

　　* 原载于《南京大学学报》2004 年第 5 期，有修改。

〔1〕　现代东亚社会的法制是经由不同途径对西方法律文化的移植，它像一顶帽子戴
　　　在东亚社会的头上，与社会基层有很大的距离。同时，东亚法律文化传统，譬
　　　如乡约及其各种流变形式，如当下中国的村规民约、越南的乡约、韩国乡约共
　　　同体理论，以及日本历史上五人组制度的影响等，就像枯树新枝，依然表现出
　　　某种扎根于本土的韧性和与乡民生活的契合。从关注国家法制与民间秩序从而
　　　确立法治社会的视点出发，日本名古屋大学法政国际教育协力研究中心专门举
　　　办了"乡约的比较法研究：中国、韩国、越南、日本"的学术研讨会
　　　（2003.11.28—11.29）。会上，中、日、韩、越诸国学者相互交流和探讨，一
　　　致认识到乡约在东亚社会的共同性、历史性、地域性和与现代法制相关联的重
　　　要性。本文是我为参加这次会议所提交的论文，在资料上主要得力于张明新教
　　　授和陈煜博士的帮助，借此谨致谢忱。

又有适时关注现实的意义。乡约研究在中国的历史和社会学界略有成就，遗憾的是在法学领域几近荒芜，这是从事中国法律文化研究的学者难以面对的。[2]因此，我从自己的条件出发，选择考察中国的乡约，而且集中在乡约的属性、文化原理和它的流变上，但还是希望这一课题能被纳入更广阔的视野。

一、乡约的时空性

乡约的时空性是指乡约在中国存续的时间和分布的空间，或者说时代与地域问题。据考察，乡约渊源于周礼的读法之典。从春秋战国起，传统中国中央集权的国家体制愈趋增强，官方对乡村控制的乡里制度由确立而发展，[3]但乡约的兴起要晚至北宋，这一时期的蓝田《吕氏乡约》成了后世的范本。[4]明代中期社会出现深刻危机，为重建社会秩序，乡约因此大盛，王守仁首先于

---

[2] 从历史和社会角度研究乡约，特别是以《南赣乡约》为考察中心的明代乡约研究，中外学者都有成果面世。详细情况可见曹国庆撰：《明代乡约推行的特点》一文注1，该文载《中国文化研究》1997年第1期；汪毅夫：《试论明清时期的闽台乡约》一文的注1、2，该文载《中国史研究》2002年第1期；董建辉：《明清乡约：理论演进与实践发展》，厦门大学出版社2008年版。从乡里制度的侧面来理解乡约的参考文献，可参见赵秀岭：《中国乡里制度》一书第316~323页"文献目录"，该书由社会科学文献出版社2002年出版。从法学角度研究乡约的成果，我们查阅近年来的相关资料竟一无所获，或许是查阅的范围有限或过于粗疏，但亦反映了某些问题。

[3] 参见赵秀岭：《中国乡里制度》，社会科学文献出版社2002年版，第1~25页。

[4] 据陈宏谋在《训俗遗规》一书中为《朱子增损吕氏乡约》所撰的按语："蓝田吕氏兄弟皆从学于伊川、横渠两先生，德行道艺萃于一门，为乡人所敬信，故以此为乡人约。"《吕氏乡约》出现后朱熹又为之修订，成为《朱子增损吕氏乡约》或《损益蓝田吕氏乡约》，影响迅速扩大，从有关乡约的文献看，几乎所有的乡约都以它为宗。《损益蓝田吕氏乡约》的原文见《朱文公文集》卷七四《杂著》，该书由中华书局1983年出版。

正德十三年（1518年）在危机深重的赣南强力推行乡约，影响迅速扩大，其《南赣乡约》成为继《吕氏乡约》之后的又一典范。[5]清初，官方对乡约的倡导和参预加深，康熙和雍正两帝为此曾专谕广训，[6]围绕乡约的各种活动亦规模空前，但清中期后，乡约趋于形式化。近代以来，乡约总体上处于衰落直至消解的过程中。这表明乡约有它自己的时间性。

乡约出现和兴盛于传统中国的乡村，而且是部分乡村，主要分布在陕西关中、河南豫中，南赣及福建龙岩、安徽徽州、广东揭阳、浙中、楚中、湘中和台湾等部分乡村地区。[7]这表明传统中国的乡约在空间上有乡土性和地域性。

根据资料和观察，乡约的兴盛在时间上与宋明理学和宗族的发展相一致，衰落至消解与清末中国社会转型折向现代化相关。乡约的地域性与文化和地方危机有关，乡约往往兴盛于理学深厚的地区或危机深重的灾区，这些灾害包括盗灾、匪灾、兵灾，以

---

[5] 《南赣乡约》的原文见《王阳明全集》卷一七，该书由上海古籍出版社1997年出版。有关《南赣乡约》的影响，参见曹国庆撰：《明代乡约推行的特点》，载《中国文化研究》1997年第1期。

[6] 明太祖朱元璋曾为推行乡约提出圣谕六言，内容是"孝顺父母，尊敬长上，和睦乡里，教训子孙，各安生理，毋作非为"。清帝康熙仿效朱元璋为乡约推广提出上谕十六条，内容是"敦孝弟以重人伦，笃宗族以昭雍睦，和乡党以息争讼，重农桑以足衣食，尚节俭以惜财用，隆学校以端士习，黜异端以崇正学，讲法律以儆愚顽，明礼让以厚风俗，务本业以定民志，训子弟以禁非为，息诬告以全良善，诫窝逃以免株连，完钱粮以省催科，联保甲以弭盗贼，解仇忿以重身命"。（《圣祖仁皇帝实录》卷三四）

[7] 这是我通过阅读相关文献获得的印象，没有作过全面的考查和精确的统计，或有遗漏，但乡约并不普遍存在于传统中国的乡村，这一点是可以肯定的。

及遭受风气恶劣、伦理退化的社会之灾和某些自然之灾。[8] 由此可见，传统中国的乡约不同于国法，在时间和空间上有它的特殊性和局限性。这是我们要注意的。

二、乡约的法律性

乡约不是国法。传统中国的国法由代表皇权的朝廷和官府制定与颁布，表现为各种形式的法典和律条，是国家控制社会的基本工具之一。它与礼相结合并辅助于礼，形成"礼法之治"。乡约不在国法层面的"礼法之治"范畴内，但由于官办、官督民办或民办官认一类的乡约，获有官方不同程度的支持或认可，等于获得了某种合法性的授权，从而与国法有所联系，具有准法律的性质，这是乡约约束力的合法性来源和依据。因此，乡约中的一些实体和程序规则以及处罚措施不只类于国法，亦有为官方所默认的强制力。[9] 乡约的强制力不能超越国法的许可，因此，它

---

[8] 通过研读中国最著名的乡约和了解它们产生的背景，可以得到这样的认识。如宋代《吕氏乡约》、清代《同里乡约》和明清徽州地区的一些乡约主要着眼于伦理秩序，明代《南赣乡约》和明清时期闽台地区的一些乡约更偏重于治安保甲之类的乡治秩序。当然，这两种情况又往往交织在一起，只是孰轻孰重的问题。

[9] 《南赣乡约》的制订和推广具有强烈的政府色彩，是官办性的，实际上，这即是国家法律性的体现。明清时期的一些乡约，往往以取得地方长官的褒荐为荣，实际这亦是一种国家权威的认可。如《长乐梅花志》记载知县王履谦为当时《梅花里乡约》撰写的批示："查长邑迩来俗染嚣凌，民多顽梗，孝友睦姻之风不讲，暴戾奸诈之事滋生，本县回任以来，访悉地方情形，深为癙额。当今恳切晓谕在案，据呈：建设乡约所，举乡族长董事，并议明约束条规，每月之朔望群集公所讲究开导，使子弟族人有所遵循法守，克期明善复初，洵为美举，实堪嘉尚。兹将乡规烟户册一本盖印发领，该乡都衿士等务宜躬率力行，始终实践，弗致日久懈弛，必令乡族中家喻户晓，咸知孝悌为先，礼让是务，行见和气致祥，颓风力挽，化顽为淳矣，本县深有厚望焉。勉之。"这样的批

的法律性是受到限制的。同时，不同性质的乡约的强制力又是不同的，所以，它的法律性亦是分层的。任何乡约的法律性都不能与国法相提并论，即使获得官方认可的乡约亦是如此：首先它不能与国法冲突，其次它的效力远低于国法，再即是它的生效范围亦远小于国法。[10]对那些纯粹民办或结社性的乡约，如有名的《崇雅社约》[11]一类，法律性则非常薄弱，有的几乎没有，其拘束力主要依赖约定者的认可和地方权威，与国法无涉。因此，整体上看，乡约只是在国法准许下的一种补充。这是在国家法体系范畴内对乡约法律性的一种认识。

但在乡民的实际生活中，乡约事实上发挥着法的作用，它对

示赋予了乡约约束乡民的法律性。乡约还有类于国法的制裁措施，并与国法衔接，如《南赣乡约》中多处有"告官惩治""率同约之人鸣之官司""率诸同约呈官诛殄"之类的约规。

[10] 据笔者所见，有的乡约开头有"钦遵圣制"，即遵照国家之法的意思。如叶春及撰《惠安政书》卷九《乡约篇》中即有此语，上引丘弘为《杭川乡约》所写的序文中"大抵以不违国制为先"亦是这个意思；有的干脆将圣谕置于约首，如明太祖的圣谕六言就载在《文堂乡约家法》的"圣谕屏"中；更多的是约会时要宣读圣谕，如《南赣乡约》约定："当会日，同约毕至，约赞鸣鼓三，众皆诣香案前序立，北面跪听约正读告谕毕。"又如，清代雍正皇帝担心康熙讲乡约的上谕十六条日久民息，于是又寻绎其义，推衍其文，写下万言的圣谕广训，并制序文，刊刻成编，颁行天下，地方官则纷纷亲自出马，在推广乡约时宣讲圣谕。此一情形可参见陈柯云：《略论明清徽州的乡约》，载《中国史研究》1990年第4期。此外，乡约在时间、空间和对人对事的效力上都远小于国家法，乡约中"呈官究治""协官惩治"之类的话语，再明确不过地表明乡约在国家法之下。因此，我们说乡约是国法的补充。

[11] 《崇雅社约》的宗旨是："斯社之兴，将以舒恬旷之怀，修契与之好。达生委性，悠然于顺安之境而不自觉也。"故而，"是会也，因心以笃义，合义以厚生"。其内容为社约的陈辞、交期、会期、仪节。可见它纯粹是一个文人交友宴饮、唱诗品文、修身养性的组织，完全出于自觉自愿，没有任何外在的强制。

乡民的言行确有指引、评价、预测、教育以至惩罚的规范作用，具有从调整关系到维持秩序的社会作用。[12] 同时，它的很多条款亦具备行为模式与法律后果这一法律规范特有的逻辑结构，如《南赣乡约》有约："会期以月之望，若有疾病事故不及赴者，许先期遣人告知约；无故不赴者，以过恶书，仍罚银一两公用。"[13]在这一条款中，"以过恶书，仍罚银一两公用"是"无故不赴（会）"行为（模式）者的法律后果。有约束力的约规大多是这样的条款，这意味着乡约是实际存在于乡民社会中的活法。这是不同于实证主义法学观的法社会学的认识。

乡约的法律性还可以从它与国家法及其他秩序规范的结构关系中认识，这在后面有专门讨论，在此不再赘述。

三、乡约的价值性

乡约表达了订约者远近不同的价值追求。[14]概括起来，集中在两个方面：一是教化，二是乡治。这两者的实践反映出它的实际价值。

（一）乡约的教化价值

传统中国的法律都有教化的意图，特别是从汉代开始，可以

---

[12] 这是从现代法理学出发对乡约功能的一般概括，应该说这些功能是混合在乡约中的，而且有的乡约也并不完全具备这些功能。

[13] 《南赣乡约》原文见前揭《王阳明全集》卷一七。

[14] 乡约的价值目标远近不同、同中有异，同在教化、乡治，或许还有服务于共同体的福利事务；异的方面很难统一，有保护林木耕牛的，也有济危救贫、修身养性的。陈柯云将明清徽州乡约的作用概括为五个方面：①讲乡约；②支持文教和科举事业；③应付差徭，缴纳赋税；④利用乡约的公基金运营赢利；⑤置买田地。（参见陈柯云：《略论明清徽州的乡约》，载《中国史研究》1990 年第 4 期。）其实，这亦不能说是全面的。

说是官方推行教化的利器，中国正史上所说的"明刑弼教"就是这个意思。[15]乡约虽不是国法，但它对教化亦是孜孜以求，著名的《吕氏乡约》《南赣乡约》《杭川乡约》等皆可为证。

《损益蓝田吕氏乡约》以教化为纲，纲目是"德业相劝""过失相规""礼俗相交""患难相恤"。它开篇提出："事亲能孝，事君能忠。夫妇以礼，兄弟以恩，朋友以信。能睦乡邻，能敬官长，能为姻亲。与人恭逊，持身清约，容止庄重，辞气安和。衣冠合度，饮食中节。凡此皆谓之德。"[16]这是全约的灵魂，其他约规不过是这个灵魂的要求和体现。这个灵魂恰亦是儒家伦理/宋明理学关于教化的核心。

《南赣乡约》篇首的一段话表达了同样的教化意图，它说："故今特为乡约，以协和尔民。自今凡尔同约之民，皆宜孝尔父母，敬尔兄长，教训尔子孙，和顺尔乡里。死丧相助，患难相恤，善相劝勉，恶相告诫。息讼罢争，讲信修睦，务为善良之民，共成仁厚之俗。"[17]明代成化年间上杭邑人丘弘为梁氏《杭川乡约》所撰的序文明白道出："……今梁氏乡约，切于事理，曲尽人情，大抵以不违国制为先，以敦化厚本为尚。……将见人咸便之，服而行之，厚其本而抑其末，财不竭而用之舒，淳厚之风日兴，礼让之俗日作，则梁氏是约其有关乎世教，岂浅鲜

---

[15] 《清史稿》"刑法志"有一段很好的说明："中国自书契以来，以礼教治天下。劳之来之而政出焉，匡之直之而刑生焉。政也，刑也，凡皆以维持礼教于勿替。故《尚书》曰：'明于五刑，以弼五教。'又曰：'士制百姓于刑之中，以教祗德。'"

[16] 《朱文公文集》卷七四《杂著·损益蓝田吕氏乡约》，中华书局1983年版。

[17] 《南赣乡约》原文见前揭《王阳明全集》卷一七。

哉!"〔18〕"世教"者"礼教"也,这一措辞特别重要,有画龙点睛之效。

乡约与国法一样,既是规则体系,又是意义体系。依材料来看,德、礼、仪、俗是教化价值在乡约中向下的渐次所现,而俗、仪、礼、德则是教化价值向上升华的渐远所图。

(二)乡约的乡治价值

在传统中国,国法建构国家社会秩序,乡约意图维持或重建乡村秩序,实现乡治。所以,乡约在推行教化的同时,时刻关注乡治问题。正如我们在乡约的时空性中所揭示的那样,这是大部分乡约出现的直接原因和更实际的意义所在。

乡约仿照国法,一般都要约定实施乡约的组织、场所、主事者、原则、范围、措施、程序和仪式等。以《南赣乡约》为例,它的组织是约会;场所是约所(寺观);主事者是约长、约副、约正、约史、知约、约赞等;原则是彰善、纠过;范围是税赋、债息、私复仇、通贼、新移民、田产、嫁娶、丧葬等,有的乡约还专门规定有言行礼俗、耕牛及山林保护等;〔19〕措施是簿记表彰、劝诫、记过、赔偿、削去庄户、告官惩治、协官诛灭;程序和仪式有缴约费、会期规定、会前准备、会中彰善纠恶的具体过

---

〔18〕 民国《上杭县志》卷二三《艺文志》。

〔19〕 《吕氏乡约》《崇雅社约》对礼俗有专门规定。清代《同里乡约》的最后两条是:"盗牵耕牛于别处私宰者,固当以盗贼论,即买牛屠宰,亦犯禁条,并当送官究治。山泽之利,节宣生息,则其利不穷;摧残暴殄,其余有几。乡俗动辄放火焚山,遂至大陵广阿,经冬如赭。林薮无资,樵苏何赖,若乃长溪深潭,一经毒害,微鲵绝种,民俗贫薄,此是一端。以后须立厉禁,察出主名,合乡究治。"[(清)李光地撰:《榕村别集》卷五《同里乡约》,道光九年(1829年)刊本。]护林养山的类似约规在明清徽州地区的乡约中尤多。

程等。[20]

乡约的乡治由乡约中的约定和约束来保障。约定是同约之人签名画押或同声起誓，自愿承诺遵守约规。《南赣乡约》有这样的约规："当会日，同约毕至，约赞鸣鼓三，众皆诣香案前序立，北面跪听约正读告谕毕。约长会众扬言曰：'自今以后，凡我同约之人，祇奉戒谕，齐心合德，同归于善；若有二三其心，阳善阴恶者，神明诛殛。'众皆曰：'若有二三其心，阳善阴恶者，神明诛殛。'皆再拜，兴，以次出会所，分东西立，约正读乡约毕，大声曰：'凡我同盟，务遵乡约。'众皆曰：'是'。乃东西交拜。"[21]这种仪式化的约定是乡约促成乡治的基础，相对于以强制为后盾的国法，亦是乡约的优势所在。约束是乡约对同约之人义务的设定和对违犯义务的处罚，有约束力的乡约对此都有明确规定。《南赣乡约》的惩罚措施即如前面所述，康熙朝李光地为其家乡撰成的《同里乡约》五条和补充诸条均是这类规定，如前五条之二："伦理风俗所关，奸淫为甚，为士者犯之，尤不齿于人类。以后如有淫荡男女，不顾人伦，大坏风俗者，察知素行，立逐出乡。如有容留，即系约正、邻右之责。其以犯奸闻者，务须发觉送官，不得于约所薄惩塞责。"[22]这是乡约法律性的体现，是乡约实现乡治的最后保障。简言之，约定导民为善，约束纠民之过，乡治因此而成。

（三）乡约的实际价值

乡约是为解决各种现实问题，如劝善惩恶、御敌防匪、教化

---

[20] 这是我依据《南赣乡约》所作的归纳，有不尽之处，详见前揭《南赣乡约》。

[21] 见前揭《南赣乡约》。

[22] 见前揭《同里乡约》。

乡里、应付差徭、保护耕牛山林等而设立的，因此，具有很强的针对性和实用性。它约定和约束的特点，特别是官方的认可和支持，使其在实践中得以某种程度的实现，这即是说乡约在推行教化和促进乡治方面收有一定的实效。

乡约通过推动宗约、士约、社约、会约等礼教、文教性组织的发展，推广了教化；同时，通过与保甲、社学、社仓等治安、互助组织打成一片，促进了乡治。[23]但我们要注意到，乡约的实效，除了受到时代、地域、文化这些大环境的制约外，还有约中大族、地方精英、基层官吏、强梁豪门的操控，以及乡约本身的形式主义、等级性和繁文缛节等，[24]都不同程度地削弱了乡约的实际价值，特别是对一般乡民的意义。

在评价乡约的实际价值方面，颇有争议。如对明代乡约的推行，时人有誉之"此为二帝三王之遗制，虽圣人复起，执众齐物，舍是无术矣"。但贬之者又"以为愚阔，腐儒行之，多增烦扰"。我倾向这样的看法，实行则事理民安，虚行则事繁民忧。[25]实质上我们不妨把它视为官方为控制乡村，或在力有不逮时为补官治之不足，与乡民中的领袖阶层借助国家力量寻求对秩序的控制而相结合的一种治理基层乡民的形式。因此，乡约是而且只能是对国法的一种仿制，除了形式上的简易和某种程度的自治外，

[23] 参见曹国庆：《明代乡约推行的特点》，载《中国文化研究》1997年第1期。

[24] 从今天的角度看，乡约中关于约会的仪式极其繁琐，《南赣乡约》和《崇雅社约》有将近一半的内容是程序和仪式性的。这样的仪式符合儒士口味，在当时也可能会起到某庄重肃穆的心理作用，从而有利于提升乡约的权威和拘束力。但对目不识丁的普通乡民，比起他们更关心的经济民生来说，这确乎是繁琐的。

[25] 参见曹国庆：《明代乡约推行的特点》，载《中国文化研究》1997年第1期。

它同国法一样，承载和发挥着教化与控制的双重职能。如果说国法重在治国、定天下，那么，乡约则重在修身、齐家。[26]考虑到中国社会的构成和文化特点，我们又可以说乡约是传统中国社会秩序结构和儒家政治理想的一部分。

四、乡约与中国社会秩序构成

传统中国的社会秩序有如下特征：一是一极性，这是指由国法所确立的至高无上、一统天下的社会大秩序；二是多样化，这是指由家法、族规、乡约、帮规、行规等民间法所确立的各种社会小秩序；三是二元主从式，这是指整体社会秩序由以国法为主的大秩序和以民间法为从的小秩序二元差序构成；四是同质同构，这是指民间法与国家法在文化性质和结构原理上类同。综合起来，传统中国的社会秩序可谓之：一极二元主从式多样化的构成。[27]

传统中国的秩序构成与社会结构一致。传统中国是乡土社会，基本结构是家庭、家族、村落、社会、国家，家法、族规对应于家庭、家族，乡约对应于村落，帮规、行规对应于社会上各行各业，国法对应于国家社会。从家法到国法形成一条秩序链，家法是这条秩序链中最下端的血缘法，国法是从家法演变而来又

---

[26] 《南赣乡约》规定约会中关于约长的如下一段话很能说明问题："约长举杯扬言曰：'某能为某善，某能改某过，是能修其身也；某能使某族人为某善，改某过，是能齐其家也；使人人若此，风俗焉有不厚？凡我同约，当取以为法！'。"

[27] 这是我最初发表本文时对传统中国社会秩序和法律文化结构原理的认识，后经过探讨思考已改为一体两元主从式多样化的构成，参见收入本书的《传统中国的法秩序及其构成原理与意义》一文。

居于这条秩序链中最上端的地缘法，乡约居于秩序链中血缘与地缘的结合部，一贯是官方与民间、国家地缘法与家族血缘法、官治与乡治衔接、沟通、互动、互补的地方，可见，乡约是传统中国社会秩序链中的重要一环。同时，由于从家法到国法意味着法律效力、秩序位阶的上升和国家色彩的增强，因此，乡约在传统中国社会秩序构成中所扮演的角色，既有民间的自治性，更逃脱不了为官方、准官方所关注以至被操控的命运。[28]这就是一极二元主从式多样化构成的体现。

传统中国法律和社会秩序构成的特征与中国固有的文化理念相关。不论传统中国文化多么千姿百态，理念上"道"是中国文化一以贯之的本源，所谓"道生一，一生二，二生三，三生万物"[29]。道的基本构成是阳与阴，两者的关系是对应中有包容和依存，包容和依存中又有支配，阳在其中起主导和支配作用。建立在观察和体验之上的这种原初自然哲学被推及到家庭、社会、政治、法律诸领域，沿着它的理路，家庭内，父与子、夫与妻、尊与卑、长与幼；社会上，男与女、贵与贱；政治上，天子与臣民、官府与民间、道德与法律；法律上，国家法与民间法，官治与乡治、彰善与纠过等，都是道统摄下的阳与阴二元主从式结构的对应和体现。这种一极（道）二元（阳与阴）主从式（阳主阴辅）多样化（阴阳变化无穷）的差序理念，可以说是传统中国文化的结构原理。对包括乡约在内的传统中国法律秩序的构

---

[28]　在偏重于乡治的官办乡约，或为官方认可或由闲居官员撰成的乡约中，这一点最明显。前者如《南赣乡约》，后者有《文堂乡约》《同里乡约》等。

[29]　《老子》第四十二章。

成，在文化原理上都可以作如是观。

五、乡约的消解与流变

随着中国社会结构的变迁，传统中国的法律秩序亦在变动和瓦解中，处于这一历史过程中的乡约整体上呈现出消解的趋势。从清末"变法修律"开始，源于西方和苏联的政治法律制度先后在中国着陆，这是一套完全不同于传统中国的法律秩序，其内在逻辑必将多样化的社会构成挤压为单一的国家法控制。乡约曾经依存和发挥作用的秩序构成不为新体制所认可，乡约从而失去了原来的位置。[30]

一百年来，中国人民为因应残酷的国际环境，亟需建立强大的民族国家，中央政权得到了前所未有的加强。1949 年后的三十年中，中央政府对社会控制的深入是传统社会所无法比拟的，它通过逐步升级的互助组、合作社和人民公社化运动，使原有的基层乡村组织被彻底国家行政化，每一村、每一户、每一人都在国家设定的政治秩序和意识形态中。在这种现实状况下，传统乡约的乡治／自治，首先在政治和组织上成为不可能；同时，实证主义法律观指导下的法律渊源只剩下国家权力机关制定和颁布的规范性文件，乡约不为国法所认可，被排除在正式的法律形式之

---

[30] "变法修律"从 1905 年正式开始，晚清中国由此继受日本化的欧陆法律体系，民国政府继续这一进程。新中国成立后，由于政治和外交上的原因，中国改为全面接受社会主义苏联的法律制度。这两种法律同属西方法律文化范畴，建基在西方政治国家与民间社会二元分立的现实与理论之上，与传统中国家国一体的社会结构与理念完全不同。因此，西方法律文化在体制和理论上都是排斥乡约的。

外，它的存在已没有法律根据。[31]

1949 年前国民政府时期，一些地区曾出现过与保甲结合在一起的乡约和乡村自治运动。[32]20 世纪 80 年代后，部分乡村出现了与宗族活动复活相联系的村落家族法，还有更多的地区在乡镇政府要求和指导下订立了村民守则或乡约。[33]这些规则形式上与传统乡约有某些相似之处，但在原则、内容和法律性上已有很大区别。据我观察，它们对乡村秩序的实际意义目前较为有限，普通村民平时按习惯生活，突破习惯这些规则也难以处理。原因是它们不是村民自主自愿的产物，不为村民看重，也不能很好地与国家法衔接，因此，缺乏权威和约束力。

现在中国部分地区出现的乡规民约只能视为传统乡约的流变形式。传统乡约本身要受时空限制，市场化、法治化、城镇化、流动化，总之现代化使传统乡约存在的时空特殊性渐已失去，它

---

[31] 实证主义法学观认为，法律是由国家特定机关制定和认可并由国家强制力保证实施的规范性文件，而道德、宗教、伦理、传统、习俗、情理、判例、学说、良知等都不具备上述特征，所以不是正式的法律渊源。这种思想 19 世纪末开始逐渐在欧洲占主导地位，亦通过不同的途径传播到中国，近百年来中国法制现代化建设中的法律创制几乎为它所控制，因此，本就在国家法之外的乡约自然被排除在法律渊源之外。

[32] 参见黄强：《中国保甲实验新编》，正中书局 1935 年版。还有梁漱溟先生早年致力于乡村社会建设，先参加河南村治学院（1929 年），后创办山东乡村建设研究院（1931—1937 年），进行乡村自治实验，著有《乡村建设理论》（1936年）。他的这一段经历和实践对理解那个时期传统乡约与中国乡村自治运动很有价值。

[33] 这方面材料很多，而且就在我们的现实生活中。王沪宁等曾做过专门调查，著有《当代中国村落家族文化》可供参考，该书由上海人民出版社 1992 年出版。为研究所需，我从网上亦下载了不少当代中国的村规民约，如《桥圩镇永梧村村规民约》《深圳市宝安区公明镇楼村村规民约》等。

的法律性和教化价值也难以复活，其文化原理暂难与现代社会相融。因此，传统乡约整体上将继续它百年来的消解趋势。同时，考虑到中国乡村广大，社会发展不平衡，城乡差距大，法制不完善，特别是传统乡约这种东方式的基层法治/自治形式曾与国民习性和他们的审美情趣相默契，所以，乡约还可能以多种流变的形式继续影响中国乡村的风俗习惯和村民的心理意识、思维取向、行为模式以及他们的关系网络，甚至在党纪国法和各种政策中亦会有某种深浅不一的表现。[34]如果我们能够认真对待，合理改造，吸收传统乡约的自愿约定和与国法衔接的优点，新的乡规民约于今后中国社会秩序的协调和完善必有助益。[35]

----

[34] 党纪中的规训和处罚与乡约有无某种文化上的联系呢？国家法范畴内的调解制度与乡约关系极深，作为现行法一部分的《中华人民共和国村民委员会组织法》和在它指导下的各种村规民约，与乡约有着千丝万缕的联系，这些都是不争的事实。就是我们今天维持秩序、调整关系、处理纠纷的法律思维与传统乡约的思维难道没有逻辑上的相通吗？更有趣的是，我们在《深圳市宝安区公明镇楼村村规民约》中，看到了有关党支部工作职责和党风廉政建设的规定。这样看来，党纪、国法、乡约及其流变形式村规民约岂不是在互相渗透。

[35] 这一点我通过参加"乡约的比较法研究"会议感受尤深，从他国学者的发言中我受到了教益，对自己的立场和认识都有了调整。原先我对乡约的认识主要是站在精神的把握和本质的批判这样的立场上。这当然有必要，但显然还不够。我们研究法律、认识传统，不仅是为了批判，重要的是要积极地对待历史与现实之间的联系。韩国学者注意到了乡约对乡民的自治和福利功能；越南学者提出乡约有助于法治国家的确立，因为乡约是乡民认识、接受国家法的直接途径；日本学者经过对一些亚洲国家法律援助的实践，认识到亚洲社会的法治必须与本土人民的习性和传统相结合。这些亦促使我进一步认识到，我们对乡约的态度要更积极一些，要努力从中寻找于今有益的东西，要把乡约在当下的各种流变形式，特别是把村规民约纳入法治社会而不仅仅是法治国家的建设中来认识。这样，乡约的研究才更有活力和价值。当然，乡约研究要始终不忘乡约与国法之间的自治与法治这一核心问题。

家礼与国法的关系和原理及其意义 *

一、家礼与国法的关系

在讨论中国传统家礼与国法的关系前，首先要对它们的构成有所说明。家礼与国法的构成可以从纵横两个方面来观察。纵向看，家礼源于《周礼》，经《孔子家语》和《颜氏家训》的发展，定型于司马光的《书仪》《家范》和朱熹的《朱子家礼》，特别是《朱子家礼》，其为我国宋元明清及民国时期传统家礼的范本。[1] 近代以前朝鲜和日本的家礼，尤其是丧礼的内容，亦大都仿此。[2] 对家礼的横向构成，我们主要透过家礼的文本结构来了解。以《朱子家礼》[3] 为对象，可以发现，家礼文本在形式上

---

　　* 原载于《法学》2005 年第 5 期，有修改。

〔1〕 《朱子家礼》传世的版本较多，影响较大的有《四库全书》本、清嘉庆十年麟经阁刻本、光绪十七年刻本等。《朱子家礼》出现后成为人们制订家礼的范本，并被改编成多种形式，如节要、仪节、会成、集注、笺补、简编、图解等，在民间广泛流传，影响及于民国。参见杨志刚：《〈朱子家礼〉：民间通用礼》，载《传统文化与现代化》1994 年第 4 期。

〔2〕 参见彭林：《金沙溪〈丧礼备要〉与〈朱子家礼〉的朝鲜化》，载《中国文化研究》1998 年第 2 期；王维先、宫云维：《朱子〈家礼〉对日本近世丧葬礼俗的影响》，载《浙江大学学报（人文社会科学版）》2003 年第 6 期。

〔3〕 《朱子家礼》是否为朱熹所作存有争议，清代以前的学人和现在最新的研究成果都是肯定的。参见束景南：《朱熹〈家礼〉真伪考辨》，载束景南编著：《朱熹佚文辑考》，江苏古籍出版社 1991 年版；陈来：《朱子〈家礼〉真伪考议》，载《北京大学学报（人文社会科学版）》1989 年第 3 期。笔者认为，《朱子家礼》

由序、通礼、冠礼、婚礼、丧礼、祭礼几部分组成，实际上冠、婚、丧、祭四礼是主体。所以，家礼又称为"四礼"。依《朱子家礼·序》："凡礼有本、有文。自其施于家者言之，则名分之守、爱敬之实，其本也。冠、婚、丧、祭，仪章度数者，其文也。"本是实质，文是仪式，应该说这是家礼的结构。家礼的精神所系实不外"礼教"二字，这是贯穿家礼的红线，就像血脉一样渗透在家礼的各项制度和规范中，其中"祠堂"制度是核心（详见后面的相关讨论）。至此，我们对家礼的构成已略有所知。

国法的构成不同于家礼，其系统正规明确。就国法的主体言，从传说中的禹刑、汤刑、吕刑，到战国的《法经》及秦汉魏晋隋唐宋元明清诸律一以贯之，真可谓一脉相承、沿革清晰，其中唐律可为代表。这是中国传统法的纵向构成。中国传统法的横向构成形式在历代各有不同，汉代有律、令、科、比，唐代有律、令、格、式，明清律、例并举。不过，有一点可以确定，"律"作为中国传统法的主干，《唐律疏议》的文本结构可以视为中国传统法内在构成的典范。《唐律疏议》的文本结构形式上可以概括为十二篇三十卷五百零二条；实体上首篇《名例》类于现今刑法之总则，其余十一篇则近于分则。其精神所系"一准乎礼"。[4]当然，此"礼"非"家礼"，但与家礼又有密切的关系。那么，家礼与国法到底是一种什么样的关系呢？这正是我们

被普遍接受，事实上亦一直是被视为朱子所作而在发挥作用。因此，争议除了与版本和考据及对朱熹本人的研究有关，并不影响它作为家礼范本所拥有的地位，亦不影响我们对它所作的分析。

[4]《四库全书总目·唐律疏议提要》。

下面要讨论的问题。

（一）家礼与国法的时间关系

探讨家礼与国法的关系，首先碰到的是时空问题。时间与空间是我们认识事物最基本的范畴，无论是在物理世界还是人类社会，都是需要加以考虑的要素，这是人类认识事物的一项基本经验。[5]从时间入手，我们发现家礼与国法具有共源、并行的关系或者说特点。所谓共源是指家礼与国法都是由中国初民社会的原始习俗嬗变而来的，共同孕育于我们祖先的生活母体，其中礼更多地与先民的宗教生活相关，所谓"祀"也；法则与征战和内部控制有更多联系，所谓"戎"也。[6]其实，这两者常常是难以分辨的，原始即混沌，我们不能用分工高度发达的现代眼光来遥看远古的历史景象。家礼与国法的同源性还可以移指后续社会的当下实践，即家礼与国法都从人们当下的社会生活实践中汲取资源这不是空洞的说项，宋明时期家礼的形成及其与国法的互动关系就印证了这一点。[7]

---

[5] 笔者以为，人类社会，包括历史和文化，都是由特定的时间、空间和主体的活动所构成的。没有主体存在的时间是无意义的时光流淌，没有主体活动的空间是寂然空洞的自然范畴，但失去了时间和空间，人类主体又将无所寄托，所以，时间、空间和主体须臾不可分离。人类行为，包括历史和文化的创造，即是这三要素和合共生的结果。在人类科学文明史上，爱因斯坦相对论对牛顿经典力学缺陷的克服，使人们充分认识到了时间和空间的重要意义。参见［英］W. C. 丹皮尔：《科学史》，李珩译，商务印书馆1987年版，第522～535页"相对论"；又见［美］爱因斯坦著，许良英、刘明编：《爱因斯坦文录》，浙江文艺出版社2004年版，第167页"什么是相对论"及以下。

[6] 《左传·成公十三年》所说的"国之大事，在祀与戎"就是这个意思。

[7] 参见王立军：《宋代的民间家礼建设》，载《河南社会科学》2002年第2期；常建华：《明代宗族祠庙祭祖礼制及其演变》，载《南开学报》2001年第3期。

在家礼与国法的时间关系中，我们会很自然地注意到一个显而易见的现象，即两者在历史长河中的并行变迁。与政治化的国礼不同，家礼虽然在历史学和社会学的意义上与国法共源，但它不是国家政治制度的一部分。所以，家礼与国法虽有密切联系且客观上互相支撑，但在实际的历史过程中，两者既未曾排斥又未曾合二为一。无论是在文本形式还是社会实践上，它们是历经变迁而并行不移。具体说，宋代以前，家礼既不成熟更未普及，法与礼的关系主要是国法与具有政治和意识形态色彩的儒家伦理及国礼的关系，家礼还未形成与国法对应的体系。宋代以后，家礼走向成熟并趋于社会化，从法社会学的角度来看，法与礼的关系既包括它在宋以前的那种关系，亦包括国法与家礼，甚至家法与家礼、乡约与乡礼、社约与社礼的内容。[8]不过，作为体系化的家礼与国法仍属于不同的系统，它们是在两个虽有联系但又各自独立的空间中运作的。

（二）家礼与国法的空间关系

如果我们把社会视为一个系统，那么，毫无疑问，家礼与国法是共属于这个系统的。脱离了社会这个系统，家礼与国法在空间上的结构关系，以及因这种结构关系而对社会系统所产生的功能就难以立体地把握。这是我们分析它们结构关系的前提。对于它们的结构关系，可以简单地概括为异体、同构、通质。异体比较容易理解，譬如，在社会结构方面，家礼属于家，国法属于

---

[8] 笔者曾对乡约作过研究，愈发相信，家法族规、乡规民约应属法社会学的范畴。参见收入本书的《乡约的诸属性及其文化原理认识》一文。同样，中国传统的礼亦应包括家礼、乡礼、社礼等。

国；在秩序构成方面，家礼属民间法系统，为非正式制度，国法属国家法系统，为正式制度；在文本形式上，如前所述，各自独立。正是由于异体的原因，家礼与国法在由时间和空间交织构成的宋代以后的传统中国社会系统中，才有并行的可能和确定的事实。

关于家礼与国法的同构，一般都是从中国传统社会家国一体的意义上来理解的，这自有其道理。但应该说这还是一种外在化的理解，因为这是通过家与国的中介来认识家礼与国法主体的。我们不妨把家礼与国法直接进行比较，即可发现它们的同构性。首先，家礼与国法都是一种秩序构成，只是分别对应于家与国，但这并不影响它们在结构秩序上的一致性。不惟如此，家礼与国法的秩序同是网状的等级结构，沿着家礼与国法的等级结构上下左右地移动，人的身分及其权利义务都会随之增减，最底层者为奴仆，最顶端者为家长或国君。〔9〕这是家礼与国法同构中最突出的一面，另一面实际亦包含其中，即整个结构表现出强烈的宗法和专制色彩。这一点下文还要说明。

同构是不是意味着同质呢？起初我未多加思考就接受了这个习惯性的认识，以为事情就是这样的。后细加分辨，发现其中同又不同。所谓同者，家礼与国法实质上都是礼教的产物，正如我们在家礼与国法的构成中所指出的那样，其精神所系在于礼。但礼与礼又有区别，家礼之礼重孝道，国法之礼重忠道。虽然忠孝连称，甚至有时可以不分，但毕竟各有侧重。依现代术语，前者

---

〔9〕 这在《朱子家礼》与《唐律疏议》两者的基本结构，具体内容中俯拾皆是，兹不赘述。

遵循的是宗法血缘伦理，后者遵循的是由前者转化来的宗法政治
伦理。[10]因此，在家礼与国法的性质上，我试将"同质"改为
"通质"，以显示它们的同又不同，不知是否合适？若是，我们
可以说，异体、同构、通质是家礼与国法在空间上的结构关系。

（三）家礼与国法的功能关系

在探讨了家礼与国法的时空关系后，我们自然要问，它们的
功能关系又是怎样的呢？按照社会学理论，时空关系尤其是空间
结构关系必与功能相连带。[11]依笔者之见，家礼与国法的功能关
系颇为复杂，为方便计，可以从它们的各自功能、相互功能和共
生功能三个层次来概观。家礼的自我功能有多种，所谓"名分之
守、爱敬之实，婚冠丧祭、仪章数度者"皆是，但修身、齐家实
为传统中国人所寄予它的理想功能和目标。[12]国法的自我功能照
样可以列出很多，如规范、禁止、惩罚等不一而足，但毫无疑
问，治国、定天下才是它最大的功能和目标。

在家与国的范围内，家礼与国法各自发挥着自己的功能。但
同时由于家、国共处社会这个大系统中，且有家礼与国法异体、
同构、通质的结构关系，所以，双方在功能上必然发生相互的作
用。从家礼对国法的功能言，家礼灌输、培育和养成家人合乎

---

[10] 笔者在本文第二部分阐述"伦理—政治原理"中说明了这一点。进一步的了
解，可参见张中秋：《传统中国国家观新探——兼及对当代中国政治法律的意
义》，载《法学》2014年第5期。

[11] 参见［日］富永健一：《社会学原理》，严立贤等译社会科学文献出版社1992
年版，第155~174页。

[12] 《朱子家礼》在"通礼序"中表达作者的心愿说："诚愿得与同志之士熟讲而
勉行之。庶几古人所以修身齐家之道，谨终追远之心，犹可以复见，而于国家
所以崇化导民之意，亦或有小补云。"

"孝"的礼教观，特别是家礼建构在天然血缘之上的等级、专制习性，为贯彻了"忠"的国法的推行奠定了基础。从作用于人的行为来说，家礼不只训导于国法之前，亦远胜于国法之细，适补国法之不足。同时，家礼为国法的施行亦提供了某种理据，即不守家礼而触犯国法者，国法的处罚是正当的。这在家礼走向社会化和被官方某种程度认可的情况下绩效尤著。

换一个角度，由国法对家礼的功能看，首先家礼存在的合法性最终是由国法事实上的认可而获得的。我们在唐宋明清历朝《户婚律》中可以看到诸多与家礼《婚》《丧》篇中相类甚至相同的规定。[13]这表明国法是认可家礼的。家礼因得到国法事实上的支持，才成就它一定的权威和刚性。设想一下，如果国法持相反的态度，那么，家礼的存在本身就是一个问题。由此可见，家礼与国法是处在不同位阶上的两种规范体系，国法优于家礼。国法对家礼的功能还不止于对其存在的认可，由认可延伸出来的其他功能，如违反家礼者虽有家法族规以及乡规民约的制止，但严重者只得由国法处理。这是家礼教不行、家法禁不止，而国法惩于已然的优势，亦是国法对家礼家法直接有效的支持功能。国法对家礼支持的功能还有更直接的一面，即家礼的某种国家化。如前所述，从唐律开始，历朝《户婚律》都部分吸收了家礼的内

---

[13] 笔者对照《唐律疏议》与《朱子家礼》，检得相同相近内容的有15条左右，以唐律条目为准，具体有子孙别籍异财、居父母丧生子、立嫡违法、同居卑幼辄私用财、许嫁女辄悔、以妻为妾、居父母丧嫁娶、居父母囚禁嫁娶、居父母丧主婚、夫丧守志、卑幼自嫁娶、出妻、子孙教令、子孙供养父母、凡奸等。《宋刑统》虽为宋代法典，情形同《唐律疏议》《大明律》《大清律例》亦然。

容。此外，明王朝还屡次颁发诏令来推行家礼，这使家礼直接成为国家正式制度的一部分。[14]

对于家礼与国法的相互功能，还需要说明的一点是，其实两者是不对等的。一般说，家礼对国法是一种服从性的无条件支持，国法对家礼是有选择的支持。这部分是因为在社会秩序体系中，国法是家礼的上位规范，家礼不能与国法抵触；部分还由于家礼着眼于家内关系，有关日常起居、洒扫应对之类的家礼，国法并无明确态度，只能说是事实上的默认而已，只有那些超越家内关系涉及社会秩序和纲常伦理的家礼，如婚、丧之礼中的若干内容，国法才有明确的态度。家礼与国法相互功能上的这种关系，并不影响它们的共生功能，相反有利于它们功能的合成。形象一点说，家礼从下位开始向上，为国法之铺垫，补国法之不及；国法由上位向下，为家礼之支持，助家礼之效力。可以推想，在特定时空的同一社会系统中，家礼发挥着修身、齐家的功能，国法发挥着治国、定天下的功能，两相合成，共生出修身→齐家→治国→定天下的功能。这虽是很理想的设计，实际当有差异，但家礼与国法的运作逻辑必是如此。事实上，这已成为宋代以来中国传统社会治乱盛衰的重要机制，亦是我们今天应予重视的历史经验和课题。

---

[14] 朱元璋赐名的明初礼书《大明集礼》卷六《吉礼六·宗庙》仿自《朱子家礼》"通礼·祠堂之制"，所以，明人管志道在《从先维俗议》卷三《订四大礼议》中说："国初未定，《大明集礼》原以朱子《家礼》为主。"明人汪循在《仁峰文集》卷一五中亦说："我圣明治教休美，其颁制示则，每以《家礼》为准，宜乎声教，溢于四海，而家置一庙矣。"前揭常建华的《明代宗族祠庙祭祖礼制及其演变》一文，对此有很好的考论。

二、家礼与国法的原理

(一) 自然—秩序原理

仔细观察家礼与国法，一个显著的共同特征是它们的有序性。本文在前面已有述及，家礼与国法的构成本身即是有序的体系，像《朱子家礼》与《唐律疏议》这样的经典文本已是非常有序的结构。不惟如此，家礼与国法的关系及其功能都在体现和追求着一种和谐有序。有序性是所有规范的内在要求和基本特征，这在传统社会尤其突出。[15]但比较一下不同的文明系统，即可发现它们的依据别有不同，西方的有序性植根于自然法和上帝，伊斯兰世界来自通过《古兰经》启示的真主，而传统中国则根源于客观自然。从自然中发现秩序，再效法自然建构秩序，这是中国传统社会"制礼作法"的理据所在。[16]在此，我把这个理据称之为自然—秩序原理。

自然—秩序原理是中国传统家礼与国法赖以建构的基本原理之一。要理解这一点，需要从传统中国特有的自然—社会秩序观开始。中国文化的基本理念是，"人法地，地法天，天法道，道法自然。"[17]这表明在我们的先贤看来，"自然"是人类的原初范本，人类的行为要有"道"，就要效法天地自然。"自然"是

---

[15] 参见［美］E. 博登海默：《法理学——法哲学及其方法》，邓正来、姬敬武译，华夏出版社 1987 年版，第 206～236 页。

[16] 中国文化之源《易》曰："法象莫大乎天地。""天垂象，……圣人则之。"《汉书·刑法志》进一步阐述道："圣人……制礼作教，立法设刑，动缘民情，而则天象也。……故圣人因天秩而制五礼，因天讨而作五刑。"

[17] 语见《老子》第二十五章。

什么，这是问题的关键，但古代社会不可能有现代意义上的所谓科学认识，人们往往是从自然现象和个体经验出发来发表自己的看法，所以人类有不同的自然观。[18]古代中国人普遍把"自然"视为有序、有机、和谐的存在，有序、有机、和谐成为中国人特有的"自然观"。[19]

依中国文化理念，有序、有机、和谐的自然观演进为社会秩序观，这是一件很自然的事。当然，彼此间的过渡亦是有关节的，打通关节的是人与自然关系中的"天人合一"，即人道与天道的合一。[20]天道即天理，实即国人的自然观，人道乃人世之道。"天人合一"要求人世社会的安排依照天道，亦即依照国人的自然观进行。其根据和推理即《易传》所说的："有天地然后有万物，有万物然后有男女，有男女然后有夫妇，有夫妇然后有父子，有父子然后有君臣，有君臣然后有上下，有上下然后礼义有错（措）"。这段文字描述了一幅从天地自然到人类社会的路线图，表明人类源出于自然并与自然相通。因此，有序、有机、和谐的自然模式或者说天道，就很自然地成为国人特有的社会秩

---

[18] 以西方自然观的变迁即可说明这一点。参见［英］罗宾·柯林武德：《自然的观念》，吴国盛等译，华夏出版社1999年版，第1~30页"导论"及以下。

[19] 有关这一方面的文献极多，如《易经》《尚书》《老子》《论语》《墨子》《荀子》，甚至《韩非子》等都有记述，可以说诸子百家在这方面是殊途同归。在我们的文学艺术中亦渗透了这样的观念，如中国山水画和古典建筑所表达的意境。参见宗白华：《中国艺术意境之诞生》，载王元化、胡晓明主编：《释中国》（第4卷），上海文艺出版社1998年版。

[20] 大儒董仲舒的《春秋繁露》从第四十一《为人者天》到第五十六《人副天数》都是这方面的经典论述，"天人感应"是其基本观点。另，参见《史记·儒林列传·董仲舒》和《汉书·董仲舒传》。

序观。[21]

传统中国的社会秩序观是一种社会哲学，但它是从有序、有机、和谐的自然观发展来的，所以说它是自然—秩序原理。作为构建社会秩序的主体，家礼与国法不仅源于而且要遵循这一原理。正如《易传》所描述的那样，自然→人类→家庭→社会→国家是依次演进的过程，由于自然是有序、有机、和谐的，所以人类、家庭、社会、国家亦要有序、有机、和谐；人类要做到有序、有机、和谐，就要效法自然；自然因其法则而有序、有机、和谐，因此，人类亦要有法则，社会才能有序、有机、和谐；而家礼与国法正是营造社会有序、有机、和谐的法则。所以，形式上家礼与国法是人所制订的，实际上是自然→秩序原理作用于人的产物。我们对照家礼与国法，可以说这是不移的事实。如朱熹门人黄干在《朱子家礼》问世后撰《书家礼后》一文，其中写到，"（家礼所作），无非天理之自然，人事之当然，而一日不可缺也。"[22]古代法典开篇常有阐述这一原理的文字，如《唐律疏议》序云："《易》曰：'天垂象，圣人则之。'观雷电而制威刑，睹秋霜而有肃杀。"所谓"天垂象，圣人则之"，说的就是人类对自然→秩序原理的模仿和遵循。家礼与国法是如何遵循这一原理的呢？这是我们下面要讨论的问题。

（二）伦理—政治原理

放宽我们的视野，一个令人惊讶的发现是，自然—秩序原理

---

[21] 笔者对此亦曾有过思考，参见张中秋：《中西法律文化比较研究》（第 5 版），法律出版社 2019 年版，第 353～363 页。

[22] 《书家礼后》收在黄干《勉斋集》，文渊阁四库全书本；又见于北京图书馆善本部的宋版《家礼》。

在古代世界原是有普遍性的，即使在高度发达的现代社会，亦是人类行为中必须予以考虑的。[23] 这样就出现一个新的问题，为何这项原理能够在中国导致如此特色的家礼与国法的形成？继续思考下去，我发现伦理—政治，准确地说是宗法性的伦理—政治，在自然—秩序原理的基础上发挥了这一作用。如果说自然—秩序作为第一原理构造了中国传统家礼与国法的骨架，那么，宗法性的伦理—政治作为第二原理则塑造了家礼与国法的内容和特色。

伦理即合理的人际关系脉络，是人之为之人的纲，人类行为的元规则，当然是政治的原理。其实，这是世界性的，传统中国所不同的是它的宗法性，表现为礼教。近世以前的西方、印度和伊斯兰都表现为宗教，近世西方才加入资本主义世俗社会的市民伦理。[24] 中国宗法的关键在父系血缘，即以父系为轴心和以己为原点上下左右形成尊卑有序的人际关系脉络。父系男性血统即"宗"的延续在这脉络中处于支配地位，所谓"不孝有三，无后为大"，意即在此。这种宗法血缘性是在人生过程中自然形成的，类于自然界的自然法则，是中国传统社会的"自然法"，所以，谓之宗法伦理。宗法伦理首先安排和统治家内关系，然后以家为中心和原点，相应调整后扩散移用于家族、乡里、社会和国家，成为构造和调整传统中国的家、族、乡、社会和国家各种关系与秩序的基本原理，家礼与国法就是它的载体和表现。

宗法伦理在家礼与国法中有广泛而深刻的表现。以《朱子家

---

〔23〕 参见〔美〕E. 博登海默：《法理学—法哲学及其方法》，邓正来、姬敬武译，华夏出版社 1987 年版，第 206～236 页"秩序的需要"。

〔24〕 参见〔德〕马克斯·韦伯：《经济与社会》（上卷），林远荣译，商务印书馆 1997年版，第 453～705 页"宗教社会学"。

礼》为典范，家礼内容有一核心，即对宗法的重视和维持，祠堂制度集中体现了这一点。《朱子家礼》卷一《通礼·祠堂》开宗明义曰："此章本合在祭礼篇，今以报本反始之心，尊祖敬宗之意，实有家名分之首，所以开业传世之本也。故特著此，冠于篇端，使览者知所以先立乎其大者，而凡后篇所以周旋升降出入向背之曲折，亦有所据以考焉。"无需多加解释，仔细品味这段文字，宗法伦理在家礼中的位置已一目了然，冠、婚、丧、祭四礼的具体内容，无非是围绕它"周旋升降出入向背之曲折"而已。[25] 国法亦有相似的情况，皇室的宗庙陵寝制度与家礼中的祠堂制度相类，历来是国家政法制度中的重要部分，分布于多种国家法律形式中。以唐代为例，律、令、诏、典、礼等都有规定，其中国法的主干《唐律疏议》在《卫禁》《职制》《贼盗》诸篇中，对侵犯宗庙陵寝制度者均处以严刑。[26]《唐律疏议·户婚》中的很多内容直接是与家礼相通的宗法伦理体现，从家长的权力、家户的管理，到婚姻的成立、财产的分割等，无一不渗透着宗法伦理的精神。[27] 家礼与国法共通宗法伦理，这是事实。但

---

[25] 《朱子家礼》的文本是这样规定的，朱熹本人亦是这样践行的。参见粟品孝：《文本与行为：朱熹〈家礼〉与其家礼活动》，载《安徽师范大学学报（人文社会科学版）》2004 年第 1 期。

[26] 如《唐律疏议·卫禁》："诸阑入太庙门及山陵兆域门者，徒三年。……"又《职制》："诸大祀不预申期及不颁所司者，杖六十；以故废事者，徒二年。……"又《贼盗》："诸盗大祀神御之物者，流二千五百里。……"

[27] 以家长权力为例。《朱子家礼·通礼》云："凡诸卑幼，事无大小，毋得专行，必咨禀于家长。凡为子为妇者，毋得蓄私财，俸禄及田宅所入尽归之于父母舅姑，当用则请而用之，不敢私假，不敢私与。……凡子事父母，乐其心志不违其志，乐其耳目，安其寝处，以其饮食忠养之。……子甚宜其妻，父母不悦，出。子不宜其妻，父母曰是，善事我子，行夫妇之礼者，没身不衰。"《唐律疏

细加辨别，仍有差异。这一点我们在前面家礼与国法的构成与功能中已有提及，即家礼与国法都是礼的产物，但家礼之礼与国法之礼有所不同。家礼从个人出发，以家为范围，重在孝，表现出浓烈的亲情民事色彩，可谓宗法血缘伦理。如家礼之"四礼"即以男性的生命历程与其宗族的延续为经线依次展开。正如清代张伯行在其《小学集解》中所说："冠以责成人，婚以承祭祀，丧以慎终，祭以追远。"沿此经线，人生在家内诸重要阶段的各项行为，小到日常起居，大到婚丧嫁娶，都由礼来训导和规范，形成祖孙之礼、父子之礼、兄弟之礼、夫妇之礼、婆媳之礼、闺媛之礼、主仆之礼、内外之礼等，诸礼皆以修身、齐家为要，孝敬为本。[28]与此相对，贯彻在国法中的礼主要从社会出发，以国为范围，在强调孝的同时重在忠，其规范表现出强烈的国家政治色彩，它所遵循的宗法伦理不是家礼中宗法血缘伦理的简单复制，而是一种拟制，可谓之宗法政治伦理。这在历代法典中都有突出的表现，唐宋明清诸律有关"十恶"罪中的谋反、谋叛、谋大逆，以及大不敬集中表达一个"忠"字，即君为臣纲；其余"六恶"体现了三纲五常中的父为子纲、夫为妻纲和仁、义、礼、知、信"五常"关系的伦理要求，这与家礼相近，重在"孝"行。[29]

议·斗讼》规定："诸子孙违犯教令及供养有缺者，徒二年。"《户婚》规定："诸祖父母、父母在，而子孙别籍异财者，徒三年。"又"诸同居卑幼，私辄用财者，十匹笞十，十匹加一等，罪止杖一百"。两相对照，极其明了。

[28] 概见《颜氏家训》和《温公家范》卷目。

[29] 笔者对此有过探讨，参见张中秋：《中西法律文化比较研究》（第5版），法律出版社2019年版，第133页及以下。

在宗法伦理上，家礼与国法尽管有此不同，但都是从宗法出发的，且宗法亦是一种伦理，因此，沿着伦理—政治的路线即可沟通两端，由孝而忠、忠孝两全，移孝于忠、忠孝一体，这是贯通家礼与国法内容的血脉。因此，我把伦理与政治连结起来，视之为家礼与国法的共通原理。

（三）人的文化原理

在自然—秩序原理的作用下，家礼与国法有了骨架；伦理—政治原理又赋予它们有特色的内容，这些都是家礼与国法的客观存在。但好比一个人，活着不仅仅是为了活着，还要有意义。那么，家礼与国法的存在，或者说人们赋予它们存在的意义又是什么呢？笔者亦常常向自己提出这样的问题，但不论是在生活还是工作中，我总是发现，在人的世界中，人始终是原点，意义是最后的归宿，一切文化不外是意义的外化。照此来说，家礼与国法既有形式和内容，还有更为重要的意义存在。根据我对相关材料的理解，家礼与国法既有各自存在的直接意义，如修身、齐家与治国、定天下，同时，它们在终极意义上又有同一性，即某种"人之为人"的意义设定。这是一种人的文化观，我把它称之为人的文化原理。[30]

人的文化原理是指人类社会遵循"心主身从"的规律发展。"心主身从"的含义是心灵支配身体。人的文化原理在中国文化中的对应体现是"阳主阴从"。这一观念的核心是，世界本质上是道，道由阴阳构成，阴与阳的关系是阴阳结合、阳主阴从。这

---

〔30〕 笔者对人的文化原理有说明，参见收入本书的《人与文化和法：从人的文化原理比较中西法律文化》一文。

就是道，用现代话说，即是事物构成的原理。[31] 它是生活在传统社会的中国人对宇宙、自然、社会、国家、家庭和人生一以贯之的基本认识。家礼与国法完全贯彻了这一原理，有近乎完美的体现。家礼中关于大宗与小宗、男与女、尊与卑、嫡与庶、祖与孙、父与子、兄与弟、夫与妻、妻与妾、长与幼、主与仆、内与外等的内容，无不是阴阳结合、阳主阴从的对应和体现。[32] 阴阳结合、阳主阴从在国法中的对应体现是礼法结合、德主刑辅。德/礼代表阳性，刑/法代表阴性，礼法结合、德主刑辅隐喻阴阳结合、阳主阴从。《唐律疏议》序所说的，"德礼为政教之本，刑罚为政教之用，两者犹昏晓阳秋相须而成者也"，言简意赅地揭示了礼法结合、德主刑辅与阴阳结合、阳主阴从的关系。这是心主身从的人的文化原理在中国传统法中的经典表述。它支配着从家礼到国法的各种规范体系，形成一种权利与义务不对等的主从式结构，如上述所列家礼中的诸对应关系和国法中的君臣、官民、良贱、师徒、父子、夫妻关系等，都是前后对应互为一体，同时后者又为前者所支配的关系。

如果仅仅着眼于阴阳结合、阳主阴从与礼法结合、德主刑辅在家礼与国法中的规范表现，我们可能一时难以察觉到它们所隐含的人的文化原理的意义，相反，我们得到的是一种在今天看来

[31] 参见冯友兰：《中国哲学简史》，涂又光译，北京大学出版社1996年版，第142～153页。

[32] 且以人伦之始的夫妇之道为例。《温公家范》卷八《妻上》曰："夫妇之际，人道之大伦也。礼之用，唯婚姻为兢兢。夫乐调而四时和，阴阳之变，万物之统也。……夫天也，妻地也。夫日也，妻月也。夫阳也，妻阴也。天尊而处上，地卑而处下。日无盈亏，月有圆缺。阳唱而生物，阴和而成物。故妇人专以柔顺为德，不以强辩为美也。"

殊不合理的等级压迫和专制统治。的确，这亦是客观存在的。但如果我们能够设身处地的去思考，把问题还原，即可发现家礼与国法的如此安排，恰是为了实现中国文化关于"人之为人"的精心设计，有它自己的道理，且不乏理想性。这样说，是因为中国文化认为，人的本质属性是德，礼是德的体现，孝是大礼，忠是大孝；人→德→礼→孝→忠→人形成"人之为人"的品行链。沿着这品行链条实践，合格者为"成人"，出色者为"贤人"，最优者为"圣人"。反之，不忠不孝、无礼缺德，则无异于禽兽。家礼正是为从正面训导一个人沿着品行链实践而设计的，国法则是从规范和矫正的一面设计的，两者相反相成，目标是使人成为有德有礼忠孝两全的人。在传统中国，这是有教养的文明人的标准，是人心主身从的体现，是"天人合一"亦即人与天地自然合德的表现。

毋庸讳言，这一人的文化原理已随传统社会瓦解，但亦不能否认它曾经有过的历史功绩和人心主身从的普遍意义。家礼与国法正是因为这一原理的作用，对中国传统社会和生活于其中的人们，才有了它们存在的大意义。这一原理与自然—秩序原理和伦理—政治原理在血脉上是相通的，一以贯之者乃是中国文化中的"和谐"之道，即笔者后来所说的道德原理，其内在理路为自然→秩序→伦理→政治→和谐。家礼与国法即本其原理而生，因其原理而存，并拥有其原理而有意义。

三、家礼与国法的意义

中国传统社会在晚清发生巨变，国法在"变法修律"中归于瓦解，家礼则一直处于消解中，作为完整的制度两者都已不复存在，残留在民间的习惯和意识多是破碎或隐蔽的形式，生活中的人们感觉甚微。所以，谈论它们的意义主要不是从现实和制度出发，而是从思想出发的。

笔者在写作本文时有一很深的印象，即家礼与国法不止自身是和谐的体系，同时亦是社会秩序和谐的组成部分。如果将它们置于自然—社会—文化这个大系统中，情形亦是如此。虽然依据现代立法技术，家礼与国法的文本结构形式上或许未臻完善，但在中古时代，按中国文化理路，说它们是和谐的体系并不算过分。这在本文前面已有论述，识者若能贯通理解《朱子家礼》和《唐律疏议》在内容结构上的安排，当与笔者有同感。其实，这是中国法律文化的一大特征和传统。如果将这个特征和传统与中世纪欧洲蛮族法典和地方习惯法，在法典编纂形式上作一个比较，中国不是要更先进一些吗？[33] 这对于长期以来在法制建设方面抱有不自信心理的国人而言，难道不值得进行反省和重视吗？

关于家礼与国法，要想更好地理解它们的意义，则应把它们置于社会和更大的系统中来认识。中国传统社会的秩序构成是一个和谐的系统，家礼与国法是它的组成部分。从家礼家法到国礼国法形成一条秩序链，家礼家法是这条秩序链中最下层的血缘秩序规范，国礼国法是这条秩序链中最上层的地缘秩序规范，乡礼乡约和帮规行规居于秩序链中血缘与地缘的结合部，起着沟通和

---

[33] 日本学者仁井田陞转引中田博士的话说："像唐律那样的刑法发达程度，可以说在当时世界上无有望其项背者，亦就是说，连欧洲划时代的加洛林法典，不但在时间上比唐律晚了九百多年，其发达程度亦不及唐律。甚至和欧洲十九世纪的刑法典相比，唐律亦毫不逊色。"参见 ［日］仁井田陞：《唐律的通则性规定及其来源》，载刘俊文主编：《日本学者研究中国史论著选译》（第8卷），中华书局1992年版，第102页。

协调官方与民间秩序的作用。[34] 可见，中国传统社会的秩序构成
是一和谐的系统，国法与家礼在这系统中真可谓顶天立地，是整
个系统和谐的重要组成部分。亦许正是因为这一点，它们才能对
社会发挥出系统、和谐的功能，才有启发我们理解社会秩序构成
与社会和谐的关联意义。

和谐并不仅限于社会系统，在由自然—社会—文化，亦即
天、地、人构成的大系统中，家礼与国法亦是其中的一部分。中
国文化哲学认为，天、地、人相通，万物各有其位；万物只有在
其位，天地宇宙人类社会才是和谐的；而且由于自然秩序与人类
秩序相联系，所以人类的失序会通过自然征兆表现出来给以警
告，提醒人们纠正以重建被破坏的和谐系统。[35] 这是至今还缺乏
科学根据的理论，但在古代世界，特别是在中国传统社会，却是
发挥着实际作用的哲学观念。这观念是中华文化之道，是传统中
国构建和谐社会秩序的理念。[36] 家礼与国法的深处蕴含着这一理
念，内贯自然—秩序原理、伦理—政治原理和人的文化原理，其
实这三项原理恰是这一理念在自然、社会和文化上的表现。或许
家礼与国法的文本与制度价值不再重要，但它们作为构建社会秩
序的组成部分，追求与自然、社会和文化保持和谐这样的创制理
念，确乎具有超时空的价值，在人类自身与自然关系紧张的今天
尤是如此。

---

[34] 参见收入本书的《传统中国的法秩序及其构成原理与意义》一文。

[35] 参见［美］成中英著，李志林编：《论中西哲学精神》，东方出版中心1991年
版，第173页前后。

[36] 参见冯友兰：《中国哲学简史》，涂又光译，北京大学出版社1996年版，第15～
18章及第25章。

传统中国的法秩序及其构成原理与意义 *

引子：问题的提出

在人类历史上，传统中国社会秩序的稳定和持久是一个奇迹，以至有论者把它称之为超稳定结构。[1]但从清末开始，传统中国社会秩序开始瓦解，同时传统中国法亦趋于解体。这两者之间到底有什么关系？长时间以来，有不少学者探讨过这个问题。对此，我做了一个简单的归纳，把它作为提出问题的引子。

有关这个问题迄今有不同的论说。[2]中国学者中最具影响的

---

* 原载于《中国法学》2012 年第 3 期，有修改。

〔1〕 参见金观涛、刘青峰：《兴盛与危机：论中国社会超稳定结构》，法律出版社
2010 年版。

〔2〕 有关不同论说的资料可依次参见：费孝通：《乡土中国　生育制度》，北京大学
出版社 1998 年版，第 24 页及前后；季卫东：《宪政的规范结构——对两个法律
隐喻的辨析》，载（香港）《二十一世纪》2003 年 12 月号；梁治平：《寻求自然
秩序中的和谐——中国传统法律文化研究》，中国政法大学出版社 2002 年版；
［日］滋贺秀三：《清代诉讼制度之民事法源的概括性考察——情、理、法》，载
王亚新等编：《明清时期的民事审判与民间契约》，法律出版社 1998 年版；寺田
浩明教授的"二极三方的首唱与唱和"说，参见前揭滋贺秀三等著的《明清时
期的民事审判与民间契约》一书中寺田浩明教授的文章；［日］沟口雄三：《中
国の公と私》，日本研文出版社 1995 年版；［美］卡尔·A. 魏特夫：《东方专
制主义——对于极权力量的比较研究》，徐式国等译，中国社会科学出版社
1989 年版；［美］高道蕴、高鸿钧、贺卫方编：《美国学者论中国法律传统》，
清华大学出版社 2004 年版；［美］黄宗智：《中国的"公共领域"与"市民社

有费孝通先生的差序格局说，其背后是礼法社会，他的描述是从社会秩序到礼法文化这样一种认识路径。在当代中国学者中，季卫东教授对中国和西方进行比较，提出西方是一个金字塔结构，而中国是一种太极图结构，亦即太极图里有阴与阳，阴阳结合形成一种相互性的社会结构说。梁治平教授出版了一本《寻求自然秩序中的和谐》，他认为中国法律文化的价值取向，是寻求自然秩序中的和谐，即与自然秩序保持和谐的一种和谐。严格说这还不是对社会秩序结构模式的描述，是对法律文化价值取向的探讨，但它其中包含了礼与法、家与国的结构模式，而且他虽然没有进一步讨论原理是什么，但他已经触及到了这个问题。在日本的学者中，滋贺秀三教授提出了情、理、法的法秩序与社会秩序同构说，认为传统中国社会是一个围绕着情、理、法而展开的一个家国同构社会。到他的学生寺田浩明教授那里，就发展为二极三方的首唱与唱和说。美籍华人黄宗智教授不同意他们的观点，提出所谓表达与实践的背离，以及"第三域"的问题。日本学者中还有沟口雄三教授，他认为中国不是一个以家为原点的同心圆放大的社会结构，中国的社会秩序结构是一层层向上攀升的，就像鱼鳞那样不断地向上攀升，有纠纷先调解，调解不成到县，县不成到州，州不成到刑部，或者到大理寺，最后到皇帝那里。它的每一步就像是鱼鳞向上攀升的过程，每一个层次都有它

会"？——国家与社会间的第三域》，载邓正来等编：《国家与市民社会——一种社会理论的研究途径》，中央编译出版社 1999 年版。有关日、美学者的这些观点和争论，张彦丽博士作了较好的介绍和评论，有意者可参见她的《上控视野下的法、社会与国家——兼评日、美学者之间的一场争论》，载《文史哲》2003 年第 1 期。

相应的解决纠纷的机制，通过纠纷的解决来实现社会秩序的和谐。所以，他说中国的社会秩序结构不是同心圆的放大，同心圆的放大是一个平面化的社会，而是一种鱼鳞式的攀升。美国学者中有自卡尔·A. 魏特夫以来在西方长期流行的"东方专制主义"说，但这一观点已受到高道蕴、安守廉、欧中坦等美国学者的批评。

毫无疑问，这些探索都有它们的独到之处，有的开拓了我们的视域，有的在相互辩论中把问题引向了深层，总体上推进了我们对问题的认识。但这些探索有两个共同现象：一是它们都是从礼法现象到规范总结来描述这个社会秩序结构的模式；二是极少有人很深入地来探讨这个社会秩序结构背后的文化原理是什么。综合来看，这些研究倾向于经验与规范的解释和概括，缺乏贯通、系统的原理性解读与把握。所以，我从学习他们开始，再以他们为起点继续思考。我的思考是，如果我们把法→秩序构成→社会结构→文化原理联系起来观察，就会发现在它们自身内部及其相互之间，就像有机活性的人体一样，存在着同构共质以及由此生发出来的对应与互动的一体关系，而贯通其间的即是中国文化的道德原理，其意义亦因此而生。

一、传统中国的法秩序

秩序是指有条理不混乱的状态。[3] 法秩序是指依法建立起

---

〔3〕在汉语中，秩序，由"秩"和"序"组合而成。在古代，"秩""序"二字，和英文的 order 一样，都有"次序、常规"的含义。秩序与混乱、无序相对，指的是在自然和社会现象及其发展变化中的规则性、条理性。

来的社会秩序。社会秩序是指人们在长期社会交往过程中形成的相对稳定的关系模式、结构和状态。传统中国的法秩序是指依传统中国法建立起来的社会秩序。虽然传统中国的社会秩序并不完全是依法建立起来的，它还广泛依赖于行政、礼教、宗教和风俗、习惯等多种手段，但法无疑是最重要的手段。因为无法则无秩序，亦即人们通常所说的无法无天。当然，这里所说的法是法社会学意义上的法，包括具有强制性和准强制性的国家法与民间法。

从法社会学的观点出发，笔者认为传统中国的法秩序总体上由国家法和民间法构成，其中国家法为主，民间法为从，所以，我把它概括为一体二元主从式多样化的构成。具体说，所谓一体是指由国家法和民间法构成的秩序统一体；二元是指由国家法与民间法构成的两个秩序系统；主从式是指整个社会秩序由以国家法为主的社会大秩序和以民间法为从的社会小秩序构成，即使这两个秩序系统有部分交叉和重合，但宏观上看主要还是主从式关系；多样化是指国家法与民间法的多样性，包括国家法中的律、令、格、式、科、比、敕、例、礼等，以及民间法中的家法族规、乡规民约、帮规行规等。毫无疑问，这个秩序构成有明显的层次性，形成如费孝通所说的差序结构，但不可否认的是，它同时又是一个统一体，因为所有的差序都是统一体内部结构上的主次而已，整体上它依然是一个统一体。因此，综合起来看，传统中国的法秩序是一体（国家法与民间法合为一体）二元（国家法与民间法各为一元）主从式（国家法为主而民间法为从）多样化（国家法与民间法的多样性）的构成。[4]

在笔者看来，传统中国的法秩序与社会结构一致。传统中国是乡土社会，其基本结构是家庭与家族、村落与乡镇、国家与社会，其中家法族规对应家庭与家族，乡规民约对应村落与乡镇小社会，帮规行规等对应村落以外城镇社会上的各行各业，国法对应于基本面上的国家与社会。这样一来，从家法到国法形成一条秩序链，家法是这条秩序链中最下端的血缘法，国法是从家法演变而来又居于这条秩序链中最上端的地域法。同时，由于从家法到国法意味着秩序位阶、法律效力的上升和国家色彩的增强，因此，乡规民约、帮规行规等，在传统中国社会秩序的构成中所扮演的角色，既有民间的自治性，同时亦逃脱不了为官方和准官方所关注以至被操控的命运，即主从的关系。[5]由此可见，传统中国的法秩序与社会结构之间存在着对应、同构、互动的关系。所以，从整体上立体地来观察和把握这个结构，亦是一体二元主从

---

[4] 在此以前，我使用过"一极二元主从式多样化的构成"这样的表述，现在决定把"一极"改为"一体"，表述为"一体二元主从式多样化的构成"。这是因为"一极"虽然突出了国家法在整体秩序中的主导性，即由国家法所确立的至高无上、一统天下的社会大秩序，但却忽视了此一极乃是一体中的一极，一体可以说是一极的母体和前提，而"主从式"事实上亦已经表达了国家法在整体秩序中的主导地位和作用。因此，"一体"加上"主从式"不仅包含了一极之意，亦免去了与主从式之意的重复，且"一体"亦符合我所提出的道与德合为一体的中国文化原理。由于原理是贯通性的，包括法与社会秩序在内都受其支配，所以，"一极"显然与道德原理支配下中国文化整体上的统一性不合，而"一体"则恰如其当。其实，这个问题已纠结了我很久，到底是用"一极""一体"还是"一体（一极）"，在很长时间内我都不能确定，思路一直在文化原理、规范制度与社会结构之间的对应和比较中游移，现在理清了就把它改过来。

[5] 我通过自己的研究获有这样的认识。参见收入本书的《乡约的诸属性及其文化原理认识》及《家礼与国法的关系与原理及其意义》。

式多样化的秩序构成。

任何秩序都有静态与动态两种状态，这基于它结构的稳定性和变动性。传统中国的法与社会秩序，即一体二元主从式多样化的构成，亦存在着这样两种状态。从静态上看，这个秩序构成处于有条理、有规则、不紊乱的状态，从而表现出传统中国法与社会的一体性、稳定性和差而有序性。从动态上看，这个秩序构成在发展变化的过程中，又表现出传统中国法与社会的互动性、反复性和可预测性。其结果是，这个秩序构成总是与一体性和差序性、确定性和活动性、连续性和可预测的变动性等特征相联系，长时段整体上呈现出和谐有序的状态。当然，这个秩序构成亦有紊乱和崩溃的时候，表现为传统中国法与社会秩序的失范和失控，但经过一段时期，它又能修复。其奥妙不止在于法与社会秩序本身，甚至亦不仅仅是法与社会秩序背后的社会结构的作用。虽然社会结构的作用是决定性的，但除此以外，还有更深层次的文化原理在发挥整合修复的作用。

二、传统中国法秩序的构成原理

原理是来自西方的概念，在传统中国文化中可与之相对应的是道。当然，这个道不单是道家之道，而是包含了道家之道在内的中华文化之道，亦即传统中国文化的共通原理。[6]根据《周

---

[6]　金岳霖先生说："不道之道，各家所欲言而不能尽的道，国人对之油然而生景仰之心的道，万事万物之所不得不由，不得不依，不得不归的道才是中国思想中最崇高的概念，最基本的原动力。"参见金岳霖：《论道》，载刘梦溪主编：《中国现代学术经典——金岳霖卷》，河北教育出版社1996年版，第18～19页及前后。另，参见冯友兰：《中国哲学简史》，涂又光译，北京大学出版社

易》的记载，道的基本要素是阴与阳，其结构是阴阳一体、阳主阴从，而阴阳的关系是互涵、互摄、互转，亦即对立、统一、转化（所以生生不息）的辩证关系。[7]这个思想来之于我们的先贤对天、地、人，亦即自然、社会和人类的观察、思考、概括和提炼，从而形成了贯通天、地、人，亦即包括自然、社会和人类在内的统一的哲学。[8]其一贯之道即是宋儒周敦颐在他著名的《太极图说》中所说的："立天之道，曰阴与阳，立地之道，曰柔与刚，立人之道，曰仁与义。"[9]推而言之，依着道的理路和构成，并根据《唐律疏议·名例》中"德礼为政教之本，刑罚为政教之用，两者犹昏晓阳秋相须而成者也"的明示，那么，立法（此法为政教大法）之道应是礼与法（此法为刑法），或者说德礼与刑罚（在司法中转化为情与理）。

中国人的这种一贯之道，亦即贯通天、地、人、法的统一哲学实际上是一种道德原理的文化哲学。按照中国哲学思维，阳代

1996 年版，第 144~149 页；严灵峰：《原道》，载胡晓明、傅杰主编：《释中国》（第 2 卷），上海文艺出版社 1998 年版，第 899~906 页；［韩］李顺连：《道论》，华中师范大学出版社 2003 年版。

[7] 如《周易·系辞上传》曰："一阴一阳谓之道。……生生之谓易。"又曰："天尊地卑，乾坤定矣。……天下之理得，而成位乎其中矣。"《周易·系辞下传》载："子曰：'乾坤，其《易》之门邪？乾，阳物也；坤，阴物也。阴阳合德，而刚柔合体。以体天地之撰，以通神明之德。'……"

[8] 如《周易·系辞下传》曰："古者包牺氏之王天下，仰则观象于天，俯则观法于地，观鸟兽之文与地之宜，近取诸身，远取诸物，于是始作八卦，以通神明之德，以类万物之情。……"

[9] （宋）周敦颐撰：《周子通书》，徐洪兴导读，上海古籍出版社 2000 年版，第 48 页。此说原出《周易·说卦》，关于这个问题还可参见杨成寅：《太极哲学》，学林出版社 2003 年版；杜维明：《试淡中国哲学的三个基调》，载前揭胡晓明、傅杰主编：《释中国》（第 2 卷），第 877~891 页。

表德性，阳主意味着事物的属性依德。因此，虽然在习以为常的情况下，"道"字就像理学中的"理"字一样，亦可以单独用来指称事物的原理。譬如，我们通常所说的中华文化之道的道，它所表达的就是这个意思。但在这种情况下，道实际上已经含有了德，所谓道中有德、德必有道（此在后面解析）。其实，道原本所表达的只是事物的秩序结构，而德所表达的才是事物的内在性质。这意味着在事物构成的原初意义上，道是德的表现形式，德是道的存在依据，道与德共同构成了事物的统一性，亦即道德是事物的统一原理。有鉴于此，我把这种文化构成理论称之为道德原理。[10]

道德原理是从有机的宇宙自然观出发的。有机的宇宙自然观的核心在于把世界看成是有生命的系统，用中国哲学的话来说，就是天、地、人共一体的世界是一个大生命体。之所以说世界是有生命的系统，是因为世界的自然状态是明与暗、昼与夜、生与成、井然有序和生生不息，前者是它的外在现象，后者是它的内在性状。自然世界的这两个特征给我们的先贤以深刻的印象，他们把这种从自然得来的印象与人生经验和社会实践结合起来，将自然界的井然有序概括为道，藉以抽象地表达事物的有序性，亦即事物的存在形式；而将自然界的生生不息概括为德，藉以抽象地表达事物的创生性，亦即事物的内在性质。如同阴与阳那样，道与德对立统一，共同构成事物的统一性。此即我所说的事物的构成原理。因此，从原理上说，自然世界是一个道德的世界。这就是从天之像到天之道，亦即从自然现象到自然法则再到道德哲

---

〔10〕 有关"道德原理"的内涵和进一步的讨论，参见收入本书的《传统中国法的道德原理及其价值》一文。

学的过程。这过程可以图示如下：

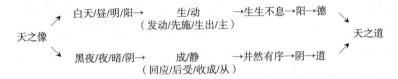

从天之像到天之道（道德原理文化哲学的形成及其构成）

由于道原本是一种含有路径、方向、方法的秩序，所以，在哲学上它从井然有序被引申为有序性/成/静→阴/柔/道→义/宜→刑罚/法等，表达统一事物中的形式、外在、功用、辅从；而德原本是一种含有事物的性能和神奇品质的创生，所以，在哲学上它从生生不息被引申为创生性/生/动→阳/刚/德→仁/爱→德礼/礼等，表达统一事物中的性质、内在、本体、主导。因此，这样一来，从原理上说，不仅自然世界是道德世界，人类社会亦是道德世界，亦即道德是万物原理，所以，道德原理贯通天、地、人、法。这样一来，从原理上说，不仅自然世界是道德世界，人类社会亦是道德世界，亦即道德是万物原理，所以道德原理贯通天、地、人、法。这种从自然现象到自然法则到哲学原理到社会原理到政教（政治—法律）原理的过程及其结构亦可以图示如下：

井然有序（外/用/从）→有序性/成/静→阴→道→柔/义/宜→理/法/刑罚（用/昏/阴）

自然　自然性状　　　自然法则　哲学原理　社会原理　政教（政治—法律）　　原理

生生不息（内/体/主）→创生性/生/动→阳→德→刚/仁/爱→情/礼/德礼（本/晓/阳）

从自然现象到自然法则到哲学原理到社会原理
到政教原理贯通示意图

这是从易经发展而来的中华之道，亦即以道德为原理的中国文化哲学。据此一贯之道，我们知道天地/自然之道是阴与阳，即阴阳一体、阳主阴从，阴阳变化、生生不息。人类/社会之道是仁与义，即仁义一体、仁本义辅，仁施义取、万世不穷。政教/法律之道是礼与法/德与刑/情与理，即礼法结合、德主刑辅、情理两协、法随时转。如果透视这个一贯之道的结构，我们会惊奇地发现，它就是一体二元主从式多样化的构成，其一体为阴阳一体、仁义一体、礼法结合一体；其二元是阴与阳、仁与义、礼与法/德与刑/情与理；其主从式是阳主阴从、仁本义辅、德主刑辅；其多样化是阴阳变化、生生不息，仁爱义取、万世不穷，情理两协、法随时转。合而观之即是一体二元主从式多样化的构成。由此我们明白，传统中国法秩序的构成正是中华文化之道的展开。这表明传统中国法秩序的构成是合道的秩序体系，所以，它能保有长期的稳定和修复的机能。

为什么在传统中国合道的秩序体系就能保有长期稳定和修复机能呢？如果简单回答，可以说，道是正当性的体现，所以合道就是具有正当性。那么，道的正当性是从何而来的呢？回答是理。这同我们认识一致，道理是中国人对正当性与合理性的一般表述。如果接着问：理或者说道理的正当性又是从何而来的呢？回答是德。德为什么具有正当性？如前所述，德是事物的本质属性，是物之为物的理据所在，亦即事物的固有之理，所以，德就是事物存在的依据，亦即正当性。而事物的这个正当性，亦即德，是藉由道或者说道理来显现的。这是中国文化哲学（譬如理学）中道德原理的内在结构，具体正如前图所示：在万物世界中，德是阳是生是体是内是质是主，道是阴是成是用是外是式是辅，两者是对立统一的辩证关系。所以，道的有序建立在德的合理基础上，德的合理借由道的有序来体现。德的合理有两层含义，即绝对的合理与相对的合理。绝对的合理为万物同理，亦即理一；相对的合理为物各有理，亦即分殊；两者对立统一为理一分殊。理一分殊是万物原理。理一意味着事物本质抽象上的同一，亦即形而上的"齐"。分殊意味着事物本质现象上的不一，亦即形而下的"差"。"齐"要求同等对待（即一体、统一、共生共荣），"差"要求区别对待（即不等、有序、不同而和），但两者都是合理的。[11]德所固有的这种合理性结构，内在地规定了道并通过道向外呈现出来，最后形成有序与合理，亦即道（有序）与德（合理）的有机结合，实际是道与德的一体化，结果是合理有序的构成。其结构形式是道，表现为一体二元主从式多样化的构成；其本体性质是德，表现为生生不息的创生、先施、仁爱、责任、公明、诚实、本然等德性。这表明传统中国法秩序的构成原理，形式上是道，实质上是德，亦即道德原理。由此可见，传统中国法秩序的构成原理是中国文化共通原理的延伸，只是这个原理的内涵有了变化，由阴阳一体、阳主阴从、生生不息的哲学概念转换成了礼法结合、德主刑辅、情理两协的政教概念。因此，从法哲学上说，道德是传统中国法秩序的正当性所在，传统中国法秩序的构成是道德原理的展开与呈现。

---

[11] 这在法律上有例证。例如，传统中国法律在理论和原则上都坚持：杀人者死，伤人者刑。这是基于人命同等、身体同样的理一原则；但同时在具体制度和规定上：杀人者有处死有不处死，伤人者有同等刑有不同等刑。这有两种情况：一是基于现实中人的身份有高低（不同德）、因而身体有贵贱的不同（不同道），一是基于杀和伤有故意与过失等多种情形的区别，所以运用区别对待的分殊原则；但同一等级内（同德）的同样行为则需负同样（同道）的责任，这又是贯彻理一原则。这即是根于道德原理的传统中国法，在对待和处理杀、伤行为时，基于有序与合理有机结合的原则与规则。

现在，我们可以将法→秩序构成→社会结构→文化原理结合起来观察，发现它们之间不仅存在着同构共质的关系，而且贯通其中的正是中国文化的道德原理。所谓同构，即同结构，亦即同为一体二元主从式多样化的构成，表现为万殊，实即同道；所谓共质，即共性质，亦即万物在本质上同一，概括为理一，实即同德。同构共质即是道与德的统一，亦即道德原理。正是由于同构共质，或者说贯彻了道德这个同一原理，所以我们又发现，在传统中国的法→秩序构成→社会结构→文化原理自身内部和相互之间存在着对应和互动的一体关系。这种同一原理支配下的关系使传统中国的法秩序与社会同命运。如果说它们的稳定和持久是一个奇迹，那么其精神动力就来自生生不息的道，准确说是来自井然有序的道和生生不息的德，亦即道德原理。为什么道德原理有如此精神动力呢？我们接着往下讨论。

三、传统中国法秩序构成原理的意义

依据有机宇宙观，万物之所以能相通，道德原理之所以能贯通，根本的原因就在于宇宙是一个有机体，亦即有生命的整体。宇宙整体中的每一部分，譬如物与物、人与物、人与人之间，都存在着有机的联系，这种联系就像生命系统一样相互关联着，表现出全体性、联系性和辩证的变化发展性。因此，宇宙世界不仅井然有序而且生生不息，整体呈现出和谐状态。这就是宇宙世界的自然本性，亦即它的有机性的表现。如前所述，我们的先贤把它抽象为道德，藉以表达宇宙世界的这种有机本性。这样一来，从事物的固有之理即原理上说，世界是道德的。这种从宇宙有机出发具有生命感的理论，从根本上或者说在哲学上回答了有机世

界存在的形式与本质，即世界在形式上是道本质上是德。所以，中国人的世界观实际上是道德观。因此，在中国人看来，事物的价值、意义及其正当合理性，最终都要以道德来衡量。这意味着在社会中建立起符合道（有序）德（正当）的法秩序，是中国人的价值观和正义观的内在追求。这就使之成为不息的精神动力，而其文化根源即在于道德乃是中国人的世界观和生命意义之所在。

为什么道德具有这种奇效？因为道德是包括人类在内的世界的本质，亦即有机性。有机世界的自然法则是阴阳一体、阳主阴从、生生不息，相应的道德原理的原则是道德一体、德本道用、川流不息。因为阳与德在属性上主生，阴与道在属性上主成，所以，阳主阴从、德本道用就是阳生阴成、德生道成。阳生阴成、德生道成就是生先成后，亦即先施后受（先予后取[12]）的自然法则。这表明道德原理不仅源于而且符合自然法则，遵循道德原理就意味着人类成为宇宙世界的有机部分，进而与天地一体参与宇宙世界的自然进程。中华文明绵延不断的文化根源，或者说生

---

[12] 美籍华人廖凯原先生根据《黄帝四经》的记载，认为黄帝创造和传播了法治与德治及个人自由的观念，而且自黄帝始，这些观念就已出现在中国社会，提出黄帝思想体系的核心所在，是法治与德治科学观的反熵运行体系。这个体系奠基于"先予后取"的宇宙原则。（［美］廖凯原：《〈黄帝四经〉新见：中国法治与德治科学观的反熵运行体系》，载《环球法律评论》2011 年第 2 期。）我以为"先予后取"的"取"字，反映了主动性、功利性和对抗性，背后还是原子化的机械世界观；而"先施后受"的"受"字，体现了受动性、道德性和相互性，背后是联系辩证的有机世界观；此外，"施"字亦比"予"字更平和，更体现"感与应"这种中国文化发展模式的精义。所以，我以为"先施后受"较"先予后取"为妥。

生不息的精神动力或即在此。因为道德原理讲的是，乾坤对应天地、阴阳对应日月、道德对应万物井然有序与生生不息。所以，这样的文化能与天地同在、与日月同辉，即与自然世界共存。原因是它遵循了有机世界的自然法则，或者说与天地宇宙一体化了，所以与天地同在。相反，所有遵循先取后施原则的文明虽有兴盛但终不免失落，原因是它首先违反了先施后受的自然法则，然后是违反了源于自然法则的德生道成的人类原则。如果从资源上讲，先施后受（先付出再获得/先人后己）使获得受到付出的限制，这使得自然和人类资源的消耗处于可控和能补充的循环状态，所以，它是一项可持续的自然—人类生存发展原则。先取后施（先摄取再支付/先己后人）使获得不受付出的限制，这使得自然和人类资源的消耗处于不可控和不能补充的状态（因为人的是贪欲得无限的），所以，它是一项自然—人类不可持续发展的原则。文明的存亡大概亦是如此。[13]

具体到中国，道德或许不止是中华文明绵延不断的根源，还有可能推动我们复兴中华文化和创新中国法文化。因为就根本

---

[13] 2011 年 9 月 6 日上午，温家宝总理在人民大会堂举行的中央文史研究馆成立 60 周年座谈会上说道："中华民族拥有五千年文明史，在漫长的历史长河中，无论兴衰成败，历史文化的根脉始终生生不息、绵延不绝。深厚的历史文化底蕴，成为我们民族赖以生存和繁衍发展的精神沃土；丰富的历史文化遗产，成为我们民族取之不尽的宝贵精神财富。"（载 http://finance.people.com.cn/nc/GB/15605249.html，最后访问时间：2011 年 9 月 7 日。）从文化原理看，中华历史文化的根脉之所以始终生生不息、绵延不绝，其生命力正在于它与自然的合一，亦即遵循了先施后受的自然法则。

言，道德原理要求人必须有道德担当。[14]如果没有道德担当，人就失去了人之为人的理据，亦即人作为主体存在的形式与本质缺乏正当性和意义。同样，人类群体在没有道德，或在缺乏道德的人之间，根本无法建立起正常的社会，即使通过某种途径一时建立，亦随时面临着解体和覆亡的危险。所以，道德原理的核心是责任优先，亦即克己抑私、先人后己，目的是引导人类追求有序合理、共生共荣的人生。其理想为先贤所说的，大德敦化，小德川流；民为我同胞，物与我同类；中国为一人，天下为一家。[15]所以，它对处理当今世界的人际、族际、国际及人与自然之间的紧张关系都有重大的指导意义。当然，从创新中国法文化方面来说，道德原理的责任优先原则亦有重大的指导意义。责任优先使得传统中国法是从个体对群体的责任或者说人之间的关系（因为道德世界是有机联系的整体）而不是从个体的权利出发，从而在结构上成为一种责任—权利型的法。按照这个结构，权利以责任为前提，主体的权利愈大责任就愈大；反之，主体的权利愈小责任就愈小。所以，传统中国人不是没有权利，而是他或她的权利存在于群体的关系中，且任何权利的有、无、大、小都要以责任

---

〔14〕 这里的道德担当是指基于道德原理的伦理道德，而不是作为万物原理意义上的道德。但毫无疑问，伦理道德是从原理道德发展而来并与之相通的。在传统社会伦理道德表现为三纲五常，在今天它更多地表现为责任、诚实、正直、公心、仁爱、文明、宽容、谦逊等，这些人之为人的优良品质。

〔15〕 参见《中庸》："仲尼祖述尧舜，宪章文武，上律天时，下袭水土。辟如天地之无不持载，无不覆帱，辟如四时之错行，如日月之代明。万物并育而不相害，道并行而不相悖。小德川流，大德敦化。此天地之所以为大也！"（宋）张载《西铭》："民吾同胞，物吾与也。"（明）王阳明《大学问》："大人者，以天地万物为一体者也，其视天下如一家，中国犹一人焉。若夫间形骸而分尔我者，小人矣。"

为前提并与责任成正比例。因为人是道德的主体，法是主体价值的载体，所以传统中国法的责任—权利结构，实际上是道德原理的责任优先原则在人与法上的贯通与展开。这与以自由为原理从个体出发的权利—义务型的西方法不同，但两者又各有其价值，因为道德与自由都是人类所必需的。然而，在当今的世界尤其是在中国，从个人出发的自由—权利主义在某些方面已经过头了，如一味追求个人财富而罔顾公共利益的经济动物行为，以及接受、容忍甚至赞赏、欣慕、鼓励这种行为的社会舆论和政策导向，正需要从大众出发的道德—责任主义的思想和制度来批判和纠正。由上可见，先贤不仅给我们留下了悠久丰富的文化传统，同时又赋予这个传统义理深邃的文化哲学。法文化亦是如此。因此，如果我们能从法史中抽绎出法理、用法理来解读法史，其结果对建构中国法律文化哲学、建设有中国特色[16]的现代法制，促进海峡两岸暨香港、澳门大中国法的形成和融合，以至参与中华文明的复兴，无疑有着重大的思想资源和精神动力的价值。

讨论到此，或有人问：中华文化之道，亦即我所说的道德原理，其整个体系都是建立在有机宇宙论基础上的。那么，这个基础可靠吗？如果基础出了问题，体系亦将倾危。对此，我只能说有机宇宙论是古代中国科技与经验的产物，是我们的先民和先贤人生智慧的结晶。无论它的科学性如何，事实上，立基于其上的道德原理已引领我们经历五千年风雨，终使中华文明成为人类迄

---

[16] 我认为中国的特色很多，但根本特色在于文化。中国文化的特色亦很多，但根本特色在于道德，亦即由有机、整体、多元的宇宙自然观衍生出来的诚实仁爱、责任优先、合理有序、和而不同、共生共荣的道德世界观。我深信这个道德世界观不只是中国文化的精神所在，亦将是大中国法形成和融合的文化基础。

今唯一幸存而且正在复兴的文明。然而，由于它与西方的机械（原子）宇宙观不同，所以受到了近代科学的严厉批评，但现代科学与哲学，如场理论、系统科学和机体哲学（李约瑟与怀特海）等，都已证明中国有机宇宙论与人类对宇宙自然的最新认识有相通之处。[17] 这是否可以看成是对机宇宙论和道德原理的某种支持呢!

---

[17] 如场理论、系统科学和机体哲学等，都已证明中国有机的自然观与人类对宇宙自然的最新认识是相通的。所以，李约瑟博士说："中国人的世界观依赖于另一条全然不同的思想路线。一切存在物的和谐合作，并不是出自他们自身之外的一个上级权威的命令，而是出自这样一个事实，即他们都是构成一个宇宙模式的整体阶梯中的各个部分，他们所服从的乃是自己本性的内在诚命。近代科学和有机主义哲学，连同它的各个综合层次，已经又回到了这种智慧上面来，并被对宇宙的、生物的和社会的进化的新理解所加强。"（［英］李约瑟：《中国科学技术史》（第2卷·科学思想史），何兆武等译，科学出版社、上海古籍出版社1990年版，第619页。）有关机体哲学，可以参见［英］A. N. 怀特海：《过程与实在》，周邦宪译，贵州人民出版社2006年版。

传统中国法的精神及其哲学 *

一、传统中国法的精神是道德人文

精神反映事物的本质，但人们从不同的角度，对事物的本质和精神却有不同的认识。根据我的研究，对于传统中国法的精神，如果是从法的意志属性出发，亦即法所体现的政治意志，在本质上是民主类型还是专制类型，那么，它的精神可归入专制类型。当然，这个专制并不是非理性的专横，而是有理性的人治。[1]然而，如果是从法的文化属性出发，亦即法所蕴含的文化精神，在本质上是道德类型还是宗教或科学类型，那么，它的精神又可归入道德人文类型。

道德人文是以道德为核心的一种文化类型。[2]以传统中国为代表的古代东亚文化都属于这种类型。道德人文在本质上有别于以宗教或以科学为核心的其他文化类型，如古代印度的宗教文化

---

* 原载于《中国法学》2014年第2期，有修改。

〔1〕 参见张中秋：《中西法律文化比较研究》（第5版），法律出版社2019年版，第306~330页。

〔2〕 文化类型是由于自然环境和生存方式差异，以及观念、信仰、兴趣、行为、习惯、智力发展方向和心理性格不同而形成的具有相似文化特征或文化素质的地理单元。文化类型是各种文化形态体系中最有特色、最能体现一种文化本质属性的特征，而不是指它的全部特征的总和。（参见http：//dict.youdao.com/wiki/%E6%96%87%E5%8C%96%E7%B1%BB%E5%9E%8B/#，最后访问时间：2012年2月1日。）

和近代西方的科学文化。[3]那么，什么是传统中国的道德人文
呢？虽然这个问题在文史哲学界早有探讨，[4]但在法学界却未曾
得到认真对待，即使有像陈顾远等前辈的相关研究，但在系统性
和学理上依然存在着不足。[5]最近这些年，我通过对中国传统法
文化理论的探索，认识到传统中国法内含了人文性和道德性，所
以，从文化类型学上说，它是一种以道德为核心的文化类型。这
意味着在法文化的本质，亦即法的文化属性上，中国传统法的精
神是道德人文。

传统中国法的道德人文精神，首先表现在它"人为称首"的
人文性上。中国文化一向认为，人在天地万物之中，所以与万物

[3] 参见梁漱溟：《东西文化及其哲学》，商务印书馆1987年影印版，第67～160页。

[4] 参见梁漱溟：《以道德代宗教》，载胡晓明、傅杰主编：《释中国》（第1卷），上海文艺出版社1998年版，第241～272页；金岳霖：《中国哲学》，载胡晓明主、傅杰编：《释中国》（第2卷），上海文艺出版社1998年版，第645～659页；冯友兰：《儒家哲学之精神》，载前揭胡晓明、傅杰主编：《释中国》（第2卷），第668～675页；张岱年：《天人简论——天人五伦之五》，载前揭胡晓明、傅杰主编：《释中国》（第2卷），第1219～1235页；朱光潜：《乐的精神与礼的精神——儒家思想系统的基础》，载前揭胡晓明、傅杰主编：《释中国》（第2卷），第1236～1256页；王国维：《殷周制度论》，载胡晓明、傅杰主编：《释中国》（第3卷），上海文艺出版社1998年版，第1711～1728页；宗白华：《中国艺术意境之诞生》，载胡晓明、傅杰主编：《释中国》（第4卷），上海文艺出版社1998年版，第2783～2804页。

[5] 其实，陈顾远先生对这个问题并没有专门系统的研究，但他无疑是对与此相关问题研究最深、最有贡献的学者。他的这些成果主要收录在他的论文集中，阅者可参见陈顾远：《中国文化与中国法系——陈顾远法律史论集》，中国政法大学出版社2006版。但在笔者看来，他的研究依然有意犹未尽、学理未通之处。如陈先生对天理、国法、人情三位一体，以及国法、人情都归于理的解读，可以说是正确的。（参见前揭陈顾远：《中国文化与中国法系——陈顾远法律史论集》，第275～282页。）但他通篇没有在哲学上说透，天理为何能支配国法、人情，亦没有在逻辑上说清天理、国法、人情是如何贯通的。

共生;〔6〕但人又是万物之灵，所以人为贵。这种人为贵的思想，
在唐律上被表述为人为称首。其实，这个思想在中国不仅由来已
久，而且根深蒂固。如早期经典《尚书·泰誓上》曰："惟天地万
物父母，惟人万物之灵。"又如《荀子·王制》曰："水火有气而
无生，草木有生而无知，禽兽有知而无义，人有气有生有知，亦
且有义，故最为天下贵。"这个思想不仅是中国文化的精髓，亦是
传统中国法的精神特质。所以，《汉书·刑法志》开头说："夫人
宵天地之貌，怀五常之性，聪明精粹，有生之最灵者也。"汉光武
帝亦有诏曰："天地之性人为贵，其杀奴婢，不得减罪。"〔7〕但最
有代表性的莫过于《唐律疏议》，《唐律疏议》在开篇《名例》
篇首的"疏议"中说："夫三才肇位，万象斯分。禀气含灵，人
为称首。莫不凭黎元而树司宰，因政教而施刑法。"〔8〕"人为称
首"就是以人为首的意思，相当于我们今天所说的以人为本。以
人为本是人文性的根本，由此可见传统中国法的人文性。与此同
时，传统中国法的道德人文精神，还表现在它"德礼为本"的道
德性上。同样，在《唐律疏议》开篇《名例》的"疏议"中亦说
道："德礼为政教之本。"〔9〕德礼是传统中国的道德。在传统中国
的观念中，德曰生，生为仁，仁即爱，所以，德体现了对生命的
重视，可谓之重生。而礼就是讲理，即《礼记·乐记》所说的

---

〔6〕 如北宋理学家张载在《语录》上中明确说："人但物中之一物耳。"又在《西
　　 铭》中说："乾称父，坤称母，予兹藐焉，乃混然中处。"

〔7〕 《汉书·光武本纪》。

〔8〕 参见（唐）长孙无忌等撰：《唐律疏议》，刘俊文点校，中华书局 1983 年版，
　　 《名例》第 1 页。

〔9〕 （唐）长孙无忌等撰：《唐律疏议》，刘俊文点校，中华书局 1983 年版，《名
　　 例》第 3 页。

"礼也者，理之不可易者也"。讲理体现了道，亦即义；因为义为宜，宜为理，理为道。这样，重生就是由德而仁，讲礼就是由道而义，重生与讲礼合为道德仁义。道德仁义是传统中国道德性的根本体现，以人为首是传统中国人文性的根本体现，两者有机一体，形成了在人为称首的思想指导下，以道德仁义为内核的重生与讲礼的对立统一。这就是传统中国法的道德人文精神。

二、传统中国法道德人文精神的表征

对于传统中国法道德人文精神的表征，最好还是落实到对三纲五常的贯彻和实施上来理解，因为三纲五常是传统中国法的纲要和精神所系。

三纲，即君为臣纲、父为子纲、夫为妻纲，是传统中国特有的宗法伦理。它强调忠孝（但这不是绝对而是相对的，因为君臣、父子、夫妇一体，所以，它要求君先要像君、父先要像父、夫先要像夫，然后才是君为臣纲、父为子纲、夫为妻纲），表现为上下、贵贱、尊卑、男女之间的等差，整体上是一种主从性的差序结构（但同等级中又有等差，如同贵贱中分尊卑，同尊卑中分长幼，同长幼中分男女）。这种结构在今天看来极不合理，但在传统中国却是合理的，因为它符合天地或者说自然世界的有序性法则。所以，三纲是天经地义之理，当然亦是讲究恰当有序，或者说追求秩序文明的讲礼的重心所在。五常，即仁、义、礼、智、信，同样是传统中国的伦理，但按传统中国人的理解，五常是人之为人的基本德性。所以，它不同于三纲，虽然不免有某些宗法的属性，但更有超越宗法的普适性，主要表现为人之为人的责任与担当。因此，比较三纲而言，五常建构的不是人之间主从性的差序

关系结构，而是一种推己及人的对等关系结构。这种人际关系结构同样符合天地的自然法则，因为五常以仁义为首，仁又为五常之首，所以仁代表了五常[10]；而仁者爱人，爱人者重生。这表明以仁为首的五常，符合自然世界的创生性法则。所以，五常亦是天经地义之理，当然亦是重视生命，或者说追求生命价值的重生的重心所在。三纲五常既是天经地义之理，自然亦就拥有无上的正当性和普适性，正如朱熹所说："宇宙之间，一理而已。天得之而为天，地得之而为地，而凡生于天地之间者，又各得之而为性。其张之为三纲，其纪之为五常，盖皆此理之流行，无所适而不在。"[11]既是"无所适而不在"之理，自然亦是人间的情理和法理。这样，天理、国法、人情才可以相通。事实上正是如此，如刘惟谦等人在所上的《进明律表》中说："陛下圣虑渊深，上稽天理，下揆人情，成此百代之准绳。"[12]作为传统中国的法理，三纲五常不仅是传统中国法的正当性所在，亦早已成为传统中国法的基本原则，所以指导和渗透到了法的各个方面，包括法的思想、制度和实践。但对于法律学人来说，这些都已经是熟知的事实。所以，有关三纲五常的贯彻和实施，我将着重从法哲学方面进行解读。

---

[10]　如北宋理学家程颢说："学者须先识仁，仁者浑然与物同体，礼、义、智、信皆仁也。"[（宋）程颢、程颐：《二程集》（第1册），中华书局1981年版，第16页。]又如南宋理学家陈淳说："仁者，心之全德，兼统四者。"[（宋）陈淳：《北溪字义》，中华书局1983年版，第22页。]

[11]　《朱文公文集》卷七十《读大纪》。此外，现代学者贺麟先生亦对"五伦"特别是对"三纲"，作了与众不同而富有哲理的解读。他认为，在传统中国，三纲之为纲有着自然、政治和道德上的合理性，对于大一统国家的存在和维护作用亦是明显的。参见贺麟：《五伦观念的新检讨》，载前揭胡晓明、傅杰主编：《释中国》（第2卷），第1204~1218页。

[12]　怀效锋点校：《大明律》，辽沈书社1990年版，第228页。

从法哲学上看，三纲五常在传统中国法中的贯彻和实施，主
要体现为重生与讲礼的对立统一这样一种辩证关系。这是因为从
三纲五常到重生与讲礼，蕴含着传统中国哲学中道与德的辩证关
系结构。依据传统中国哲学，道与德相对而言，道属阴，表示
成、静、序、用、外、式、辅等；德属阳，表示生、动、长、
体、内、质、主等，道与德犹如阴与阴，两者是对立统一的辩证
关系。[13]所以，道的有序建立在德的合理上，德的合理借由道的
有序来展现。德的合理有两层含义，即绝对的合理与相对的合
理。绝对的合理为万物同理，亦即理一；相对的合理为物各有
理，亦即分殊；两者对立统一为理一分殊。理一分殊是万物原
理。[14]理一意味着事物本质抽象上的同一，亦即形而上的"齐"；
分殊意味着事物本质现象上的不一，亦即形而下的"差"。"齐"
要求同等对待（即一体、同一、共生共荣），"差"要求区别对待
（即不等、有序、不同而和），但这两者都是合理的。[15]德所固有
的这种合理性结构，内在地规定了道并通过道向外呈现出来，最

---

[13]　这思想源出《易》，后经诸家百子推衍阐释，到理学始集大成。可资参见的相
　　　关资料，笔者在此特别推荐周敦颐所撰《周子通书》和王柏所撰《研几图》
　　　中的《稽类图》。
[14]　参见蒙培元：《理学范畴系统》，人民出版社1989年版，第77~100页"理一分殊"。
[15]　这有法律上的例证。例如，传统中国法律在理论和原则上都坚持：杀人者死，
　　　伤人者刑。这是基于人命同等、身体同样的理一原则；但同时在具体制度的规
　　　定上：杀人者有处死亦有不处死的，伤人者有同等刑亦有不同等刑的。这有两
　　　种情况：一是基于现实中人的身份有高低（不同德/质），因而身体有贵贱有不
　　　同（不同道/式）；一是基于杀和伤有故意与过失等多种情形的区别，所以运用
　　　区别对待的分殊原则。但同一等级内（同德/质）的同样行为，则需负同样
　　　（同道/式）的责任，这又是贯彻理一原则。以上即是根于道德原理的传统中国
　　　法，在对待和处理杀、伤行为时，基于有序与合理有机结合的原则与规则。

后形成了有序与合理，亦即道（有序）与德（合理）的有机统一，实际上是道与德的一体化，结果是合理有序的构成。其结构形式是道，表现为一体（道与德合为一体）二元（道与德各为一元）主从式（德生道成）多样化（德生道成/变化无穷）的构成；其本体性质是德，表现为生生不息的创生、仁爱、诚实、责任、本然等德性。在传统中国法中，三纲五常的道或者说重在秩序的讲礼，主要表现在纵向上的差序（三纲）与横向上的等序（五常）的结合上，形成一体（德礼与刑罚合为一体）二元（德礼与刑罚各为一元）主从式（德主刑辅）多样化（德主刑辅/多种多样）的法秩序，其中最突出的是一系列差序格局制度的设置与实施。[16]而三纲五常的德或者说关爱生命的重生，主要表现在贯穿三纲五常中的仁爱忠孝仁义上，亦即君仁臣忠、父慈子孝、夫正妇贤，以及五常中的仁义等，而且在这些人之为人的德性面前，人是平等至少是相对平等的，其中最突出的是一系列慎刑恤刑制度的设置与实施。[17]所以，贯彻三纲五常、体现重生与讲礼

---

[16] 差序格局是费孝通先生的发明。参见费孝通：《差序格局》，载前揭胡晓明、傅杰主编：《释中国》（第1卷），第608~616页。差序格局在法律中的表现是，纵向上看是差序的，横向上看是等序的。这里所谓的差序，是指按传统中国法的规定，人的身份是一个上下不等的阶梯结构，从上到下的排序是帝皇、贵族、官僚、平民、贱民、奴婢，除去奴婢在权利主体之外，这些不同等级主体之间的权利和义务是不相等的，形成纵向上的差序。但法律同时又规定，同一等级内主体的权利与义务是相等的，从而形成横向上的等序。有关传统中国法中差序格局制度的设置与实施，主要参见古代法典《名例》中有关身份的规定，以及现代《中国法制史》著作中的身份法部分。

[17] 有关内容包括死刑复奏、诸司会审、秋审朝审、秋冬行刑等慎刑制度，以及对老、弱、病、残、鳏、寡、孤、独和对妇女、儿童的恤刑制度，这里无法详解，有意者可参见传统中国法典的《名例》和《历代刑法志》中的相关部分，或浏览较好的《中国法制史》著作中司法制度部分。

的传统中国法，一方面表明它是传统中国社会合理有序的秩序构成；另一方面表明道德人文是它的精神和文化本质所在。

传统中国法的道德人文精神，还含有现实主义与理想主义的色彩，其文化因子亦是源于道与德的辩证关系结构。如上所述，道归属于阴性，阴性表示稳定、不动、成型、安静等性状，其对应的是井然有序的表象世界，所以，道是现实主义的根源。它表示对现实的认可和接受，而世界最大的现实是有序与稳定，所以，传统中国法中的三纲五常之道，或者说重在秩序的讲礼，就是对传统中国现实的认可和接受，其中最突出的是传统中国法中的差序性与宗法性。其实，这正是道德人文中的道，或者说道的现实主义一面的体现。同理，德归属于阳性，阳性表示变化、不息、成长、活动等性状，其对应的是生生不息的内在世界，所以，德是理想主义的根源。它表示对变动而成长世界的期待，意味着对未来可抱有希望，所以，传统中国法中的三纲五常之德，或者说关爱生命的重生，就是对生生不息世界的向往和追求，其中最突出的是传统中国法中具有普适性的仁慈博爱。[18] 其实，这正是

---

[18]　仁的含义是仁慈博爱，它要求做人为政不仅要有仁爱之心，而且这仁爱之心还要"博"，亦即要普遍地推广，所以，仁实际上是一项普世伦理。如《论语·颜渊》记录："樊迟问仁，子曰：'爱人。'"又如《孟子·离娄章句下》曰："仁者爱人"，现代研究者认为，孔子提倡的"仁"这种做人的道理，可以说和世界各国的大思想家及大宗教家是相同的，不仅可作中国人的行为标准，亦可以作世界大多数人的行为标准，因为它是近乎绝对的伦理，而不是相对的伦理（标准）。[参见芮逸夫：《中国儒家伦理思想的现代化（节录）》，载前揭胡晓明、傅杰主编：《释中国》（第2卷），第864～865页。]传统中国法中的仁慈博爱，如《唐律疏议·名例》就其立法宗旨说："《易》曰：'天垂象，圣人则之。'观雷电而制威刑，睹秋霜而有肃杀，惩其未犯而防其未然，平其徽纆而存乎博爱，盖圣王不获已而用之。"这既是说明圣人（代表国家）立法效法自

道德人文中的德，或者说德的理想主义一面的体现。最后，依据
道与德的辩证关系结构，亦即道与德的对立统一，道德人文合现
实主义与理想主义为一体，成为有理想的现实主义，其中理想主
义具有引导和支配性。

为什么理想主义具有引导和支配性呢？因为道与德的内在结
构是德生道成，或者说是德发动道收成。德生道成是万物生成原
理。[19]它的核心是万物有道、道中有德、德贵在生。生是万物存
在的第一条件，成是万物存在的第二条件，所以，根源于德的理
想主义，具有了引导和支配性。当然，这都是相对的。因为没有

然，所谓"'天垂象，圣人则之。'观雷电而制威刑，睹秋霜而有肃杀"；又是
表明圣人（代表国家）立法的目的不是刑杀，而是为了"惩其未犯而防其未
然，平其徽纆而存乎博爱"。即如朱熹所言："教之不从，刑以督之，惩一人而
天下人知所劝戒。所谓'辟以止辟'。虽曰杀之，而爱之实已行乎其中。"
〔（宋）黎靖德编：《朱子语类》（第 5 册·第 78 卷），王星贤点校，中华书局
1994 年版，第 2009 页。〕元人柳贇在《唐律疏议序》中亦说："盖姬周而下，文
物仪章，莫备于唐。始太宗因魏徵一言，遂以宽仁制为出治之本，中书奏谳，常
三覆五覆而后报可，其不欲以法禁胜德化之意，皦然与哀矜慎恤者同符。"〔前
揭（唐）长孙无忌等撰：《唐律疏议》，刘俊文点校，第 663 页。〕

〔19〕 如《周易·系辞上》曰："一阴一阳之谓道，继之者善也，成之者性也。"说
的就是这个意思。但要明白这句话的意思，先要明白"一阴一阳之谓道"的
"道"是原理之道，而非与德对应以表示事物形式或结构的道。首先，从"一
阴一阳之谓道"的"道"来看，此"道"已经包含了阴与阳，而道属阴、德
属阳，所以，一阴一阳之道的"道"是已经包含了道与德的"道"。其次，
"一阴一阳"是指阴阳变化的规律、法则或者说原理，所以，一阴一阳之道的
"道"不止是已经包含了道与德的"道"，亦是指阴阳变化的规律、法则或者
说原理。因此，所谓"继之者善也"，是指顺阴阳变化之原理而生生不息者谓
之善，亦即德，因为德曰生曰善。所谓"成之者性也"，是指受阴阳变化之原
理而成形定型者谓之性，亦即道，因为道曰成为性（型）。所以，一阴一阳就
是德生道成，一阴一阳之道就是德生道成原理，亦即万物生成的原理。如《周
子通书·顺化》曰："天以阳生万物，以阴成万物。"〔（宋）周敦颐撰：《周子
通书》，徐洪兴导读，上海古籍出版社 2000 年版，第 36 页。〕

了道，德将生而不成；而没有德，道亦无可生成。因此，道与德即如阴与阳，始终是对立统一的辩证关系。联系到传统中国法的道德人文精神，可以说重生意味着德，德是生生不息的创生性象征，内含了变以及对变的期待，表现为理想主义，具有超现实的普适性，三纲五常之德即是它的体现。讲礼意味着道，道是井然有致的有序性象征，内含不变以及对不变的信念，表现为现实主义，具有实用的现世性，三纲五常之道即是它的体现。总结起来，从三纲五常到重生与讲礼，它们统一于传统中国法。这意味着道与德、现实主义与理想主义，在传统中国法中达到了辩证的统一。其中，因理想主义具有引导和支配性，从而形成有理想的现实主义。这不仅反映在法律的表达上，亦体现在法律的实践上。[20]这个精神正是传统中国法的道德人文，亦即在人为称首的思想指导下，以仁义为内核的重生与讲礼对立统一的本质所在。当然，对此我们亦要辩证地来理解。重生并不意味着不杀生，杀生亦不意味着不重生，而是杀生要有礼合理，亦即处罚要有程序和正当性。凡是有程序和正当性的，杀之则不谓之滥杀，处罚亦不谓之施暴，因为该杀而杀、该罚而罚，仁爱已行乎其中，传统

[20] 例如，在《名公书判清明集》的开卷载有指导意义的《咨目呈两通判及职曹书》，其中申儆并告示官吏说："……盖闻为政之本，风化为先。……至于听讼之际，尤当以正名分，厚风俗为主。……"这里的正名分就是讲秩序，亦可以说是根源于道的现实主义要求；厚风俗就是弘德性，亦可以说是根源于德的理想实主义追求；而为政之本、风化为先则表明，在司法实践中（听讼之际）要贯彻和追求的正是有理想的现实主义，而不是单一的实用道德主义。而且，在事实上，《名公书判清明集》中的判词，即使不是全部亦是绝大部分，实际所贯彻和体现的正是这个特征，亦即正名分与厚风俗，或者说道与德、情与理的辩证统一，读者不妨试作辨析。（参见中国社会科学院历史研究所宋辽金元史研究室点校：《名公书判清明集》，中华书局1987年版。）

中国正式的刑罚制度即是为此设置的；但在程序和正当性不充分，或有疑罪或可同情的情况下，则尽量从轻宽宥，传统中国的慎刑恤刑制度即是为此设置的。虽然在司法实践中，肯定有与设置相背离的现象，以致传统中国法给人留有残酷的印象，但这并不是传统中国法重生与讲礼自身的问题，而是社会中人的问题，甚至是古今中外都无法避免的理想、制度与实践相背离的问题。但我们不能因为有此背离，就否定理想与制度，因为世上没有完全与实践吻合的理想与制度。事实上，理想、制度与实践始终是紧张的对立统一关系，而且这亦恰是它们之间的正常关系。所以，在理想、制度与实践之间，人们所能做的只是缩小而不是消灭背离，因为背离是无法消灭的。这个认识不仅有助于我们从文化上正确理解传统中国法的精神，亦同样适用于我们对传统中国文化精神的理解。

三、传统中国法道德人文精神的哲学

《庄子·知北游》曰："精神生于道。"[21] 那么，传统中国法的道德人文精神又生于何道呢？要回答这个问题，首先要了解何为道。道是传统中国文化的最高范畴，相当于我们今天所说的原理。[22] 根

[21]　《庄子·知北游》："夫昭昭生于冥冥，有伦生于无形，精神生于道，形本生于精，而万物以形相生。"

[22]　金岳霖先生说："不道之道，各家所欲言而不能尽的道，国人对之油然而生景仰之心的道，万事万物之所不得不由，不得不依，不得不归的道才是中国思想中最崇高的概念，最基本的原动力。"（参见金岳霖：《论道》，载刘梦溪主编：《中国现代学术经典——金岳霖卷》，河北教育出版社1996年版，第18~19页及前后。）此外，原理是来自西方的科学概念，道是传统中国的一个哲学概念，所以，道与原理的对应，只能说是"相当于"，而不能说"相等于"，藉以表示大体对应的意思。

据中国经典，道的基本要素是阴与阳，其结构是阴阳一体、阳主阴从；其机能是阴阳转化、生生不息；其机理是一阴一阳之道，亦即对立统一的辩证法。[23] 这个一阴一阳之道就是中国文化的共通原理。如前所述，在传统中国思维中，道归属于阴，德归属于阳；阴阳一体表示道德合一，阳主阴从表示德生道成；生是质，成是式；质是内，式是外。所以，道所表达的是事物的外在结构，德所表达的是事物的内在本质。[24] 这表明在事物构成的原初意义上，道是德的表现形式，德是道的存在依据，道与德共同构成了事物的统一性，亦即道德是事物的统一原理。有鉴于此，我把这种文化构成理论称之为"道德原理"。[25]

我们知道，原理是事物存在的根本理由。因此，从根本上说，道德人文精神生于道德原理。道德原理是我们的先贤对天、地、人，亦即自然、社会和人类的观察、思考和提炼的结果。它

---

〔23〕 如《周易·系辞上传》曰："一阴一阳谓之道。……生生之谓易。"又曰："天尊地卑，乾坤定矣。……天下之理得，而成位乎其中矣。"《周易·系辞下传》载："子曰：'乾坤，其《易》之门邪？乾，阳物也；坤，阴物也。阴阳合德，而刚柔合体。以体天地之撰，以通神明之德。'……"还有，这里所说的辩证法不同于西方的辩证法。西方的辩证法是肯定→否定→否定之否定，它的运行机制和轨迹呈现出对抗→冲突→征服的特征；而中国的辩证法是对立→统一→发展，它的运行机制和轨迹呈现出融合→吸收→转化的特征；西方的辩证法以否弃对方而实现超越，中国的辩证法以吸纳对方而达到新生。（参见［美］成中英著，李志林编：《论中西哲学精神》，东方出版中心 1991 年版，第 173 ~ 188 页。）

〔24〕 如《庄子·天地》："通于天地者，德也；行于万物者，道也。"又如《管子·心术上》："德者道之舍，物得以生……"又如《大戴礼记·主言》："道者所以明德也，德者所以尊道也。是故非德不尊，非道不明。"

〔25〕 有关"道德原理"的内涵和进一步的讨论，参见本书中《传统中国法的道德原理及其价值》一文。

是贯通天、地、人，亦即包括自然、社会和人类在内的统一哲学。[26]其一贯之道即是周敦颐在其《太极图说》中所说的："立天之道，曰阴与阳，立地之道，曰柔与刚，立人之道，曰仁与义。"[27]推而言之，依着道的理路和构成，并根据《唐律疏议·名例》中"德礼为政教之本，刑罚为政教之用，两者犹昏晓阳秋相须而成者也"[28]的明示，那么，立法（此"法"为政教大法[29]）之道就是礼与法或德与刑，礼与法或德与刑在司法实践中又转化为情与理。但无论是礼与法，还是德与刑，抑或是情与理，对照上述理路可知，究底它们都是植根于道德原理的仁与义的贯彻和体现。即如《通书·顺化》所言："天以阳生万物，以阴成万物。生，仁也；成，义也"。仁是生，体现了对生命的重视；义是宜，体现了对秩序的追求。对生命的重视是道德人文的根本要求，它表示人类对自身存在的向往，亦就是我所说的重生。对秩序的追求是道德人文的另一个重要标志，它表示人类对文明有序的向往，亦就是我所说的讲礼或讲理。这样，从万物共

---

[26]　如《周易·系辞下传》曰："古者包牺氏之王天大，仰则观象于天，俯则观法于地，观鸟兽之文与地之宜，近取诸身，远取诸物，于是始作八卦，以通神明之德，以类万物之情。……"

[27]　（宋）周敦颐撰：《周子通书》，徐洪兴导读，上海古籍出版社2000年版，第48页。此说原出《周易·说卦》，详解参见杨晓寅：《太极哲学》，学林出版社2003年版；杜维明：《试谈中国哲学的三个基调》，载前揭胡晓明、傅杰主编：《释中国》（第2卷），第877～891页。

[28]　这句话的意思是说，德礼是政教的根本，刑罚是政教的辅从，两者的关系犹如黄昏与早晨（相续为一天）、春天与秋天（相续为一年），只有相互结合才能构成完美的整体。

[29]　有如《管子·任法》所说："法者，天下之至道也。……所谓仁义礼乐者，皆出于法。此先圣之所以一民也。"

通的道德原理到传统中国社会的道德伦理，从传统中国社会的道德伦理再到传统中国法的原理，其道德人文的精神或者说本质属性，亦即阴阳→刚柔→仁义→生成→礼法→德刑→情理之道，诚可谓一以贯之，其内在逻辑可见下列图示：

```
                 道—阴—柔—义/宜—成/成型/有序—理/礼/刑：  讲礼
                                              （文明有序）
    道德（原理）
                                                   （人文）道德
                 德—阳—刚—仁/爱—生/生长/变动—情/法/德：  重生
                                              （生命诚贵）
```

传统中国法从道德原理到道德人文示意图

这里要对示意图要略作说明。示意图中由德而演生来的法实为天地大法，并不是刑法之法，它相当于《礼记·乐记》中所载礼乐刑政中的乐，其所对应的是礼。同样，法后面的德为德政之德，并不是原理之德，它相当于《礼记·乐记》中所载礼乐刑政中的政，其所对应的是刑。显然，示意图只是一种原理性的推导和演示，但它有助于我们直观地把握其内在的逻辑。不过，人们不禁要问：为什么有这样的逻辑关系？这就需要把问题引向深入。

在文化哲学上，传统中国人把世界看成是一个大化流行的有机体。[30]道德原理正是从有机宇宙观出发的。有机宇宙观的核心

---

[30] 据《现代汉语词典》，有机体是具有生命的个体的统称，包括植物和动物。由此可见，有机体是具有生命的系统。中国经典特别是《周易·系辞上下》和《礼记·月令》，几乎整篇都谈到了这个问题，《礼记·乐记》中亦有此论，所谓"……在天成象，在地成形。如此，则礼者天地之别也。地气上升，天气下降，阴阳相摩，天地相荡，鼓之以雷霆，奋之以风雨，动之以四时，暖之以日月，而百化兴焉。如此，则乐者天地之和也。化不时则不生，男女无辨则乱升，天地之情也。及夫礼乐之极乎天而蟠乎地，行乎阴阳而通乎鬼神，穷高极远而测深厚。乐著大始，而礼居成物。著不息者天也，著不动者地也。一动一静，天地之间也。故圣人曰礼乐云"。除古典记录外，现代研究中特别值的推荐

在于把世界看成是有生命的系统，用中国哲学的话来说，就是天、地、人共一体的世界是一个大生命体。[31] 之所以说天、地、人共一体的世界是有生命的系统，是因为这个世界的自然状态是明与暗、昼与夜、生与成、井然有序和生生不息的对立统一，前者是它的外在现象，后者是它的内在性状。自然世界的这两个特征给我们的先贤以深刻的印象，他们把这种从自然得来的印象与人生经验和社会实践结合起来，将自然界的井然有序概括为道，藉以抽象地表事物的有序性，亦即事物的存在形式；而将自然界的生生不息概括为德，藉以抽象地表达事物的创生性，亦即事物的内在属性。如同阴与阳那样，道与德对立统一，共同构成事物的统一性。因此，从原理上说，自然世界本质上是一个道德的世界。这就是从天之像到天之道，亦即从自然现象到自然法则再到道德哲学的过程。这过程可以图示如下：

的是，英国学者李约瑟所撰写的《中国科学技术史》（第 2 卷·科学思想史）（科学出版社、上海古籍出版社 1990 年版）。他在为该书所写的"作者的话"中写道："中国的自然主义具有根深蒂固的有机的和非机械的性质。……"该书围绕这一问题作了我所见到的最为系统、客观和不乏深刻的讨论。此外，还可参见［美］杜维明：《试谈中国哲学中的三个基调》，载前揭胡晓明、傅杰主编：《释中国》（第 2 卷），第 878 页及以下；蒙培元：《理学范畴系统》，人民出版社 1989 年版，第 425～451 页"天人合一"。

[31] 如北宋理学家张载在《横渠易说·说卦》中说："一物而两体者，其太极之谓欤！阴阳天道，象之成也；刚柔地道，法之效也；仁义人道，性之立也。三才两之，莫不有乾坤之道也。易一物而三才，天地人一。"所以，正如程颐所说："天地人只一道也。"（《河南程氏遗书》卷十八）

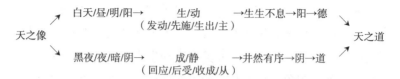

从天之像到天之道（道德原理文化哲学的形成及其构成）

由于道原本是一种含有路径、方向、方法的秩序，所以，在哲学上它从井然有序被引申为有序性/成/静→阴/柔/道→义/宜→刑罚/法等，表达统一事物中的形式、外在、功用、辅从；而德原本是一种含有事物的性能和神奇品质的创生，所以，在哲学上它从生生不息被引申为创生性/生/动→阳/刚/德→仁/爱→德礼/礼等，表达统一事物中的性质、内在、本体、主导。因此，这样一来，从原理上说，不仅自然世界是道德世界，人类社会亦是道德世界，亦即道德是万物原理，所以，道德原理贯通天、地、人、法。这种从自然现象到自然法则，从自然法则到哲学原理，从哲学原理到社会原理，从社会原理到政教（政治—法律）原理的过程及其结构，亦可以图示如下：

从自然现象到自然法则到哲学原理到社会原理到政教原理贯通示意图

这是从易经发展而来的中华之道，亦即以道德为原理的中国文化哲学。[32]据此一贯之道，我们知道天地/自然之道是阴与阳，即阴阳一体、阳主阴从，阴阳变化、生生不息。[33]人类/社会之道是仁与义，即仁义一体、仁本义辅，仁施义取、万世不穷。政

---

[32] 正如上述示意图所表明，这个文化哲学回答和弥合了天、地、人、法，亦即自然、社会与人类（包括法）之间的关系与矛盾，在人生境界上达到了天人合一。天人合一的境界，在理论上表述为天、地、人三才的和谐，亦即天时、地利、人和的协调与统一。这个理论的根据是有机宇宙观，所以，从现象和逻辑上看，上述图示是从哲学到法学，但如果要刨根问底的话，它应该是从农学到哲学，再从哲学到包括法学在内的其他学说。作为证明，下面引用一段农史学家的精要看法："三才理论的通俗表述'天时、地利、人和（或人力）'，就是地地道道的农业语言、农业思想和农业智慧。甲骨文中的'时'字从之从日，其中'之'是简化的足形（'止'）在'一'上，象人足在地上有所往之形，义为'日行'，用现代科学语言讲，就是太阳的视运动。可见，古人已认识到'日行'导致季节变换，即'时'。农业生产必须遵从'时'，即气候季节变换形成的节律，所谓'食哉唯时'。甲骨文中的'利'从禾从刀，原意为收割禾谷所获；'利'作'锋利''利益'解是其引申义。正如清代学者俞樾说：'盖利之本义谓土地所出者。土地所出莫重于禾；以刀刈禾，利无大于此者。'（《儿笘录》）可见，'地利'是从农业生产中得出的概念。在古籍中'人力'出现早于'人和'。甲骨文的'力'是原始农具之耒形，盖操耒而耕作要用力，故引申为气力的力。而劳动力自始就是农业生产的要素。农业生产固然离不开人的劳动能力，但它不是由孤立的个人进行的，而是社会群体的行为。要使分散的'力'变成强大的'合力'，就必须协调各个单个人的关系，使群体和谐一致。（这里请注意，远古中国的自然环境和地理条件，使得原始农业生产必须通过劳动者之间的协作才能完成，这即是在我国黄河流域早期的耒耜沟洫耕作。——引者注）因此，又有'人和'概念的产生。可见，三才理论确实是农业实践的升华和结晶。它形成以后，又反过来成为农业生产的指导思想，并作为一种宇宙模式和分析框架应用到其他领域，并渗透到各种学派的学说中。"[李根蟠：《关于中国古代农学思想的几点讨论（节选）》，载南京大学中国思想家研究中心办公室编：《中国思想家研究·动态信息》，2012年版，第3页。]

[33] 如北宋周敦颐的《太极图说》："无极而太极，太极动而生阳，动极而静，静而生阴。……分阴分阳，两仪立焉。阳变阴合，而生水火木金土。……二气交感，化生万物，万物生生，而变化无穷焉。"

教/法律之道是礼与法/德与刑/情与理，即礼法结合、德主刑辅、情理两协、法随时转。讨论到此，如果我们把这一部分的内容，特别是上述诸示意图的内在逻辑，简洁而有条理地整合起来，是否可以得出这样一个认识，即传统中国法的道德人文精神生于道德原理，道德原理出自阴阳之道，阴阳之道源于自然法则。所以，遵循自然法则的有序性和创生性，形成了传统中国法中人为称首思想指导下的重生与讲礼的对立统一。这说明传统中国法的道德人文精神是内生和固有的。

四、传统中国法道德人文精神的意义

如上所述，在文化哲学上，传统中国人把世界看成是一个大化流行的有机体。同样，他们把广义上的法（大致相当于我们今天所说的法律文化）亦视为一个有机体。例如，我们所熟悉的"天叙有典""天秩有礼""天讨有罪"[34]以及"道法自然"[35]等，都表达了这种天地生法的有机论法思想。[36]实际上，这亦就是李约瑟所说的"中国人把法律和'自然法则'作类比的态度"[37]。虽然，传统中国法并不是生物学意义上的有机体，但当人们把它

---

[34] 《尚书·皋陶谟》。

[35] 《老子》第二十五章。

[36] 天地生法的有机论法思想，在中国古籍中不胜枚举，其中《汉书·刑法志》《魏书·刑法志》以及《唐律疏议·名例》的开头部分值得一读。另，参见杨鸿烈：《中国法律思想史》，中国政法大学出版社2004年版，第97~110页"一般法律原理的泛论（一）：阴阳五行等天人交感及诸禁忌说"。

[37] 前揭［英］李约瑟：《中国科学技术史》（第2卷·科学思想史）"作者的话"，详细的讨论参见该书第551~620页"中国和西方的人间法律和自然法则"；结合法律规定和案例的讨论，参见［美］D. 布迪等：《中华帝国的法律》，朱勇译，江苏人民出版社1993年版，第31~35页及以下。

作为有机体来对待和追求时，就等于赋予了它某种生机，使之成为一个有生命感的系统。尽管这个有机性只是类比意义上的（因为它并不是生物体意义上的有机体，所以，相对于活体的有机性，社会有机性是譬喻性的），但在传统中国的有机宇宙观，或者说在道德原理的支配下，它确实具有了某种类于有机物的有机性能。有机性能是有机体一切的根源，所以，如果要追问传统中国法的精神，就要从它的有机性能（哪怕是譬喻意义上的）开始。

那么，什么是有机体的有机性能呢？简单说，有机性能是指使事物构成的各部分互相关联而具有不可分割的统一性的性质和功能。[38]其实，我们不需要做这样的科学引证，只要稍加观察，就可以发现，作为生命系统的有机体，无论是大到自然界还是小到生命个体，自我生长和自成一体是它最基本的特征。自我生长是一种生命机能，自成一体是一种有序机能，这两者都根源于有机体的有机性能。所以，作为有机体的有机性能，它首先是生，然后是生而有序。这表明生是有机事物存在的根据，序是有机事物存在的形式，生与序的对立统一，或者说有机结合，亦即生而有序，构成了有机事物的存在本身。有鉴于此，我们的先贤将其上升为有机事物的存在之理。有机事物的存在之理，就是物之为物、人之为人的理由。对照传统中国法，它的重生是它作为有机体生的表现，它的讲礼是它作为有机体序的表现。由此可知，在人为称首的思想指导下的重生与讲礼的对立统一，亦即生而有

〔38〕 参见 http：//dict. baidu. com/s? wd = % D3% D0% BB% FA&tn = dict&dt = explain http：//baike. baidu. com/view/651600. htm，最后访问时间：2012 年 2 月 1 日。

序，乃是传统中国法的存在之理。这使我们明白：为什么道德人文是传统中国法的精神和文化本质所在？为什么合理是传统中国法的公平正义？为什么和谐是传统中国法的理想和终极目标？

先就精神和文化本质而言，道德人文的精髓是重生与讲礼，而重生与讲礼是传统中国法的存在之理，法的存在之理即是法的正当性所在，法的正当性所在自然是作为规范的法的精神和文化本质所在。再就合理即公平正义而言，作为有机体的传统中国法，它的正当性源于自然界生与序的有机一体，或者说中国哲学上道与德的辩证统一。在中国哲学上，道曰序为异，德曰生为同，所以，生与序或德与道表现为重生与讲礼的对立统一，亦即重生尚德求同与讲礼重道别异的有机结合。这意味着传统中国法的公平正义不是简单绝对的平等，而是重生与讲礼的有机统一，亦即包含同与不同、等与不等的合理。所谓同/等就是同生同德同理者同等，这谓之等序；所谓不同/不等就是不同生不同德不同理者不同等，而是依据生之先后、德之高低、理之大小排序，生先、德高、理大者居上，生后、德低、理小者居下，这谓之差序。但无论是等序还是差序，都是事物固有的，所谓本来如此，符合事物的存在法则，所以，都是合理的。合理作为传统中国人的正义观，体现在法律上就是平或曰义，亦即公平正义。由此可见，这个公平正义不是简单绝对的平等，而是同与不同、等与不等或者说等者同等、不等者不等的有机结合，其结果即是法律上合理有序结构的形成。由于这个结构是基于理而成的，所以它的有序或者说等差，因获得了理的支撑而拥有了正当性。又因为这个理是源于自然的生与序而成，所以它的正当性就有了扎根于自然的道德性。因此，从自然中的生序到哲学上的道德，从哲学上

的道德到法律中的合理，这就是植根于道德原理的传统中国法的
公平正义。这种形式上有序、实质上合理而本质上为道德的公平
正义观，与西方形式上平等、实质上对抗而本质上为自由的公平
正义观恰成对极，但与前人在评价《唐律疏议》时所说的，"论
者谓唐律一准乎礼，以为出入得古今之平"[39]，诚可谓若合符
节。否则，我们就无法理解：唐律一准乎礼，而礼是有差序的，
为何又谓之平？原来传统中国的平是合理，而合理是有差序的，
准确说合理是同与不同、等与不等，亦即等序与差序的有机结
合。可见，前人的评价是何等的精准！最后就和谐即理想而言，
有机体的自然状态是和谐，但这种状态很容易受到破坏，所以，
和谐成为有机体存在的理想和终极目标。这就等于说，作为被视
为有机体的传统中国法，它的理想和终极目标必然是和谐。毫无
疑问，这个和谐是有差别的，因为它原本就是重生与讲礼在传统
中国法中对立统一的体现，亦即人们通常所说的和而不同，但在
传统中国人看来，这种有差别的和谐就是公平正义，因为它合
理，所以亦是理想的。这说明传统中国法的道德人文精神，不仅
是内生的和固有的，而且还是特有的。

　　传统中国法的这种内生、固有和特有的道德人文精神，并不
违背人类法律的内在使命和基本价值。人类法律的内在使命和基
本价值是秩序与正义。[40]传统中国法的讲礼→差序→合理有序，
即是对秩序追求的表现；传统中国法的重生→等序→共生共荣，

[39]　语出《四库全书总目·唐律疏议提要》，参见前揭（唐）长孙无忌等撰：《唐
　　　律疏议》，刘俊文点校，第677页。
[40]　参见［美］E. 博登海默：《法理学——法哲学及其方法》，邓正来、姬敬武译，
　　　华夏出版社1987年版，第302~339页"法律：秩序与正义的综合体"。

即是对正义追求的表现，只不过是这个正义不同于西方而已。西方以平等为原则，中国以合理为原则。[41] 平等是机械宇宙论的正义观，合理是有机宇宙论的正义观。合理的正义观以理为据，亦即以事物固有的存在之理为依据，所以，它不是单一的平等，而是平等与不平等的有机结合。这使得传统中国法既不完全同于西方，又不违背人类法律的内在使命和基本价值。然而，如果与近代西方法相比较，或者就法的近代化而言，传统中国法的这种内生、固有和特有的道德人文精神亦存在着缺失，其最显著者莫过于对法律体系开放和转型的羁绊。有机系统具有封闭性，这是有机系统的天然属性之一，传统中国法亦不例外。但问题是传统中国法的封闭性，在获得了道德人文中的宗法血缘的支持后又被大大强化了。因为宗法血缘最根本的特点是，将现世社会的秩序限制在家国一体化了的血缘网络之中；而血缘关系的最大特点是封闭，突出表现为"排异内守"。[42] 这个特点在促进传统中国法自洽的同时，亦使其体系失去应有的开放性，延续到中国传统社会后期，受宗法血缘伦理亦即礼教强化的影响，曾经充满活力以变为核心的辩证思维趋于教条化，以致出现了"天不变，道亦不变"[43] 的绝对

---

[41] 中国的合理正义观本文已有论证，西方的平等正义观此处亦不必展开，这里仅举一例可以为证，即美国联邦最高法院建筑物上所刻的格言：在法律之下实现平等的正义（Equal Justice under Law）。

[42] ［日］富永健一：《马克斯·韦伯论中国和日本的现代化》，载《社会学研究》1988 年第 2 期。

[43] 语出董仲舒的"道之大原出于天，天不变，道亦不变"（《汉书·董仲舒传》）。但在宋明理学形成前，天的内涵并不确定，所以"天不变，道亦不变"没有绝对化，等到理学使内涵不定的天变成了不变的天理，从而使"天不变，道亦不变"趋于绝对化。

化。其实，这是反辩证法的，并不符合一阴一阳之道。[44]但是，这样一来，变法不仅越来越困难，而且似乎亦成了不合理的事。因为，道是经，法是权，权为经所制。所以，天不变，道亦不变；道不变，变法就失去了正当性。最后，其直接的结果是法律体系更加趋于封闭；其间接的结果是加重了传统中国法向近代转型的艰难。[45]

然而，尽管传统中国法的道德人文精神蕴含这样的缺失，但它毕竟是不违背人类法律的内在使命和基本价值，而且是传统中国法内生、固有和特有的精神，所以，人为称首、有理想的现实主义、重生与讲理的对立统一、合理即公平、和谐即理想等，这些最最基本的思想观念，早已与我们融为一体，至今仍有坚韧的生命力和重大的实际意义。例如，人为称首的人文主义恤刑传统对我国刑法和刑罚的改良，有理想的现实主义对当代中国立法的

---

[44] 正如我在前文和注释中所指出的，传统中国有机世界观的辩证思维，其要义和精髓都在于世界是变与不变的统一，而变是绝对的，不变是相对的。这个思想的核心意义是，包括天与道在内的一切都是会变的，更不必说人间的法律了，当然亦要随着天与道的变化而变化。这个变法思想在理学形成前，对中国法律的发展起了极大的推动作用。但理学形成和影响扩大以后，思想逐渐趋于保守，加上政治和礼教的桎梏，辩证法的精髓渐渐被遮蔽而遗忘，出现了"天不变，道亦不变"的反辩证法思想，这使变法失去了原本来自天道的合理性支持。所以，我们今天要做的不是放弃辩证法，而是要回到辩证法，恢复辩证法的真精神。

[45] 如作为传统中国法主干的律，唐宋以后再没有发生实质性的变化，便与上述思想有直接的联系，以致清末变法修律所受到的指责，不是基于法律而是基于礼教。以张之洞、劳乃宣、刘廷琛为首的"礼教"派，激烈指责以沈家本为首的"法理"派的变法修律是"蔑弃礼教"，认为三纲五常"实为数千年相传之国粹，立国之大本"，不可改矣！相关争论，参见故宫博物院明清档案部编：《清末筹备立宪档案史料》（下册），中华书局1979年版，第821～915页。

价值导向，重生与讲理的对立统一对追求秩序与正义的平衡，合理的公平正义观对简单西方化所导致的形式上平等实质上不等的正义观的矫正，有机一体、共生共荣的世界观对构建和谐社会、尊重人类文化和价值多元，以及在人与自然和谐相处等这样一些方面，仍然是我们进行相关法制建设的法理依据所在，因为只有这样才是正当的道德的和合乎中国人的世界观的。[46]但我们要承认，在当代中国法的整体构造及其实践上，传统中国法的道德人文精神早已面目全非。这主要是近代以来中国法制现代化的趋势使然，其中最显著的变化是放弃了礼教，转而采用新的法律指导思想和原则（如抛弃宗法血缘性的道德伦理、对法的独立性与权威性的追求，引进并制定新的法律制度等），这无疑是历史性的进步。但我认为在这个问题上亦存在着失误，其中最大的失误是在接受实证主义法律观的同时，彻底割断了法律与本民族固有道德的联系，特别是在抛弃宗法血缘的伦理道德时，亦抛弃了超宗法血缘的道德原理与道德人文。这使得我们的法律失去了万物有

---

〔46〕 譬如，我们以合理的公平正义观为例。即如文中所论，合理是中国人固有的公平正义观，它内含了中国人对是非善恶的一种判断标准，即通常所说的良知、良心，所以，它本质上是中国人的道德观，实际亦是中国人的价值观，反映了中国人对世界的看法，即世界是道德的。这样，道德—正当—合理—公平—正义构成了中国人以合理为内核的公平正义观念。其实，这亦是中国人看待平等，亦即等者同等、不等者不等的基本观念。而当今中国由于存在着巨大的事实不平等，使得人们急于追求形式平等，即使后者在法律上早已通过移植域外法特别是西方法而被确立。这使得合理的区分被忽略，这种区分在某种程度上是社会秩序的映照，并与共享的道德观念相联系。立法者放任了这种偏向，在合理性方面立场含糊，而这在传统中国法中是旗帜鲜明的，并有效地巩固了当时的社会秩序。从立法原理上来说，这正是法律必须扎根于社会并与社会事实和基本观念相一致的体现。我们今天的立法不亦是要遵循这样的原理吗？

序与生生不息的自然之理，而这个自然之理恰是中国人的世界观及其正当性所在，亦是中华文明历五千年风雨而绵延不绝的思想根源，甚至还有可能是我们复兴中华文化，包括创新中国法文化的思想资源和精神动力。因此，如果有一天，建立在有机宇宙论之上的道德人文精神，亦即在人为称首的思想指导下，以道德仁义为内核的重生与讲理的对立统一，在未来中国法中以某种变化而适时的形式再现，对此我们不会感到惊奇。[47] 然而，同时我们要认识到，如果与近代西方法相比较，传统中国法的道德人文精神依然存在着宗法血缘和专制等级的缺失；如果以现代民主和法治的精神来衡量，它亦存在着某些固有的缺陷，如三纲确立的身份性等级特权，对专制王权和官僚权力的制衡机制缺乏必要的强度和力度，以及个人自由和权利的空间较小等，这些都是我们在传统中国法的现代适应性中要进行批判和反思的。

---

[47] 如国务院新闻办公室发布的《中国特色社会主义法律体系》（人民出版社 2011 年版）第 34 页中提到：中国特色社会主义法律体系的形成，始终立足于中国国情，坚持将传承历史传统、借鉴人类文明成果和进行制度创新有机结合起来。一方面，注重继承中国传统法制文化优秀成分，适应改革开放和社会主义现代化建设需要进行制度创新，实现了传统文化与现代文明的融合；另一方面，注意研究借鉴国外立法有益经验，吸收国外法制文明先进成果，但又不简单照搬照抄，使法律制度既符合中国国情和实际，又顺应当代世界法制文明时代潮流。这个法律体系具有很强的包容性和开放性，充分体现了它的独特文化特征。

传统中国法的道德原理及其价值 *

　　在法律与道德的关系上，法理学一般认为，道德是法律的基础。虽然不同的法理学具体说法不一，但原理上都承认这一点。[1]除实证主义法学外，法律学人对此亦无异议。不过，这只是在通常情况下单讲法的一般原理而已，一旦涉及传统中国的法律与道德问题，情况马上就会发生变化，好像中国是个例外。[2]其实，在人类法律文化之林中，传统中国法之所以能够独树一

---

　　* 原载于《南京大学学报》2008年第1期，有修改。

[1]　有关著述很多，可选中、美、德三国有代表性的大学法科教材为证。请分别参见张文显主编：《法理学》（第3版），高等教育出版社、北京大学出版社2007年，第381~387页"法与道德"；[美] E. 博登海默：《法理学——法哲学及其方法》，邓正来、姬敬武译，华夏出版社1987年版，第1~205页"法哲学的历史沿革"；[德] 魏德士：《法理学》，丁晓春等译，法律出版社2005年版，第179~183页"道德、伦理和法"。

[2]　譬如，讨论像本文主题这样的文章，我在以前是不会写的。因为从我1980年开始学习法律起，就领略到了传统中国法因其"礼法结合"所形成的法律道德化和道德法律化而受到的广泛严厉的批评。这些批评已深深地印在我的脑子里，其影响之大对自己任何稍有不同的想法，哪怕是本能的不满都形成某种压制。面对强大的批评声，即使心有疑惑亦不敢随便提出异议，似乎一提出就有为"人治"辩护之嫌。现在回顾起来，这个看似纯粹的个人经历，其实浓缩了一代人和一个时代的特征。这样说的意思是，像我这样生于20世纪60年代，又在80年代步入大学的法律学人，有两个先天不足：一是深受政治意识形态和现代化话语的影响；一是接受法律实证主义的教育。前者让我们要么把传统当作封建专制加以批判，要么把传统与现代化完全对立起来；后者使我们将法律与道德分离。不幸的是，这成了我们那一代法律学人共有的理论和专业基础。

帜，部分是因为它悠久的历史和深远的影响，部分还由于它精深的学理。对于前者，学界多有研究；对于后者，学界虽亦有关注，但成果大都集中在对制度本身和对儒、法、道三家法思想的探讨上。如何对传统中国法在整体上作原理性的把握，揭示贯通诸子百家同时又支配传统中国法发展的一般理论，亦即对传统中国法共通原理的研究，仍然是一个薄弱环节。有鉴于此，我拟从原理概念入手，以《唐律疏议》为中心，逐步探讨相关问题。

一、传统中国法的原理是道德原理

"原理"是来自西方的概念，在传统中国文化中可与之相对应的是"道"。当然，这个"道"不单是道家之道，而是包含了道家之道的中华文化之道，亦即传统中国文化的共通原理。[3]

如果再加上自己的根底不足，就很难理直气壮地说出自己的想法。现在促成笔者来撰写这篇文章的因素，除了专业上的认识外，还有几个与之相关的问题意识：一个是费孝通先生讲的，在全球化的今天如何做到"文化自觉"；另一个是沟口雄三教授在一次国际会议的演讲中提到的，"中国知识分子的历史课题是摸索中国文化传统下法的原理（法源在于权利还是在于道德），或者在私营经济活动日益活跃的现状下，探索如何对共同性和个人性的关系作出原理的说明。"（参见［日］沟口雄三：《儒教研究的新期待——以阳明学为中心》，载张立文主编：《东亚文化研究》，东方出版社2001年版，第299页。）再有是目睹现实中国，一方面为它的发展深受鼓舞，一方面又为它存在的问题而忧虑。私见以为当下中国的最大问题不仅在于制度亦在于人，人的问题不仅在于规范更在于道德。如果我们的制度、法律和人都没有了道德，或者说缺乏了德性，那后果是不堪设想的。因此之故，我将自己学习《唐律疏议》的心得体会和对传统中国法的思考结合起来，借以重新探讨传统中国法的原理及其价值。

［3］参见冯友兰：《中国哲学简史》，涂又光译，北京大学出版社1996年版，第144～149页；严灵峰：《原道》，载胡晓明、傅杰主编：《释中国》（第2卷），上海文艺出版社1998年版，第899～906页；［韩］李顺连：《道论》，华中师范大学出版社2003年版。

因此，传统中国法的原理，可以理解为传统中国法之道。如何认识这个道，我们不妨先看一看《唐律疏议》在开篇《名例》篇中是如何说的。它说"德礼为政教之本，刑罚为政教之用，犹昏晓阳秋相须而成者也"[4]。这句话的意思是说，德礼是政教的根本，刑罚是政教的辅从，两者的关系犹如黄昏与早晨（相续为一天）、春天与秋天（相续为一年），只有相互结合才能构成完美的整体。这是对上述律文的直译，如果仔细分析，就会发现它的内涵远不是这么简单。首先，它融合了儒、法、道三家的思想。从概念的倾向上讲，"德礼"是儒家的，"刑罚"是法家的，"昏晓阳秋"是道家的。儒、法、道三家的思想在国家法典中融为一体，这是西汉以来中国法律发展到唐代"臻于完善"的表现，唐律由此成为传统中国法的象征和代表。其次，它贯彻了中华文化之道，体现出从阴阳合一、阳主阴从到礼法结合、德主刑辅的道德原理结构。为了更直观地阐明这一点，我们先看下面的图示：

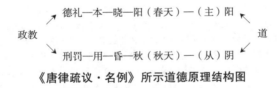

《唐律疏议·名例》所示道德原理结构图

很明显，这个图示是把上面《唐律疏议·名例》的表述结构化了，其中"阳秋"之后是笔者加上的，但符合道的构成。透过这个图示，我们可以看到作为政教两翼的德礼与刑罚与作为道之两仪的阳与阴的对应关系。我们知道，政教是传统中国政治文化的统称，法律亦包括在其中。因此，作为政教两翼的德礼与

---

[4] （唐）长孙无忌等撰：《唐律疏议》，刘俊文点校，中华书局1983年版，第1页。

刑罚，实际上就是传统中国法的基本内容，亦即儒、法、道三家法思想合流后的礼法结构。正如上述《唐律疏议·名例》所示，在这个结构中，德礼为本、刑罚为用。对此，人们把它概括为礼法结合、德主刑辅。礼法结合、德主刑辅是以唐律为代表的传统中国法的基本结构。由上述图示可见，礼法结合、德主刑辅的哲学基础或者说法理依据是阴阳合一、阳主阴从的中华文化之道。

毋庸赘言，"道"是传统中国文化的最高范畴。依据中国经典表述，道的基本构成是阳与阴，亦即太极的两仪或二元。[5]阴与阳这两者的关系是对立统一的辩证关系，其中对立中有相涵相摄，相涵相摄中又有支配，阳在其中起主导和支配作用，形成阴阳合一、阳主阴从的结构，产生阳生阴成、相生相成的结果，这即是传统中国的一阴一阳之道。[6]按照传统中国思维，阳代表德性，阳主意味着事物的属性依德。[7]因此，虽然在通常情况下，人们习惯于用道或理来指称事物的原理，但在这种情况下，道或理实际上已经含有了德。[8]因为道或理原本所表达的只是事物的

---

[5] 《周易·系辞上传》曰："易有太极，是生两仪"。

[6] 汉代大儒董仲舒在《春秋繁露·基义》中说的一段话可为经典，他说："凡物必有合。……阴者阳之合，妻者夫之合，子者父之合，臣者君之合。物莫无合，而合各有阴阳。阳兼于阴，阴兼于阳。夫兼于妻，妻兼于夫。父兼于子，子兼于父。君兼于臣，臣兼于君。君臣父子夫妇之义，皆取诸阴阳之道。君为阳，臣为阴。父为阳，子为阴。夫为阳，妻为阴。……阳之出也，常县于前而任事；阴之出也，常县于后而守空也。此见天之亲阳而疏阴，任德而不任刑也。是故，……德礼之于刑罚，犹此也。故圣人多其爱而少其刑，厚其德而简其刑，此为配天。"另见《春秋繁露·阳尊阴卑》等。

[7] 参见《易传》及《周子通书》。

[8] 如江袤说："道、德实同而名异，曰道曰德，亦何所不可也。"[（明）焦竑：《老子翼》，黄署辉点校，华东师范大学出版社2011年版，第229页。]

秩序结构，而德所表达的才是事物的内在属性。[9]这表明在事物构成的原初意义上，道是德的表现形式，德是道的存在依据，道与德共同构成了事物的统一性，亦即道德是事物的统一原理。[10]由此可见，作为秩序结构亦即原初意义上的道，与作为内在属性的德原本是相对应的，两者只有合成才能构成完整的道德原理；而作为原理意义上的道，实际上已经含有了德，所以，这个道亦可以称之为道德原理。有鉴于此，我把这个文化构成理论统称为"道德原理"。[11]

---

[9] 如《庄子·天地》："通于天地者，德也；行于万物者，道也。"又如《管子·心术上》："德者道之舍，物得以生……"又如《大戴礼记·主言》："道者所以明德也，德者所以尊道也。是故非德不尊，非道不明。"

[10] 如《周易·系辞上传》曰："一阴一阳之谓道，继之者善也，成之者性也。"说的就是这个意思。但要明白这句话的意思，先要明白"一阴一阳之谓道"的"道"是原理之道，而非与德对应以表示事物形式或结构的道。首先，从"一阴一阳之谓道"的"道"来看，此"道"已经包含了阴与阳，而道属阴、德属阳，所以，一阴一阳之道的"道"是已经包含了道与德的"道"。其次，"一阴一阳"是指阴阳变化的规律、法则或者说原理，所以，一阴一阳之道的"道"不止是已经包含了道与德的"道"，亦是指阴阳变化的规律、法则或者说原理。因此，所谓"继之者善也"，是指顺阴阳变化之原理而生生不息者谓之善，亦即德，因为德日生曰善。所谓"成之者性也"，是指受阴阳变化之原理而成形定型者谓之性，亦即道，因为道曰成为性（型）。所以，一阴一阳之道就是事物的统一原理，或者说万物生成的原理。即如《周子通书·顺化》所说："天以阳生万物，以阴成万物。"[（宋）周敦颐撰：《周子通书》，徐洪兴导读，上海古籍出版社2000年版，第36页。]

[11] 这里"道德原理"中的"道德"一词，其含义与现在我们通常所说的"道德"的含义不同。前者是传统中国哲学中的一个重要范畴，用以表达世界万物的原理，亦即正文中所说的，道是事物的存在形式，德是事物的存在依据，道与德共同构成事物的统一性。这个原理贯通天、地、人，亦即自然、社会与人类，所以它本质上是中国人的世界观。由此可见，它与我们现在通常所说的人的品行好坏的道德一词，包括与英文中的 moral 和 morality，在内涵上并不一致。它们之间的联系，只能说后者是从前者引申来的。

　　道德原理的内在结构是，德是阳是生是体是内是质是主，道是阴是成是用是外是式是辅，两者是对立统一的辩证关系。所以，道的有序建立在德的合理基础上，德的合理借由道的有序来体现。道德的合理有两层含义，即绝对的合理与相对的合理。绝对的合理为万物同理，亦即理一；相对的合理为物各有理，亦即分殊；两者对立统一为理一分殊。理一分殊是万物原理。理一意味着事物本质抽象上的同一，亦即形而上的"齐"。分殊意味着事物本质现象上的不一，亦即形而下的"差"。"齐"要求同等对待（即一体、统一、共生共荣），"差"要求区别对待（即不等、有序、和而不同），但两者都是合理的。德所固有的这种合理性结构，内在地规定了道并通过道向外呈现出来，最后形成有序与合理，亦即道（有序）与德（合理）的有机结合，实际是道与德的一体化，结果是合理有序的构成。其结构形式是道，表现为一体二元主从式多样化的构成；其本体性质是德，表现为生生不息的共生共荣，包括创生、仁爱、付出、责任、公明、诚实、本然等德性。这表明传统中国法的构成原理，形式上是道，实质上是德，亦即道德原理。如果对照上述《唐律疏议·名例》的表述和图示，我们即可发现，传统中国法的原理不过是中国文化原理在法律上的延伸和表达，只是这个原理的内涵有了变化，由阴阳合一、阳主阴从的哲学概念转换成了礼法结合、德主刑辅的法律概念。因此，从法哲学上说，传统中国法的原理可称之为道德原理。换言之，道德是传统中国人视法之为法，亦即法之正当性的理据所在，所以说它是传统中国法的原理。

二、传统中国法的道德原理之表证

道德就像我们生活中的空气，虽必不可少且时时感觉到，但却很难定义。原因是道德是一个广泛的体系，人们可以从不同的角度来认识它。从法和社会学的角度说，道德是社会调控体系中的一种形式，是人们关于善与恶、美与丑、真与假、正义与非正义之类的感觉、观点、规范、原则和信念的总和。由此可见，道德本身是一个系统，它至少包含了价值与理念、原则与规范、感觉与态度这样几个层面。在此，我们不妨借这个结构来解读一下传统中国法的道德原理。

（一）

首先在价值与理念层面上，亦即人们关于道德的信念方面，传统中国法的道德原理集中在一个"善"字上，表现到国家法律上就是追求"善治"，亦即以博爱的胸怀和精神来制定贯彻法律。《唐律疏议·名例》在谈到立法宗旨时说：

"《易》曰：'天垂象，圣人则之。'观雷电而制威刑，睹秋霜而有肃杀，惩其未犯而防其未然，平其徽纆而存乎博爱，盖圣王不获已而用之。"这是一段含义丰富、意味深长的话。它一是说明圣人（代表国家）立法效法自然，所谓"'天垂象，圣人则之。'观雷电而制威刑，睹秋霜而有肃杀"。二是表明圣人（代表国家）立法的目的不是刑杀，而是为了"惩其未犯而防其未然，平其徽纆而存乎博爱"。具体说，圣人（代表国家）立法的直接目的是"防其未然"，其深远意图则是"存乎博爱"。而圣王（国家圣主）为此之所以要动用刑罚，实在亦是不得已而为之。恰如宋儒朱熹所言："教之不从，刑以督之，惩一人而天下人知所劝戒。所谓'辟以止辟'。虽曰杀之，而爱之实已行乎其中。"[12]其实，《唐律疏议》主持人长孙无忌等在《进律疏表》中对此就有很好的说明：所谓"伏维皇帝陛下，体元纂业，则天临人，覆载并于乾坤，照临运于日月，坐青蒲而化四表，负丹扆而德被九围。日旰忘餐，心存于哀矜；宵分不寐，志在于明威"[13]。大家知道，《名例》是《唐律疏议》的灵魂，《唐律疏议》是唐律的精髓，唐律又是传统中国法的代表，因此，《唐律疏议·名例》所表述的这个立法宗旨，并不仅限于《唐律疏议》，而是传统中国法的共同特质。《清史稿·刑法志》对此有一个很好的总结，它说："中国自书契以来，以礼教治天下。劳之来之而政出焉，匡之直之而刑生焉。政也，刑也，凡皆以维持礼教于勿替。故《尚书》曰：'明于五刑，以弼五教。'又曰：'士制百姓于刑之中，以教祗德。'古先哲王，其制刑之精义如此。……至唐《永徽律》出，始集其成。虽沿宋迄元、明而面目一变，然科条所布，于扶翼世教之意，未尝不兢兢焉。君子上下数千年之间，观其教化之昏明，与夫刑罚之中不中，而盛衰治乱之故，綦可睹矣。"这个总结阐释了传统中国几千年来的立法精髓是"以教祗德"的善。因此，从价值与理念层面上讲，传统中国法的原理既可谓是道德原理又可谓是善的原理。

其实，"善"不止是传统中国文化的至德[14]，亦是人类的

---

[12] （宋）黎靖德编：《朱子语类》（第5册·第78卷），王星贤点校，中华书局1994年版，第2009页。

[13] 前揭（唐）长孙无忌等撰：《唐律疏议》，刘俊文点校，第578页。

[14] 有关传统中国善的价值系统研究，请参见杨国荣：《善的历程：儒家价值体系研究》，上海人民出版社2006年版。

崇高美德，犹如亚里士多德所说："每种技艺与研究，同样地，人的每种实践与选择，都以某种善为目的。所以有人就说，所有事物都以善为目的。"[15] 但在不同的文化中，善的来源有所不同。西方文化中的善，最早来自柏拉图的理念论，后又出自基督教的上帝。[16] 如果要追溯传统中国文化中的善，至少可溯及中华文化的元典《易》。《周易·系辞上传》曰："一阴一阳谓之道，继之者善也，成之者性也。"其意是说一阴一阳的对立转化称作道，继承它的是善，成就它的是本性。具体说"善"就是化生万物，亦即万物的创生原则，这是宇宙间最大的盛德，所以《周易·系辞上传》曰："日新之谓盛德"，《周易·系辞下传》曰："天地之大德曰生"[17]。由此可见，传统中国文化中的善源自道寓于德，延伸到传统中国法上，即构成笔者所说的道德原理。这一点与西方显然不同。

（二）

在善的信念指导下，传统中国法的道德原理表现到法律原则与规范上，可以简单地用"三纲五常"来概括。三纲是指君为臣纲、父为子纲和夫为妻纲，五常包括仁、义、礼、智、信。三纲是社会的伦理，五常是个人的德性。传统社会"纲常"二字连用，意指道德或一般道德律。[18] 三纲五常是长期以来受批判的传统中

---

[15]　参见［古希腊］亚里士多德：《尼各马可伦理学》，廖申白译注，商务印书馆2003年版，第3~4页。

[16]　参见［美］梯利：《西方哲学史》（增补修订版），葛力译，商务印书馆2000年版，第65~67页、第71~73页、第166~168页。

[17]　更多的讨论参见周振甫译注：《周易译注》，中华书局1991年版，第234页。牟宗三主讲：《周易哲学演讲录》，华东师范大学出版社2004年版，第54~60页。

[18]　参见前揭冯友兰：《中国哲学简史》，第170页。

国的法律原则和制度。其实，随着中国封建社会的成长，三纲五
常并非没有发挥过积极作用，否则就无法理解传统中国社会的兴
盛与作为政纲的传统法的关系。[19]只是随着中国封建社会的衰落，
三纲五常的消极性才凸现出来。但对此亦要作具体分析，作为封
建的、专制的和宗法的三纲，由于不适时宜已遭淘汰，所以本文
在这里亦不予讨论。但作为具有普遍意义的人的道德原则，五常剔
除它某些具体过时的礼教内容，仍有研讨的必要。笔者正是秉着这
一认识，来重新检讨五常在传统中国法的原则与规范上的表现。

为什么说五常属于道德原理的范畴，这是我们要讨论的前
提。本文在前面已经说明，道德原理的原理是道而属性是德，那
么，德的具体内容又是什么呢？按照一般的理解，德的具体内容
是仁、义、礼、智、信之五德，即通常所说的德目。[20]这五德就
是人们所说的五常，常有不变的意思，表明人有五种不变的德
性，与通常说的五伦[21]略有不同。如此，我们明白五常或德目，

---

[19]　朱熹说过："宇宙之间，一理而已。天得之而为天，地得之而为地，而凡生于
　　　天地之间者，又各得之而为性。其张之为三纲，其纪之为五常，盖皆此理之流
　　　行，无所适而不在。"[（宋）朱熹撰：《朱子全集》，上海古籍出版社、安徽教
　　　育出版社 2002 年版，第 3376 页。] 这说明在传统中国的思想体系或者说中国
　　　人的世界观中，"三纲五常"是天理。还有，贺麟先生对五伦特别是三纲作了
　　　与众不同而富有哲理的解读。他认为，在传统中国，三纲之为纲有着自然、政
　　　治和道德上的合理性，对于大一统国家的存在和维护作用亦是明显的。参见贺
　　　麟：《五伦观念的新检讨》，载胡晓明、傅杰主编：《释中国》（第 2 卷），上海文
　　　艺出版社 1998 年版，第 1204 ~ 1218 页。

[20]　参见前揭牟宗三主讲：《周易哲学演讲录》，第 113 页。

[21]　五伦是儒家认为的五种人伦道德，即亲、义、别、序、信，来自于孟子的"人
　　　之有道也，饱食暖衣，逸居而无教，则近于禽兽。圣人忧之，使契为司徒，教
　　　以人伦：父子有亲，君臣有义，夫妇有别，长幼有序，朋友有信"（《孟子·滕
　　　文公上》）。

即仁、义、礼、智、信，是我们要讨论的对象。千百年来，中国人对仁、义、礼、智、信之五常的解释并非一致。[22]这是理所当然的事，因为变本身是符合道的，所以易亦叫移。但变中有不变，这亦是道，所谓易有常经。[23]笔者以为，普通中国人对五常的一般理解是：仁表示仁慈博爱，义表示适宜恰当，礼表示有序合理，智表示明智通达，信表示诚实信用。藉此，我们对它们可以作法律结构上的分析。

大家可以看到，仁的含义是仁慈博爱，在五常的结构中它居于首位，说明它是五常的第一原则，这在传统中国法中亦有同样的体现。正如我们在前面所引的《唐律疏议·名例》所说的"平其徽纆而存乎博爱"，以及长孙无忌等在《进律疏表》中表述的"而体国经野，御辨登枢，莫不崇宽简以弘风，树仁惠以裁化"[24]。还有朱熹所说的"虽曰杀之，而仁爱之实已行乎其中"，以及《清史稿·刑法志》引《尚书》所说的"明于五刑，以弼五教"和"士制百姓于刑之中，以教祗德"等，都清楚地表明：仁，亦即仁慈博爱，既然已是传统中国立法的宗旨，当然亦是传统中国法的第一原则。这一原则在法律规范上的突出表现就是慎刑和恤刑的宽宥制度，包括死刑复奏、诸司会审、秋审朝

---

[22]　在对五常的理解中，孔子和孟子的说明是引用最广的，但实际上后人的理解并不局限他们，只是大意相通而已。孔子说："上好礼，则民莫敢不敬；上好义，则民莫敢不服；上好信，则民莫敢不用情。"（《论语·子路》）孟子说："恻隐之心，仁也；羞恶之心，义也；恭敬之心，礼也；是非之心，智也。仁、义、礼、智，非由外铄我也，我固有之也。"（《孟子·告子上》）

[23]　《易纬·乾凿度》曰："易一名而含三义，所谓易也，变易也，不易也。"（孔颖达：《周易正义》卷首引）

[24]　前揭（唐）长孙无忌等撰：《唐律疏议》，刘俊文点校，第577页。

审、秋冬行刑等慎刑制度，和对老、弱、病、残、鳏、寡、孤、独，以及妇女、儿童的恤刑制度。[25]这些体现仁爱精神的法律规定，在传统中国法中可谓不胜枚举，可以说自西周《吕刑》到《大清律例》，历朝正典都有明确规定，而且从《北齐律》以后，一般都作为原则载于法典的首篇《名例》中，就像《唐律疏议》中的《名例》那样起着指导规范全律的作用。例如，《唐律疏议》对加役流的疏议曰："加役流者，旧是死刑，武德年中改为断趾。国家惟刑是恤，恩弘博爱，以刑者不可复属，死者务欲生之，情轸向隅，恩覃祝纲，以贞观六年奉制改为加役流。"[26]而且由于在传统中国文化中，仁、善、德相通，所以，当我们讲传统中国法的道德原理时，实际上亦等于在说它的善、它的仁。

在仁之后的五常结构中，分别排列着义、礼、智、信。义、礼、智、信同样是传统中国人的重要德性，是仅次于三纲和仁的法律原则与规范。先就"义"来说，它的基本含意是适宜、恰当，说明义有正当、正义的意思。[27]这是人类法律的共性之一，自然亦是包括唐律在内的整个传统中国法的立法原则或者说法律根据之一，即如《唐律疏议·名例》"序"所说："律者，训铨，

---

[25] 传统中国法中有关慎刑、恤刑的规定，可谓历史悠久、内容繁多，无法一一列举。有意者可参阅诸法典的《名例》篇和《历代刑法志》的相关部分；或参见 [美] D. 布迪等：《中华帝国的法律》，朱勇译，江苏人民出版社 1995 年版，第 112～140 页 "司法制度"；或浏览较好的《中国法制史》著作中司法制度部分。

[26] 前揭（唐）长孙无忌等撰：《唐律疏议》，刘俊文点校，第 35 页。

[27] 孔颖达对《唐律疏议·名例》"序"中所引《周易》的"理财正辞，禁人为非曰义"的"义"的解释是："义，宜也。言以此行之，得其宜也。"［参见前揭（唐）长孙无忌等撰：《唐律疏议》，刘俊文点校，第 24 页。］

训法也。易曰'理财正辞，禁人为非曰义。'故铨量轻重，依义
制律。"[28]同时，由于传统中国是等级社会，所以义的正当性往
往与身份相关，其实这亦正是人类古代法的一大特征，中国自不
例外。再有，传统中国的义经常与仁联系在一起称作仁义，说明
义有强烈的利他道德意味，这是传统中国法的特色。义的这三层
含义在唐律和传统中国法中都有体现，譬如，"杀人者死，伤人
者刑"；"八议"与"官当"；以及怜老恤幼、抑强助弱，这三项
传统中国法的基本原则及其规范，可以分别对应上述义的三层含
义。[29]

　　现在来讨论礼。礼，虽然在五常中居中，但它与德相连，统
称为德礼，一直是传统中国法的核心概念和重要原则。礼原本是
一种习惯，后发展为系统的规范，追求的是合理的等级秩序，亦
即费孝通先生在他的《乡土中国》中所说的"差序格局"。[30]在
传统中国，这种"差序格局"是合理的文明的标志，因为礼所
倡导的这种等差据于理、合于德、归于道，是传统中国道德文化
原理的体现。所以，"礼法合一"是天理→情理→法理的合一。
礼在传统中国法中有广泛的表现，我们几乎可以在各个领域中观
察到它的存在，前引《唐律疏议·名例》所揭示的"德礼为政
教之本"已经说明了问题，《唐律疏议》500 条中本身就有不少

〔28〕　前揭（唐）长孙无忌等撰：《唐律疏议》，刘俊文点校，第 1～2 页。

〔29〕　更详细的讨论，可参见［美］金勇义：《中国与西方的法律观念》，陈国平等
　　　　译，辽宁人民出版社 1989 年版，第 78～143 页。

〔30〕　参见费孝通：《乡土中国》，生活·读书·新知三联书店 1985 年版，第 21～
　　　　28 页。

律文和疏议直接是以礼为据的。[31]正如《四库全书总目·唐律疏议提要》的评论："论者谓《唐律》一准乎礼，以为出入得古今之平，故宋世多采用之。元时断狱，亦每引为据。明洪武初，命儒臣四人同刑官进讲《唐律》，后命刘惟谦等详定《明律》，其篇目一准于唐。"清代学者王友谅在《书唐律后》中亦说："《唐律》具存，计篇十二，计卷三十，而国朝定制，参稽旧文，损益以归于大中，其所资者，亦以《唐律》为多。"[32]其实，在宋明理学取代汉唐儒学成为正统意识形态后，礼和教合一，礼教的观念由此获得了前所未有的深化和扩散，宋尤其是明、清诸律中的礼教化远胜于《唐律》。正可谓"礼之所去，刑之所禁；失礼则入刑，相为表里者也"[33]。

传统中国崇尚德性，但并不排斥智性，而且把智性亦看成是德性的一种，所以五常中有智这一项，排列于礼之后。在传统中国文化中，智是知识又是智慧，但因为不是所有的知识和智慧都有德性，所以只有合乎礼的知识和智慧才是智，这样的智谓之智德，表现为明智通达，因而为法律所尊，否则要受限制以至处罚。[34]例如，传统中国法长期将人分为士、农、工、商四类，规定士人和农人是良民，官工和以商为业者是贱民，而良民与贱民

---

[31]　参见前揭（唐）长孙无忌等撰：《唐律疏议》，刘俊文点校，第4页、第80～81页、第190页、第498页等。

[32]　《清·经世文编》卷九。

[33]　《后汉书·陈宠传》。

[34]　在传统中国，凡是触犯礼教的知识和智慧，往往被视为奇技淫巧，受到法律的禁止和制裁。如，对天文星象知识的垄断。《唐律疏议·职制》"私有玄象器物"条规定："诸玄象器物，天文，图书，谶书，兵书，七曜历，太一，雷公式，私家不得有，违者徒二年。[私习天文者亦同]……"

之间身份悬殊，在权利与义务上有着广泛的等差。[35] 这是传统中国一项重大的身份法原则。此外，即使同样是良民，士人的身份又远在农人之上。[36] 根据笔者的理解，传统中国法中的身份制度受多种因素的影响，但毫无疑问，尊智是其中的一项。当然，法律上的这种以智划分身份的规定只适于当时，如今早已过时。除了身份上的尊智外，在传统中国法的实施上，因智的不同而有同罪异罚的现象，如对年幼和愚、残等智力不健全者，一般都减免法律责任。《唐律疏议·名例》"老小及疾有犯"条规定："诸年七十以上、十五以下及废疾，犯流罪以下，收赎。八十以上、十岁以下及笃疾，犯反、逆、杀人应死者，上请；盗及伤人者，亦收赎。余皆勿论。"[37] 其实，这正体现了智后面德的仁爱。对于这一点，西方学者亦是给予赞赏的。[38]

最后，我们来讨论一下信。在传统中国，信有信仰、信念、信义、信用、信心等多重含义。但显而易见，五常中的"信"，一般是指信义、信用，亦即诚实信用。诚实信用是人类的元伦理，亦是发达的西方民法的一项基本原则。这一点法学家们都清楚。然而，并非大家都清楚的是，尽管传统中国的民事法相对于西方不发达，但诚实信用亦是它的一项重要原则；而且按照西方法的分类，无论是在公法还是私法领域，这一原则都是明确的。在中国早期的典籍《礼记》中就已经有了"物勒工名，以考其

[35] 参见瞿同祖：《中国法律与中国社会》，中华书局1981年版，第130~249页。
[36] 士人享有许多农人所不能享有的法定特权，如明清时期的减免赋税，还有士人犯法在革除学籍后官府才能追究等。
[37] 前揭（唐）长孙无忌等撰：《唐律疏议》，刘俊文点校，第81~83页。
[38] 参见前揭［美］D.布迪等：《中华帝国的法律》，朱勇译，第28~31页。

诚；功有不当，必行其罪，以穷其情"[39]的制度，这一制度在传统中国法中得到了很好的贯彻。《唐律疏议》共有十二篇，其中第八篇《诈伪》主要是对公法领域中不诚实的欺诈行为的处罚规定。如《唐律疏议·诈伪》"非正嫡诈承袭"条规定："诸非正嫡，不应袭爵，而诈承袭者，徒二年；非子孙而诈承袭者，从诈假官法。若无官荫，诈承官荫而得官者，徒三年。……"[40]在唐代，按照令的规定，爵位只能由嫡子嫡孙承袭，官荫只能由子孙承荫，凡欺诈冒袭、承荫者，分别处徒刑和流刑。类似的规定在《唐律疏议·职制》等篇中亦有涉及，此不赘述。在私法领域，对不讲诚信而有欺诈行为的处罚规定主要集中在《唐律疏议·杂》和《唐律疏议·擅兴》等篇中。如承袭《礼记》"物勒工名"的精神，《唐律疏议·杂律》"器用绢布行滥短狭而卖"条规定："诸造器用之物及绢布之属，有行、滥、短狭而卖者，各杖六十。……"[41]意思是说，凡制造并销售有行、滥、短狭之瑕疵的商品者，亦即在商业生产和销售中有隐瞒商品瑕疵而不讲诚信者，分别要处杖六十的处罚。笔者亦曾对唐代的经济民事法律做过研究，结论是诚实信用是唐代工商法和债权法的共通原则。[42]

（三）

在传统中国法的道德原理结构中，还有一个感觉和态度的层

---

[39] 《礼记·月令》。

[40] 前揭（唐）长孙无忌等撰：《唐律疏议》，刘俊文点校，第463页。

[41] 前揭（唐）长孙无忌等撰：《唐律疏议》，刘俊文点校，第497页。

[42] 参见张中秋：《唐代经济民事法律述论》，法律出版社2002年版，第51～72页及第149～170页。

面。这一层面主要是作为主体的人对客体的法，包括对法的规定和施行的认识与评价，通常表现为大众心理感觉和社会舆论情态。笔者认为，通过对传统中国法观念的解剖这条途经，我们可以获得对这个问题的大致认识。因为法观念反映了人们对法的认识和评价，而且亦是大众有关法的心理感觉和社会舆论的依据。因此，透过法观念，我们可以了解到在传统中国法的道德原理结构中感觉与态度这一层面的情状。

　　传统中国的法观念是一个大法观念，包括天理、国法和人情。[43]按照传统中国人的理解，天理、国法和人情是相通的。所以，国法能够而且必须上符天理下合人情，否则，就不能称之为

---

[43] 从语义上说，汉字中的"法"本身就有法则、法度、法式、法律、法规、合情、合理等含义，涵括了天理、国法和人情的意义。从制度上看，传统中国历代法典的开篇，尤其是唐代以后诸法典的《名例》篇，以及历代正史中的《刑法志》，譬如第一篇《汉书·刑法志》和最后一篇《清史稿·刑法志》，事实上都是在对天理、国法与人情一体化的来历与正当性的论证和重述。如果再从法的实践方面来考察，传统中国留传下来的司法判决和文献亦能印证这一点，至少在判官、当事人和文书/文献制作者的观念上，他们自己是这样认为的。还有更重要的是，生活在传统中国社会中的普通民众的法意识，这虽然难以界定，但把它看成是一个天理、国法、人情的混合体，大概离真实不会太远。另，陈顾远先生对天理、国法、人情三位一体，以及国法、人情都归于理的解读，可以说都是正确的认识。（参见陈顾远：《天理·国法·人情》，载范忠信等编：《中国文化与中国哲学——陈顾远法律史论集》，中国政法大学出版社2006年版，第275～282页。）但他通篇没有在哲学上说透，天理为何能支配国法、人情，亦没有在逻辑上说清天理、国法、人情是如何贯通的。其实，在中国哲学中，宇宙是一个有机系统，万物相互感应互为一体，所以自然、社会、人类是相通的，而通就通在理上。这个理就是天理。它首先表现为万物井然有序与生生不息的自然之理，进而被先贤们抽象表达为道与德，所以称之为道德律。道德律不仅是中国人观念中的自然律，亦是社会集体、人类生活的支配律，所以，道德乃是中国文化的根本原理，天理、国法、人情正是在此基础上达到三位一体相互贯通的。

国法。那么，是什么让它们相通呢？仔细分辨一下即可发现：天虽然是客观存在但不能言，所谓天理实际是人在代言；国法虽亦是客观实在，但实际上它还是人的产物；最后，只有人情才是人的主动表现。因此，在天理、国法与人情的关系中，人情处于主体/主动的位置，而天理与国法只处于客体/被动的位置。这样，在三间之间能够起贯通作用的，或者说担当贯通这一角色的只能是人情。那么，人情又是通过什么来贯通的呢？笔者以为，只是一个"理"字而已，所谓天理、法理、人理，实则是一理。因这个理出自人情，所以又叫"情理"。

在汉语境中，"情理"是指合乎人情的道理或者说有道理的人情。什么是合乎人情的道理或者说有道理的人情呢？对生活在不同的文化和场景中的人来说，它的含义和范围似乎都难以确定。但笔者相信，在传统中国，情理的核心内容是确定的，就是我们在前面所说的三纲五常，其来源正是传统中国文化的道德原理。《唐律疏议·名例》"大不敬"中有注："指斥乘舆，情理切害。"疏议对"情理切害"的解释说："旧律云'言理切害'，今改为'情理切害'者，盖欲原其本情，广恩慎罚故也。"[44]大家知道，原其本情是考察动机，广恩慎罚是示仁爱，两者都是道德性的表现，所以，"言理"改为"情理"这一字之改，则深刻体现了《唐律疏议》的法理意蕴。作为传统中国大众道德表现的情理，由于它是根植于道德原理的，所以在精神和内涵上都与当时社会的主流价值一致。传统中国的主流价值在早期是礼，后来发展为礼教。礼教的核心内容就是三纲五常，亦即通常所说的

---

[44]　前揭（唐）长孙无忌等撰：《唐律疏议》，刘俊文点校，第 11～12 页。

"纲常名教"。礼教能够成为传统中国社会的"纲常名教",说明它深入人心已到了何等地步!这同时亦意味着在传统中国,无论是精英阶层还是普通民众,三纲五常实际是人们评价法的准则。正如朱熹所说:"盖三纲五常,天理民彝之大节而治道之本根也,故圣人之治,为之教以明之,为之刑以弼之,虽其所施或先或后,或缓或急,而其丁宁深切之意未尝不在乎此也。"[45]所以,具体到某部法典、某条律文或某件判决,凡是符合君为臣纲、父为子纲和夫为妻纲之三纲的,或体现仁、义、礼、智、信之五常的,就是合乎情理,反之即不合情理。正是由于这个原因,传统中国法亦被称之为"情理法"。[46]情理法说出了人们对传统中国法的认识与评价,同时亦恰当地表达了大众对传统中国法的道德原理的感受与态度。

三、传统中国法的道德原理之意义

在前述部分中,我们对传统中国法道德原理的内涵和结构进行了解读与分析,在这一部分中,我将以前述为基础,深入探讨它的价值。需要说明的是,既然是价值探讨,自然是指积极的方面,否则就不能称之为价值。但这不等于说传统中国法的道德原理没有消极的东西,其实本文在前面已经指出了作为道德原理表

---

〔45〕 转引自杨鸿烈:《中国法律思想史》,中国政法大学出版社2004年版,第141页。
〔46〕 此类资料繁多,不复列举,经典者可见宋人《名公书判清明集》和明、清官员以及幕吏的判牍文集。现代研究的成果,可参见[日]滋贺秀三:《清代诉讼制度之民事法源的概括性考察——情、理、法》,载王亚新等编:《明清时期的民事审判与民间契约》,法律出版社1998年版;范忠信等:《情理法与中国人——中国传统法律文化探微》,中国人民大学出版社1992年版;林端:《儒家伦理与法律文化——社会学观点的探素》,中国政法大学出版社2002年版。

现的三纲之弊端，即封建性、专制性和宗法性。这些大家都已清楚，不再赘述，而且原本亦不宜列入价值讨论的范畴。在此我对这一问题所要作的探讨，主要立足于原理本身及其表现，并集中到人、法、社会这三个方面，表述为传统中国法的道德原理对人与法和社会的意义。

从对人的意义来说，传统中国法的道德原理的最大价值在于它的人文性。这个人文性立足于道德之上，体现为对人之为人的德性的确认、保护和促进，因此我们不妨称之为道德人文性，这使它不同于立足于理性之上的西方人文主义传统。[47]如果要以史为证的话，我们可以说，在中国的夏商时期，法律还受原始性的宗教神权支配，所以"天罚神判"盛行，人的主体性和理性都受到神性的压制。但从西周开始，人的主体性和理性崛起，体现德性的人文法逐渐代替原始性的宗教神权法。西汉以后中国的法律与儒家伦理相结合，到唐朝两者达到了水乳交融的境地，形成了礼法结合、德主刑辅的唐律。这在古代社会是一种高度发达的人文法，其正当性直接来源于它的道德性，而其哲学依据就是我们在前面所说的道德原理。如前所说，道德原理的结构是阴阳合一、阳主阴从，这是传统中国人所认识到的万物构成的原理，体现到人就是人的德性对兽性控制的身心合一，体现到法就是德主刑辅的礼法结合。这样的法不止是摆脱了神鬼式的原始宗教的束缚，而且是肯定、高扬了现实中的人和人的德性，所以说它是一种高度发达的人文法。

---

[47] 参见［英］阿伦·布洛克：《西文人文主义传统》，董乐山译，生活·读书·新知三联书店1997年版。

在传统中国文化中，人心和德归属于阳性，与理性相通，代表人性与文明；与此相对，人身和刑归属于阴性，与非理性相通，代表禽性（本能）与野蛮。因此，德主刑辅的法就是符合心主身从的人法，亦即人的德性对兽性、理性对非理性控制的法。[48] 从传统中国人的立场看，这样的法是合乎道德的，可谓是合情合理的良善之法。从今天的立场看，剔除它过时的道德内容，传统中国法的道德原理亦仍有其不变的价值，即它对人之为人的德性的确认、保护和促进。那么，为什么一定要确认、保护和促进人的德性呢？如果要深究下去，其背后实际是对"人"是什么的回答。孟子说："人之所以异于禽兽者几希，庶民去之，君子存之。"[49] 所以，"无恻隐之心非人也，无羞恶之心非人也，无辞让之心非人也，无是非之心非人也。"[50] 荀子则对比说："水火有气而无生，草木有生而无知，禽兽有知而无义，人有气有生有知，亦且有义，故最为天下贵。"[51] 按照荀子的理解，人区别于水火的是有生，区别于草木的是有知，区别于禽兽的是有义；水火是无生物，草木是植物，禽兽和人都是动物，所以动物贵于植物，植物贵于无生物；但人这个动物与禽兽不同，不同的是人

---

[48] 心主身从的含义是心灵支配身体，它标志着人类进入了文明时代，因此，我将它称之为人的文化原理。依据这一原理，可归入心的范畴的神、人、灵魂、意志、精神、道德、文明，等与理性相关的概念，与可归入身的范畴的人、动物、躯体、本能、物质、邪恶、野蛮等与非理性相关的概念就有了对应关系。心主身从要求后者服从前者，准确说是理性控制非理性，精神支配物质，神灵指导人类。我以为包括法律文化在内的人类文明，共同遵循着这一人的文化原理。

[49] 《孟子·离娄下》。

[50] 《孟子·公孙丑上》。

[51] 《荀子·王制》。

有义而禽兽没有，所以人贵于禽兽在于义。后人在此基础上进一步发展，如宋儒程颐明确提出："君子所以异于禽兽者，以有仁义之性也。"[52] 我们知道，义与仁是德的核心，所以人贵于禽兽，贵的实质在于德。这样的逻辑是中国人的一般思维，因此国人普遍认为，人虽是万物之一，但万物以人为贵，贵就贵在有德，且德性的大小决定了人从圣贤到小人的品格区别，无德或缺德就坠入了禽兽的行列，民间谓之畜牲。由此我们明白，为了使人成为人而不是畜牲，法必然要以道德为原理，这样的法亦必然要对人的德性加以确认、保护和促进。这就是传统中国法道德原理的人文性由来和它的价值所在。

从对法的意义来说，传统中国法的道德原理的最大价值在于它的向善性，或者说它对善的追求。我们知道，在传统中国，善的核心是仁义，因此，仁义是传统中国文化中善的特定内涵。仁义的力量至强至大，最终发展成了中国文化的基本精神。作为中国文化基本精神的仁义或者说善，表现在立法原则上就是《唐律疏议·名例》所说的"防其未然"和"存乎博爱"，具体到法律规定上则是一系列相应制度的确立。对此我们不必繁复引证，即从后人的评价中亦可见一斑。元人柳赟在《唐律疏议序》中说："盖姬周而下，文物仪章，莫备于唐。始太宗因魏徵一言，遂以宽仁制为出治之本，中书奏谳，常三覆五覆而后报可，其不欲以法禁胜德化之意，皦然与哀矜慎恤者同符。"[53] 清人孙星衍更是在《重刻故唐律疏议序》中提出："夫不读唐律，不能知先秦历

[52] （宋）程颢、程颐：《二程集》（上），中华书局1981年版，第323页。
[53] 前揭（唐）长孙无忌等撰：《唐律疏议》，刘俊文点校，第663页。

代律令因革之宜，不足彰圣朝立法之仁、折衷之当。"[54]正如前面已经指出在此还要强调的是，《唐律疏议》所体现的传统中国法的这种精神，亦即它的仁义性或者说对善的追求，是基于道德原理而形成的一种内在的、固有的、天然的品质，而并非是由其他外在因素所加诸的。因此，可以这样说，只要坚持道德原理，向善就是它的本能，趋恶就是对它的反动，这是道德原理的本性使然。在这方面，虽然理论与实践有差异甚至脱节，但作为原理的意义并不因此减少，因为原理的价值原本就在于有理，而说理和服理亦是人类的天性，更何况道德原理是符合人的身心结构（心主身从）和主体追求（人心向上）的。基于这几点认识，我以为向善性是道德原理对《唐律疏议》的最大贡献和意义所在，同时亦是传统中国法的伟大之处。

这里用"伟大"这个词并非感情用事，亦非昧于西方而不了解现代法学，实是事出有因。本文在前面曾提到，传统中国的善源自道而寓于德，这是与万物相通同时又是万物生育的原理。它的核心点是万物有道、道中有德、德贵在生。生就是生育，引申为利他和奉献。所以，万物因为有了德（的利他和奉献），才得以生育；如果没有了德（的利他和奉献），万物将归于寂灭。这即是说万物的存在及其意义都在于德的利他和奉献，而不是利己或索取这种无德的行为，所以有"上善若水，水善利万物而不争"之说。[55]这是从《易经》发展来的中国哲学，并长期指导

---

[54] 前揭（唐）长孙无忌等撰：《唐律疏议》，刘俊文点校，第 668 页。
[55] 《老子·八章》。

着中国人的生活，使他们从中获得生存的意义。[56]《大学》所说的"大学之道在明明德，在新民，在止于至善"，就是对这种哲学指导下的人生观的最好阐释和最高期待。这个观念反映到法就是道德原理，亦可以说是道德法哲学。道德原理使得向善成为传统中国法的本质属性，反映在制度上即道德成为法律上的责任；在权利与责任[57]关系上，使责任优先成为法的基本特征，成为一种责任—权利结构型的法。[58]现在来看，这样的法既不同于西方又似乎与时代脱节，但我们不要忘了道德原理是创生和无私的

---

[56] 参见《周易》以及前揭牟宗三的《周易哲学演讲录》和韩国学者李顺连的《道论》相关部分。

[57] 在这里我使用"责任"而不是"义务"一词，是因为考虑到在英语中，"义务（duty/obligation）"与"责任（liability/responsibility）"虽略有区别（此点感谢张骐教授的提示），但可以通用，然而在汉语里，义务与责任却有不同。一般认为，义务是被动的，是主体对外部要求的一种回应，含有应要求和被迫使的意思；而责任具有主动性，是发自主体内部的一种积极行为。因此，相对于西方或者说现代的法律关系中的义务，"责任"一词更符合传统中国法的精神和实状。基于这方面的考虑，对传统中国法的结构模式，我倾向于用"责任—权利"来加以表述。

[58] 毫无疑问，这种结构型的法通过对个人私心的压制和对人类责任的张扬，以求达到一种"重义轻利"的和谐，但这不等于说传统中国法中没有权利的存在。因为传统中国社会中的人是处在由各种关系所构成的整体中的，所以，传统中国人的权利是存在于群体关系中，且任何权利的有无大小都要以责任为前提并与责任成比例。大家知道，家长在传统中国法中享有特权，但很多特权都是以家长先尽和能尽一家之责为前提的，甚至家人的违法行为亦由家长来担责。如《唐律疏议·卫禁》"不应度关而给过所"疏议曰："家人不限良贱，但一家之人，相冒而度者，杖八十。既无'各'字，被冒名者无罪。若冒度、私度、越度，事由家长处分，家长虽不行，亦独坐家长，此是'家人共犯，止坐尊长'之例。"[前揭（唐）长孙无忌等撰：《唐律疏议》，刘俊文点校，第174页。]这是因为人（尤其是家长）是道德的主体，法是主体价值的载体，所以传统中国法的责任—权利结构，实际上是道德原理在人与法上的贯通和展开。

原理，道德即使不是万物亦应是人类的第一原则。[59] 因此，传统中国法的向善性不仅有着坚实的法理依据和深厚的哲学基础，亦体现出它不同于西方的道德理性之光，对协调现时代的人际、族际、区际和国际关系仍有指导意义。[60] 尽管坚持这一点需要我们对传统中国法中的道德必须作哲学上的理解，而且必然要遗弃它一些旧时精华而今却是糟粕的东西。

从对社会的意义来说，传统中国法的道德原理的最大价值在于它的和谐性，亦即它对和谐社会的追求。经验还有理论都告诉我们，社会和谐来自于人际关系的协调，人际关系的协调来自于社会关系的合理性，社会关系的合理性决定于社会结构。[61] 毫无疑问，从社会结构到社会关系再到人际关系，我们的认识可经由不同的途径，但法显然是制度性认识的最好途径。以此来观察传统中国社会与法，可以发现，无论是社会结构还是社会关系以及人际关系，从纵向上看都是等差的，从横向上看又是对等的。这里所谓的等差，是指按传统中国法的规定，人的身份是一个上下不等的阶梯结构。[62] 这个结构在《唐律疏议》中被表述为"贵贱、

---

[59] 万物是否以道德为据，这在哲学和科学上有不同的回答。但对人类来说，道德是绝对命令，是人类作为人类存在的第一原则。如果没有道德，人类将不是人类而为他类。对于此，中西方都有共同的认识，如中国的孟子和西方的康德，尽管他们的措词和含义或有不同。

[60] 参见张翰书：《比较中西政治思想》，台湾五南图书出版公司2005年版，第1~26页。

[61] 参见［日］富永健一：《社会学原理》，严立贤等译，社会科学文献出版社1992年版。

[62] 从上到下的排序是帝皇、贵族、官僚、平民、贱民、奴婢。除去奴婢在权利主体之外，不同等级之间主体的权利和义务是不相等的，整个结构从下往上权利可扩大至不限，而义务可缩小至无。但法律又同时规定，同一等级内主体的权利和义务是相等的，亦即横向上看是对等的。

尊卑、长幼、亲属等"[63]。在传统中国，这个等级结构是构成费
孝通先生所说的差序格局的主要部分。差序格局是传统中国社会
相对合理的人际关系的反映，符合传统中国社会结构，被视为和
谐社会的象征，通常谓之礼治秩序。[64]然而，尽管传统中国法的
这类规定，亦是道德原理的体现，有着与"善"同样坚实的法理
依据和深厚的哲学基础，但如同"三纲"一样，它在追求平等的
现代社会中被整体抛弃了。其实，它某些合乎人性的部分，如长
幼有序、亲疏有别，即使在今天亦是有现实基础和实际意义的。

　　在传统中国法对和谐社会的追求方面，不需要甚至不应该完
全放弃的部分，是它基于道德原理对群体与个体这一类关系的设
定。按其设定，在群体与个体的关系中，前者为主，后者为从，
构成上面所说的横向上的主从结构。这个结构的法理依据和哲学基
础亦是道德原理，所以《唐律疏议·杂》"见火起不救告"疏议曰：
"见火起，烧公私廨宇、舍宅、财物者，并须告见在及邻近之人共
救。若不告不救，'减失火罪二等'，谓若于官府廨宇内及仓库，从
徒二年上减二等，合徒一年；若于宫及庙、社内，从徒三年上减二
等，徒二年；若于私家，从笞五十上减二等，笞三十。……"[65]在

〔63〕　《唐律疏议·厩库》"畜产觝蹋踶啮人"疏议，前揭（唐）长孙无忌等撰：《唐
　　　　律疏议》，刘俊文点校，第 286 页。
〔64〕　参见费孝通：《乡土中国》，生活·读书·新知三联书店 1985 年版，第 21～28
　　　　页、第 48～53 页。
〔65〕　前揭（唐）长孙无忌等撰：《唐律疏议》，刘俊文点校，第 511 页。类似的规定
　　　　还有《唐律疏议·捕亡》："诸邻里被强盗及杀人，告而不救助者，杖一百；闻
　　　　而不救助者，减一等；力势不能赴救者，速告随近官司，若不告者，亦以不救
　　　　助论。其官司不即救助者，徒一年。窃盗者，各减二等。"［前揭（唐）长孙
　　　　无忌等撰：《唐律疏议》，刘俊文点校，第 530～531 页。］

今天看来，非在岗值班人员，见火起不救告乃是道德问题，并不在违法犯罪之属，这是因为现在的法理依据是个人（自由/权利）本位。但《唐律疏议》的法理依据是道德原理，依据这一原理，在群体与个体以及官方与民间的关系中，前者代表公，表示有德性或德性大，属于阳的范畴；后者代表私，表示缺德性或德性小，属于阴的范畴。虽然阴阳不能分离，但阳主阴从是万物构成的秩序原理，顺之者为有道，逆之者为无道，有道则和，无道则乱。所以，《唐律疏议》规定"见火起不救告"有罪，乃是因为它的法理依据是众人（道德/责任）本位。因此，传统中国法对群体与个体这一类关系主从式结构的设定，在原理上是立基于道德之上追求整体利益与社会和谐的设定。

从以上讨论中，我们不难发现传统中国法的道德原理对于人与法和社会的意义最后都集中到了道德上，表现为基于道德所拥有的共通原理和内在价值。具体说在对人的方面，道德使传统中国法不仅确认、保护和促进了人文，而且赋予它"德"这样一个特别的人文内涵。鉴于德是道的固有属性，是人之为人、物之为物的根据所在，因此我说传统中国法的人文观实质是一种道德人文观。此是其一。其二，在对法的方面，道德使传统中国法自生向善性，内含仁义的精神，所以称它为道德法哲学。其三，在对社会方面，道德使传统中国法追求整体利益与社会和谐，并使之成为它的终极目标。因此，概括来看，传统中国法在对人与法和社会的意义上，其原理和价值都植根于德而统归于道。当然，事物都有它的两面性，就像传统中国哲学中的道分阴阳一样，传统中国法在对人与法和社会的缺失上，其原理和弊病亦都是植根于德而统归于道。[66] 其实，这种情形并不限于传统中国法，包括法在内的传统中国文化整体都是如此。因为传统中国文化是一个同根共生的大系统，所以它是一体相互贯通的。这在下面的图示中直观可见：

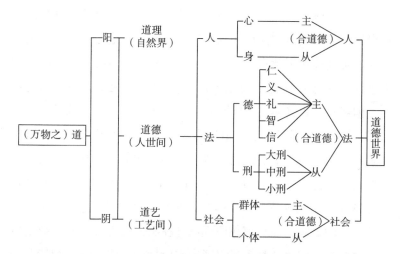

传统中国文化系统整体贯通意义示意图

借助上述图示，我们可以进一步把传统中国法的道德原理及其对人与法和社会的意义贯通示意如下：

道德原理及其对人与法和社会的意义贯通示意图

---

[66] 对于这一点，笔者是很清楚的，但这不属于本文讨论的范围，我拟另写一篇《传统中国道德法哲学之理解与批判》来阐述这一问题。

透过上述两个图示，我们看到传统中国文化是贯通自然、社会与人类的文化。在这个文化大系统中，传统中国的法立足于道德原理，对人与法和社会都发挥着支配性的贯通作用，其用意是肯定、保护和追求有德的人、向善的法与和谐的社会。按照传统中国人的理解，由这样的人与法和社会构成的世界就是理想的道德世界，亦即大道在人世间的实现，《礼记·礼运》中关于大同世界的描述表达了此意。显而易见，对生活在传统社会里的中国人来说，其意义是重大而又积极的。对于这些意义，本文已有论述，但我在这里还要指出的是，由于与"真"和"美"一样，"善"亦是人类最基本的价值追求。即如人们所说，人类在科学中求真、艺术中求美、道德上求善。由此可知，"善"不仅是人类最高的道德原则，而且亦不在科学求真的范围内。"善就是善"这是人类的价值共识。因此，即使传统中国的道德自身存在某些方面的缺陷，而且道德原理或许在实证主义者看来亦缺乏所谓的科学性，但这些都不足以否定它所拥的某些普适的和持久的价值，原因在于这些价值原本植根于善的道德，而善是不能从根本上否定的。

如果我们把它与西方作一个简单的比较，这个道理就更加明显了。传统中国法的道德原理首先确认，人是有而且是必须有道德，如果没有道德，则人人自私自利无异于禽兽，因此，道德是人作为顶天立地的主体存在的正当性所在，亦即人之为人的理据。同理可推，人类群体在没有道德，或缺乏道德的人之间根本无法建立起正常的社会，即使通过某种途径一时建立，亦将时时面临着解体直至覆亡的危险。所以，传统中国法的道德原理是从人际关系的健康确立，亦即人类社会的自身存续出发的。[67]相对于传统中国法的道德原理，我以为自由是西方文化的核心理念，西方法贯彻的是自由原理，表现为以自由为依归的人文主义传统、权利法哲学和契约社会论。[68]这一原理立足于人首先是独立的个体，其次才是人类群体中的一员，因此个人的自由和权利优先，以确保人作为人类一分子存在的意义。反之，人就不是理性的动物和思想的主体，而建立在这种个体之上的群体关系，亦即人类社会，则不是人类所应有的关系，因为它对个体人来说是无意义的。所以，西方法的自由原理是从作为人类群体中的个体存在的意义出发的。

中西虽然是如此的不同，但依然各有其价值。即如寺田浩明教授所说："西欧似乎是选择以个人作为秩序形成出发点的发展道路。把秩序理解为就是保护每个个体所拥有的正当利益而得到的总和。个体所拥有的正当利益被称为'权利'，而权利完全实现的状态则被称为'法'。权力就是实现这个法的机关。其观念形态的发展最终归结为社会契约论。与其相对，中国则是以全部个体的共存为基础。无论其基本的经济单位如何趋向于个体化或分散，但要求所有个体都顾全大局并作为一个和谐的集体中的一员来生活却一直被视为不证自明的道理。首先有全体的生存，才

---

[67] 传统中国法从整体出发，除了它是道德原理的内在要求外，亦是先贤对现实经验的总结，《荀子·王制》中说得很清楚：人"力不若牛，走不若马，而牛马为用，何也？曰：人能群，彼不能群也"。

[68] 参见收入本书的《中华法系与罗马法的原理及其哲学比较——以〈唐律疏议〉与〈法学阶梯〉为对象的比较》一文中的相关部分。

会有个体的生存。代表全体的利益要求每个个体互助互让，同时对于每个个体有时会出现的私欲膨胀予以抑制和处罚，这些都被看作是公共权力应该履行的职责。"[69] 我们知道，法是公共权力的核心，传统中国法基于群体对个体的权利优先而发挥的抑制和处罚作用，可能不完全符合但亦没有完全违背现代社会的法制原则。因为法必然是权利和义务的结合，法治的制框架亦是由权利和义务双柱支撑的，现代社会是权利优先，但不同时代的法有着不同的任务，依博登海默的意见，前资本主义社会法的主要任务是为社会提供安全和秩序，义务优先具有普遍性。[70] 考虑到传统中国的幅员广大、人口规模、文化价值和政治体制，基于群体和谐的道德原理法本身就是一种解决现实问题的智慧。即使在全球化的今天，笔者亦相信，无论是道德原理还是自由原理，任何一项都不足以解决人类所面临着的在自律与他律、权利与义务、群体与个体之间的永久冲突，而且任何一项走向极端都会带来灾难。因此，我以为道德原理与自由原理是各有其价值的，就像西方法的自由原理有其永久价值那样，传统中国法的道德原理亦永有其价值，因为两者都是人类必需的。不过，令笔者担忧的是，在崇尚自由主义、追求权利、放纵个性的今天，人们的选择往往都是功利的。对此，孔子所说的"人无远虑，必有近忧"[71] 和

---

[69]　参见［日］寺田浩明：《清代民事审判与西欧近代型的法秩序》，潘健译，载《中外法学》1999 年第 2 期。

[70]　参见前揭［美］E. 博登海默：《法理学——法哲学及其方法》，邓正来、姬敬武译，第 244~245 页。

[71]　《论语·卫灵公》。

让·保罗·萨特所说的人要对自己选择负责〔72〕，中西这两位贤哲的箴言或可供世人参考。

〔72〕 让·保罗·萨特（Jean Paul Sartre，1905—1980）认为，人的选择是绝对自由，所以，人应对自己的选择负责。这即是他所说："如果存在真的先于本质的话，人就要对自己是怎样的人负责。所以存在主义的第一个后果是使人人明白自己的本来面目，并且把自己存在的责任完全由自己担负起来。还有，当我们说人对自己负责时，我们并不是指他仅仅对自己的个性负责，而是对所有的人负责。"（［法］让·保罗·萨特：《存在主义是一种人道主义》，周煦良、汤永宽译，上海译文出版社2005年版，第57页。）

为什么说《唐律疏议》是一部优秀的法典[*]

　　在法学特别是法史学界，一般都认为《唐律疏议》是一部优秀的法典，但论者的论据和标准并不相同。国外学者中以日本学者为代表，他们一般是通过与同时代的欧洲法进行横向比较而提出此说，但他们又都往往是在讨论其他问题时提出，并没有就此专门展开论证。譬如，世界著名的中国法史学者仁井田陞教授曾说过："像唐律那样的刑法发达程度，可以说在当时世界上无有望其项背的。亦就是连欧洲划时代的加格林法典，不但在时间上比唐律晚了900多年，其发达程度亦不及唐律。甚至和欧洲19世纪的刑法典相比，唐律亦毫不逊色。"[1]中国学者从古到今大多喜欢从纵向的比较中提出此说，其中作为论据和标准而经常被引用的，即是前人所说的"论者谓唐律一准乎礼，以为出入得古今之平"[2]。

---

　　* 　原载于《政法论坛》2013年第3期，有修改。

〔1〕　参见刘俊文主编：《日本学者研究中国史论著选译》（第8卷），中华书局1992
　　　年版，第102页。这里还要说明的是，引文中仁井田陞教授所说的"唐律"即
　　　指《唐律疏议》。严格说，这样使用并不规范。因为唐代有律、令、格、式四
　　　种法律形式，《唐律疏议》只是其中"律"的一种，但基于《唐律疏议》的代
　　　表性和重要性，所以，论者往往以"唐律"指《唐律疏议》，学界多习以为
　　　常。本文除特殊说明者，亦同。

〔2〕　语出《四库全书总目·唐律疏议提要》，转引自（唐）长孙无忌等撰：《唐律
　　　疏议》，刘俊文点校，中华书局1983年版，第677页。此说最初是在对《唐律
　　　疏议》与传统中国法典作纵向对比中提出的，此后却作为论据和标准被反复运
　　　用到对《唐律疏议》的评价上。

虽然持论者历来对"一准乎礼"不乏阐述，但为何"一准乎礼"即"得古今之平"？又为何因此而谓之优秀？大家却未作深究。对于上述这两种有关《唐律疏议》的评判研究，如果我们稍作比较，就可以发现，虽然它们的纵横侧重有所不同，但就其路径和方法说，都是立足于法史的一种比较认识，可以归入比较法史学的范畴。其实，如何对一部法典进行评判，还有一种法理学的视角，尤其是从法理学的立法学角度来看，评判一部法典至少涉及原理、制度与技术三个方面。[3]很显然，这与上述比较法史学不同，它是一种从理上立论的研究路径和方法。因此，我以为对《唐律疏议》的评判，亦可从原理、制度与技术这三个方面来探讨。[4]

---

[3] 参见周旺生：《立法学》（第 2 版），法律出版社 2009 年版，第 1 编"原理"、第 2 编"制度"、第 3 编"技术"。

[4] 这篇文章原是从我的一个真实的梦境扩充改写而来的。这个梦产生的背景和情景是这样的：应台湾政治大学黄源盛教授的邀请，我拟于 2011 年 2 月 25—26 日去台湾参加"秩序·规范·治理——唐律与传统法文化国际学术研讨会"，为修改与会的论文（《传统中国法的道德原理及其价值——以〈唐律疏议〉为讨论中心》），我昨天（2010 年 10 月 28 日）计划今天（2010 年 10 月 29 日）检阅读过并有记录的《唐律疏议》，以供修改文章之用，梦就发生在从 28 日到 29 日的这个夜间（应是下半夜）。我记得在梦中，好像是在台湾的一个大学的外面（又好像是在大街边上的大楼走廊里），有很多人在闹哄哄地开会，会议由黄源盛主持，来自南京大学的钱大群教授（他亦是被邀请者）发言后就轮到了我，匆忙中不知怎么我记有发言提纲的小纸片滑落到了听众的前排下（听众似乎亦没有注意到），就在我迟疑不决之际，大会开始了休息，这时我突然不想讲纸片上准备好的内容（好像是有关唐律中的经济法律问题），同时脑子里迅速开始寻找新的主题，奇怪的是新的东西似乎未加思考就蹦了出来，会议一开始我就作了这个报告，大意是自古以来（譬如罗马帝国），法律在赋予人们的权利义务上，都依民族、种族和国家的不同而不同，不平等是正常而基本的现象，但唐是一个开放的国际化的帝国，唐律对不同民族、种族和国家的人所

一、就《唐律疏议》的原理言

按照立法学理论，原理是一种包含价值的评判，制度与技术更多是一种事实评判。虽然这两种评判在对《唐律疏议》的研究中都不乏见，但最常见的还是事实评判，至于从原理方面进行的价值评判，基本上还是停留在因袭古人的唐律一准乎礼而得古今之平的水平上。因此，我首先从原理方面展开。

我们知道，法之为法的根本在于它的正当性。法的正当性即是理，理的抽象和系统化就是法的原理。藉此可知，法的原理乃是法的精神和根本所在。所以，人们要制定一部好的法典的关键在于其原理，而正确认识和使用好一部法典的关键亦在于其原理。正如沈家本在《重刻唐律疏议序》中所说："律者，民命之所系也。其用甚重，而其义至精也。根极于天理民彝，称量于人情事故；非穷理无以察情伪之端，非清心无以祛意见之妄。设使手操三尺，不知深切究明，而但取辨于临时之检按，一案之误，动累数人；一例之差，贻害数世。岂不大可惧哉！是今之君子所

赋予的权利，在古代世界中是最低限度的不平等。例如，允许外国人参加科举考试进而做官，允许外国人娶中国女子成家，允许外国人在唐境内自由经商并保护他们的私产，若有纠纷适用对等的法律等。这说明唐是一个开放、自信、兼容的朝代，唐律是优秀的法律。我讲的时候似乎还是闹哄哄的，但一讲完就爆发出了长时间的热烈掌声。我亦随之醒来，因一时不能成眠，就索性仔细回忆起刚做过的梦，并依着上述大意，扩充提炼主题，勾勒出本文的思路，当时就形成了一份"伟大的朝代 优秀的法律"的提纲，后又对提纲补写形成初稿，现依初稿改写成此文。上述絮语，绝非妄言。只因事过奇异，故记录在此，权作本文的前因。

当深求其源，而精思其理矣。"〔5〕借用今天的话说，这个"精思其理"的"理"就是《唐律疏议》的原理。

对于什么是《唐律疏议》的理，或者说《唐律疏议》的原理是什么？论者们都愿意把它归结为礼，即使现代学者亦是这样，实际上这还是对前述"一准乎礼"的简单翻版。然而，由于"礼"首先是而且主要是规范，因而其自身具有极强的规范性，所以，人们总是很难把它与思想性的原理等同起来。最近这些年，我根据自己对《唐律疏议》的研究，发现它的原理可以称之为道德原理。〔6〕基于《唐律疏议》是传统中国法的代表，道德原理亦可以说是传统中国法的原理。换言之，道德是传统中国人视法之为法，亦即法的正当性的理据所在。

当然，这里"道德原理"中的"道德"一词，其含义与我们现在通常所说的"道德"的含义不同。前者是传统中国哲学的一个重要范畴，用以表达世界万物的构成原理，即道是事物的存在形式，德是事物的存在根据，道与德共同构成事物的统一性。这个原理贯通天、地、人，即沟通自然、社会与人类，所以，它本质上是传统中国人的世界观。从文化哲学上说，这就是中华文化的基本原理。《唐律疏议》以其特有的方式和措辞对此加以了概括和定位，亦即在开篇《名例》"序"中提出以"德礼为政教之本，刑罚为政教之用，两者犹昏晓阳秋相须而成者也"

---

〔5〕 前揭（唐）长孙无忌等撰：《唐律疏议》，刘俊文点校，第669页。另，台湾大学高明士先生对唐律中的"理"作了溯源分类和司法运用方面的解读，阅者可参见高明士：《律令法与天下法》，台湾五南图书出版股份有限公司2012年版第193~237页。

〔6〕 参见收入本书的《传统中国法的道德原理及其价值》一文。

为指导思想，应该说这是用法言法语完整而精确地反映了传统中国人的世界观。因此之故，《唐律疏议》才称得上是中华文化的基本原理在法律上延伸和表达的经典。

道德原理的内核是道与德，或者说外与内、形与质的对立统一。它反映到传统中国人的世界观上，首先，同时亦是最根本的，即是一个"诚"字，亦即是什么就是什么。换句话说，世界就是道与德，亦即外与内、形与质的对立统一。然后，以这个"诚"字为原点和基点推展开去，构成一个具有内在逻辑的道德世界观。如果要用最简单的方式来显示这种逻辑展开，那就是诚→如实→中庸→不偏不倚→实事求是→恰到好处。在中文语境中，恰到好处就是中或者说合理。中或合理是传统中国人的公平正义观，用古代的法律术语来说就是平，用现代的法律术语来说就是正当。这样，在《唐律疏议》中，从道德原理内生和引申出了诚→如实→中庸→不偏不倚→实事求是→恰到好处→中/合理→平/正当→公平正义的法理逻辑，所以，"论者谓唐律一准乎礼，以为出入得古今之平"，可谓是一语中的。因为礼是道德的载体和表达，所以，一准乎礼意味着一准乎道德。而依据上述《唐律疏议》中的法理逻辑，一准乎道德即是一准乎诚，一准乎诚即是如实，如实即是不偏不倚，不偏不倚即是恰到好处，恰到好处即是中或合理，中或合理就是前人所说的平。依据这样的法理逻辑，立法者如果还能很好地总结经验教训，并能运用成熟的立法技术（唐初立法确实如此），那么，其所立之法必然是"得古今之平"。所以，元朝人柳贇在评价《唐律疏议》时说："非常无古，非变无今。然而必择乎唐者，以唐之揆道得其中，乘之则过，除之即不及，过与不及，其失均也。"[7]柳赟说唐之揆道得其中，说明《唐律疏议》所遵循和体现的立法原理，正是恰到好处的中或者说合理，亦即不失其均的平，所以它才有了出入得古今之平的美誉。因此，如果要从原理方面作价值评判，我们可以说《唐律疏议》是一部优秀的法典。因为平是法的本义，亦是人类优秀法典的精髓和本质标志。

然而，我还有必要指出，上面所说的平，或者说传统中国的公平正义，并不完全等同于现在所说的平等。在中国哲学上，道曰序为异，德曰生为同，所以，生与序或德与道表现为同与异的对立统一，亦即尚德求同与重道别异的有机结合。这意味着传统中国的公平正义不是简单绝对的平等，而是同与异的有机统一，亦即包含了同与不同、等与不等的合理或者说中。所谓同/等就是同生同德同理者同等，这谓之等序；所谓不同/不等就是不同生不同德不同理者不同等，而是按生之先后、德之高低、理之大小排序，生先、德高、理大者居上，生后、德低、理小者居下，这谓之差序。但无论是等序还是差序，都是事物固有的秩序结构，亦即本来如此，这就是诚，符合事物的存在法则，所以，它们都是合理的。如前所说，合理作为传统中国人的正义观，体现在法律上就是平或曰义，亦即公平正义。由此可见，这个公平正义不是简单绝对的平等，而是同与不同、等与不等的有机结合，其结果即是法律上合理有序结构的形成。由于这个结构是基于理而成的，所以它的有序或者说等差，因获得了理的支撑而拥有了正当性。又因为这个理是源于自然的生与序而成的，所以它的正

---

[7] 前揭（唐）长孙无忌等撰：《唐律疏议》，刘俊文点校，第664页。

当性就有了扎根于自然的道德性。因此，从自然中的生序到哲学上的道德，从哲学上的道德到法律中的合理，这就是植根于道德原理的传统中国法的公平正义。这种形式上有差、实质上合理而本质上为道德的公平正义观，与西方形式上平等、实质上对抗而本质上为自由的公平正义观恰成对极，但与先贤在评价《唐律疏议》时所说："论者谓唐律一准乎礼，以为出入得古今之平"，诚可谓若合符节。否则，我们就无法理解：唐律一准乎礼，而礼是有差序的，为何又谓之平？原来传统中国的平是合理，而合理是有差序的，准确说合理是同与不同、等与不等，亦即等序与差序的有机结合。可见，前人的评价是何等的精准！在此，我还要再次强调，尽管传统中国法中的平并不完全等同于现在所说的平等，但就像西方法中的正义那样，人类的优秀观是有文化和时代差异的。

二、就《唐律疏议》的制度与技术言

作为蕴含价值取向的立法原理，道德原理支配和引导着《唐律疏议》的制度设置，并透过成熟的立法技术发挥出来。在中华法系范围内，以及与同时代和同类型的世界其他法典相比较，《唐律疏议》的制度设置和立法技术都可以说是相当出色的。学界有关《唐律疏议》制度这方面的研究相当多，但最值得推荐的是薛允升的《唐明律合编》和沈家本的《历代刑法考》。[8]从

---

〔8〕 参见（清）薛允升撰：《唐明律合编》，怀效峰、李鸣点校，法律出版社1999年版；（清）沈家本撰：《历代刑法考》，邓经元、骈宇骞点校，中华书局1985年版。在这两部作品中，尤其是第一部作品，大部分内容都是这方面的讨论。

这两部杰出的作品中，我们可以清晰且实证地看到，《唐律疏议》的制度是如何在道德原理的支配下，亦即如何按照它说的"德礼为政教之本，刑罚为政教之用，犹昏晓阳秋相须而成者也"进行设置，从而达到"一准乎礼"而"出入得古今之平"的。当然，《唐律疏议》中的制度设置之所以能够达到这一点，除了原理的支配和引导外，还依托了成熟的立法技术。有关《唐律疏议》的立法技术，主要是法典编纂和法律解释两方面，其中最突出的是它的体系和对律学成果的充分吸收与运用以及将两者融为一体。例如，《唐律疏议》在内容的技术性排序上，是先总则后分则，先原则性制度后具体律文，先实体法后程序法；而在内容的精神性排序上，是先皇室后国家，先中央后地方，先政治后经济，先重罪后轻罪。这与当时的中国社会和国家体制吻合，反映出法典与社会同构的立法原理。因此，从立法技术上说，这不只是达到而是代表了它那个时代的最高水准。[9] 综合这方面的

---

[9] 例如，伊斯兰教的《古兰经》以章、节为体例，记录的是穆罕默德的言论，内容上的排序并无严格的先后轻重之分。例如，第一章：开端；第二章：黄牛；第三章：仪姆兰的家属；第四章：妇女；第五章：筵席；第六章：牲畜；等等。所以，《古兰经》的译者马坚先生说："《古兰经》每章的次弟，是穆圣在世时早已编定了的。至于各章的次第，那是圣门弟子编定的，大概是把比较长的放在前面，把比较短的放在后面，但亦不一定是那样的。因此，阿里所编排的《古兰经》，各章的次第，是依年代的先后；又伊本·默斯欧德和武百耶所编的，各有其特殊的次第。"[参见马坚译：《古兰经》，中国社会科学出版社1981年版，"古兰简介（节录）"第3页。]又如，印度的《摩奴法典》以卷、条为体例，它不是国家颁布的法典，而是婆罗门教祭司根据吠陀经典、累世传承和古来习惯编成的教规与法律混合为一体的作品，其内容的排序在总体上是一个体系，但其具体的条文内容并无《唐律疏议》那般严格、严密。（参见马香雪转译：《摩奴法典》，商务印书馆1985年版。）再譬如，中世纪欧洲的著名法典《萨利克法典》，表现出立法技术十分粗糙，完全是一些习惯法的汇编；内

相关研究，可以说《唐律疏议》是一部体系严密、篇章结构严谨、法条简洁明确、疏议通晓明白且逻辑性强的法典，这已为相关研究所论证。[10] 鉴于上述情况，本文就不再对《唐律疏议》的制度与技术作分别论述，而是从制度与技术的结合方面，做一个弥补此前不足的补充性讨论。

　　法律人都知道，法律的任务是解决人类社会的纠纷。解决纠纷的核心是诉讼，诉讼的核心是司法人员准确了解案件事实与正确适用法律依据。准确了解案件事实是司法人员在法庭调查中要解决的问题，而正确适用法律依据则首先是法律规定的问题，即有关法典对司法适用的法律依据是否有严密的制度规定。这是人们衡量有关法典在制度与技术结合方面是否完美的关键指标，亦是人们据此评价有关法典是否优良的重要依据之一。根据《唐律疏议》的相关规定，唐代司法人员所适用的法律依据，在形式上有律、令、格、式、敕令、习俗、比附、理法（法理解释）等多种法源。不过，这些法律依据具有一定的层次结构。其中，律、令、格、式是天下的通规，司法人员在司法中必须优先适用，即《唐律疏议》所规定的"诸断罪皆须具引律、令、格、

　　　容上亦无内在的逻辑联系。如：①法庭传唤；②关于偷猪；③关于偷窃有角牲畜；……㉖关于释放奴隶；㉗关于各种窃盗；等等。[参见集体选编：《外国法制史资料选编》（上册），北京大学出版社 1982 年版，第 171～184 页。]

〔10〕　参见钱大群：《唐律与唐代法律体系研究》，南京大学出版社 1999 年版；何勤华编：《律学考》，商务印书馆 2004 年版，第 155～172 页；何勤华的《唐代律学的创新及其文化价值》一文，第 173～198 页；[日] 八重津洋平的《〈故唐律疏议〉研究》一文；张中秋：《中西法律文化比较研究》（第 4 版），法律出版社 2009 年版，第 198～199 页。

式正文,违者笞三十。"〔11〕因此,律、令、格、式是属于第一层次的法源。敕令、习俗、比附和法理解释,虽然都是律、令、格、式的补充形式,但相互之间又有区别,敕令和习俗在适用上要优于比附和法理解释,因为敕令和习俗虽不是常法,但仍是有文可据的,尤其是敕令,因其来源于皇帝,故而其效力甚至超过律、令、格、式,只是因为唐太宗曾规定:"不可轻出诏令,必须审定,以为永式。"〔12〕而且,《唐律疏议》卷三〇"制敕断罪"亦规定:"诸制敕断罪,临时处分,不为永格者,不得引为后比。若辄引,致罪有出入者,以故失论。"〔13〕因此,总的来看,敕令和习俗仍是同属第二层次的法源。比附和法理解释是在"律无正条"和无敕令、习俗的前提下才被适用,亦即《唐律疏议》卷十七"亲属为人杀私和"疏议所确定的"金科虽无节制,亦须比附论刑"〔14〕。这说明比附和法理解释当属第三层次的法源。这三个层次的法源构成了一个严密的法律依据体系,从而确保了司法人员在适用法律依据方面的有序性和周密性。〔15〕就此而言,《唐律疏议》在有关诉讼的制度与技术结合方面,即便不算完美亦已臻于完善。

在上述制度与技术结合之外,《唐律疏议》有关涉外方面的规定,真正体现出了它那个时代罕见的开放性和先进性。人类法

---

〔11〕 前揭(唐)长孙无忌等撰:《唐律疏议》,刘俊文点校,第 561 页。

〔12〕 《贞观政要》卷八。

〔13〕 前揭(唐)长孙无忌等撰:《唐律疏议》,刘俊文点校,第 562 页。

〔14〕 前揭(唐)长孙无忌等撰:《唐律疏议》,刘俊文点校,第 334 页。

〔15〕 参见张中秋:《论唐朝司法审判的法律依据》,载《史林》1987 年第 4 期。

律史告诉我们，古代社会（甚至今天）的法律，在涉外方面所
赋予人们的权利义务上，都是依民族、种族和国家的不同而不
同，不平等是正常而基本的现象。譬如，在古代最讲平等和民主
的希腊、罗马法中，著名的雅典城邦法就将人分为公民、外侨和
奴隶三种，三种人之间的法律地位极不平等，只有雅典公民才享
有平等的权利。同样，在罗马共和国时期的市民法，亦是将人区
分为罗马公民与非罗马公民，即使到罗马帝国的万民法时代，帝
国境内的不同种族、民族取得了同样的法律地位，但帝国境外的
异族（如日耳曼人）在法律上仍然被作为野蛮人而受到歧视。[16]
此外，人类其他著名的法律，如伊斯兰法、印度教法，甚至中世
纪的欧洲法等，亦都没有跨越这样的藩篱。[17] 相比较而言，唐律
（主要是《唐律疏议》，下同）对不同民族、种族和国家的人所
赋予的权利，达到了古代世界（除通行万民法时期的罗马帝国境
内）最大限度的平等，或者说是古代世界中（除通行万民法时
期的罗马帝国境内）最低限度的不平等。例如，按现在法的分
类，在公法领域，唐律不仅允许外邦人士[18]在唐入学、科考和
做官，而且是落到实处，如新罗的崔致远、日本的阿倍仲麻吕
（汉名晁衡）和大食国（阿拉伯）的李彦昇等，都是这一类中成

---

〔16〕 分别参见何勤华主编：《外国法制史》（第5版），法律出版社 2011 年版，第 3
章"古希腊法"、第 4 章"罗马法"。

〔17〕 分别参见前揭何勤华主编：《外国法制史》（第 5 版），第 2 章"古印度法"、
第 5 章"日耳曼法"、第 8 章"伊斯兰法"。

〔18〕 唐律称外邦人士为化外人，意即中华教化以外，实即唐政府直接管辖以外的周
边少数民族和外国人士。

功的显例。[19] 在私法领域，唐律允许外邦人士在唐娶妻生子、自由经商并保护他们的财产，这样的规定和实例亦同样被历史记录下来。[20] 通常来讲，在一国国内法中，在私法方面赋予外国人（包括自然人和法人）与本国国民同等或接近同等的待遇，这是现代社会的事，而且还是对等的；至于在公法方面，人类法律至今还远未达到。但早在一千多年前的唐律，不仅在私法方面有了如此类近的规定，而且在公法所涉及的公权利方面，就已经允许外邦人士参加国家的教育和考试，甚至还允许他们担任行政公职以至出任政府官员。就我所知，这样的开放性在历史上不说是绝无仅有，亦是十分罕见的。但唐律还不止于此，它在最为关键的涉外纠纷处理方面，规定对同一外邦人之间适用对等的法律，不同外邦人或外邦人与唐人之间通用唐律，这即是著名的《唐律疏议》规定："诸化外人，同类自相犯者，各依本俗法；异类相犯

[19] 分别参见新罗崔致远的《桂苑笔耕集》（上海商务印书馆1936年版）；《旧唐书·日本传》；《全唐文》卷七六七载陈黯《华心》文。还有，唐代有关涉外的法律规定和历史事迹以及相关记载内容不少，而且已有研究者做了较好的梳理和探讨，本文限于篇幅不宜在此重复，所以只提供相关内容的资料信息，阅者可以检索其中信息含量较高的作品，如高树异的《唐宋时期外国人在中国的法律地位》[载《吉林大学学报（社会科学版）》1978年第5～6期]和张淼淼的《唐代化外人的法律地位述论》（苏州大学2010年硕士学位论文）。此外，关于崔致远、阿倍仲麻吕和李彦昇在唐的经历和事迹，最简便的方式可到网上搜索查阅，崔致远（载http://baike.baidu.com/view/131964.htm），阿倍仲麻吕（载http://baike.baidu.com/view/62744.htm），李彦昇（载http://baike.baidu.com/view/4460726.htm）。
[20] 参见前揭（唐）长孙无忌等撰：《唐律疏议》，刘俊文点校，第178页"疏议·准别格引"；《册府元龟》卷九百九十九《外臣部》"互市"；以及前注中所揭高树异的《唐宋时期外国人在中国的法律地位》和张淼淼的《唐代化外人的法律地位述论》。

者，依律论。"《疏议》接着解释说："'化外人'，谓蕃夷之国，别立君长者，各有风俗，制法不同。其有同类自相犯者，须问本国之制，依其俗法断之。异类相犯者，若高丽之于百济相犯之类，皆依国家法律，论定刑名。"[21]这条规定体现了属人主义与属地主义相结合的原则，既坚持了本国的司法主权又尊重了他国的法律习俗，可以说是一项在当时极为先进在今天亦不显落后的涉外纠纷处理法。以上在表明，唐是一个开放、自信、兼容的朝代，反映到法律上体现为它的开放性和先进性。[22]而透过这种历史上罕见的开放性和先进性，我们不是亦从一个侧面看到了《唐律疏议》的优秀性吗？

三、一个初步认识

总结以上的讨论，我认为无论是从法史的比较角度出发，还是就法典论法典的立法学而言，《唐律疏议》都称得上是一部优

---

[21]　前揭（唐）长孙无忌等撰：《唐律疏议》，刘俊文点校，第133页。

[22]　如果要追问唐朝和唐律为什么有这样的开放性和先进性，其中一个最重要的原因是华夷不分的文化天下观，亦即唐不以血缘、种族和疆域来区分民人。这是迄今为止人类交往中最开放和最先进的理念。如《全唐文》卷七六七所载陈黯《华心》一文云："大中初年，大梁连帅范阳公得大食国人李彦昇，荐于阙下，天子诏春司考其才。二年，以进士第，名显，然常所宾贡者不得拟。或曰：'梁，大都也。帅，硕贤也。受命于华君，仰禄于华民，其荐人也，则求于夷，岂华不足称也耶？夷人独可用也耶？吾终有惑于帅也。'曰：帅真荐才而不私其人也。苟以地言之，则有华夷也；以教言，亦有华夷乎？夫华夷者，辨在乎心，辨心在察其趣向。有生于中州而行戾乎礼义，是形华而心夷也。生于夷域而行合乎礼义，是形夷而心华也。若卢绾少卿之叛亡，其夷人乎？金日磾之忠赤，其华人乎？繇是观之，皆任其趣向耳。今彦昇也，来从海外，能以道祈知于帅，帅故异而荐之，以激夫戎狄。俾日月所烛，皆归于文明之化。盖华其心而不以其地也。而又夷焉？作《华心》。"

秀的法典。当然，这并不意味着它完美无瑕。其实，无论就当时还是从今天来看，《唐律疏议》都存在着某些不足。就当时言，它的制度中有先过于理想后又趋于保守而致脱离实际者，如均田制中有关口分田的分配规定即是显例；[23] 而它的《疏议》中亦有不少注解存在着繁而不要甚至前后矛盾的现象。[24] 如果要从今天来看，它的立法原理、制度与技术，相对于现代法典，更是存在着时代与文化上的差异与差距。但正如金无足赤、人无完人所喻，世上并无完美之物，《唐律疏议》即使存在着上述不足，总体上亦可以说是瑕不掩瑜。

---

[23] 参见张中秋：《唐代经济民事法律述论》，法律出版社 2002 年版，第 9～31 页"唐代的土地法律"。

[24] 《唐律疏议》中有的《疏议》的注解繁而不要，主要原因是述古和训诂太多，如对五刑之"笞"的注解即是如此，阅者可以详见前揭（唐）长孙无忌等撰：《唐律疏议》，刘俊文点校，第 3～4 页。正是由于注解中述古和训诂太多，而在词源学上人们又可以有不同的训诂，所以，难免在注解上尤其是在人们的理解上出现前后矛盾的地方。我国著名的唐律专家钱大群教授，在参加台湾政治大学主办的"秩序·规范·治理——唐律与传统法文化国际学术研讨会"（2011 年 2 月 25 日上午）发言时就曾指出这点，我当时在场并亲耳所听。对于述古和训诂太多这样的情况，如果要从中国法典史来看，这恐怕不止是《唐律疏议》，而是整个传统中国法的一个特点。但如果要从立法学的简明和逻辑自洽来说，这个特点显然亦是个缺点。

中国经济法律传统及其与社会盛衰之关联

——兼论中国经济法律传统与社会盛衰关联之道*

一般认为，现代经济法在西方亦是 20 世纪 30 年代的产物。那么，清末"变法修律"以前的中国有"经济法律传统"吗？从现代经济法是资本主义自由市场经济发展到垄断，从而危害竞争而需要国家干预以保护竞争的视角说，传统中国没有这种严格的或者说现代意义上的"经济法"，当然亦就没有这样的法律传统。然而，如果从经济法是国家对社会经济的调控和计划来说，传统中国非但有这方面内容丰富的经济法律，而且历史悠久自成传统。但为了避免与现代经济法概念相混淆，笔者把传统中国有关这方面的法律不直接以"经济法"相称，而是统称为"经济法律"或"经济法制"。

传统中国的经济法律涉及土地、赋税、工商、专卖、货币和对外贸易等，相对来说，土地、赋税和工商（含专卖）法制是传统中国经济法律的主体。[1]不过，这里需要特别指出的是，笔者之所以称"中国经济法律传统"，不是说某项具体的经济法规，而是指在历史社会生活中传承下来具有支配性的那些经济法

---

　* 原载于《法学》2006 年第 10 期，有修改。

〔1〕 参见张中秋：《法律与经济——传统中国经济的法律分析》（第 1 卷），南京大学出版社 1995 年版。

律思想、制度和习惯。它们具有历时性和共通性，是传统中国经济法律中最基本最持久的特征和倾向，亦即"传而统之"的意思。同样，在本文中，与"中国经济法律传统"相对应的主题词是"社会盛衰"。一般认为，传统中国在18世纪以前并不落后于西方，总体上还有所超出。[2]当然，这是把中国和西方作为两个系统来比较的认识。如果从中国这个系统内部来观察，就可以发现传统社会本身是有盛有衰的。在传统中国范围内，谈论盛衰总有一些标志，虽不精确，但人所共识。[3]因此，尽管中国正史上记载的盛世和民间的传说并不完全一致，但无论是正史记载还是民间传说，西周、汉、唐及明清中前期，都是中国历史上的盛世。同时，所有的盛世就像行人登山一样，在到达顶点后就是下坡路，所以衰乱之世往往亦随之而至。本文的任务一方面是概括中国经济法律的传统，另一方面是探讨这些传统与社会盛衰的关联及其背后的文化原理。

一、中国经济法律传统

中国经济法律有哪些传统？这是本文首先要解决的问题。要对中国经济法律传统进行概括，这本身是一件近乎不可能的事。研究

---

[2]　参见陈振汉：《步履集》，北京大学出版社2005年版，第333～338页"中国历史上的经济发达时代"。

[3]　作为盛世的标志，往往是天下（中国）一统、疆域辽阔、经济繁荣、人丁兴旺、政通人和、国力强大、万国（外邦）来朝，等等。相反，衰乱之世，必是天下（中国）分裂、疆土狭小、经济凋敝、社会混乱、官场腐败、国力孱弱，等等。用这些条件来衡量，西周的成康时期，西汉的文景武帝时期，唐朝前期，明永乐年间，清康雍乾时代，都可谓是典型的盛世，而王朝的末期一般都是衰世，其他则为平常之世。

不够深入且不必说，见仁见智还是个大问题。但要分析，必须概括，否则只有放弃。因此，这里笔者依据自己的理解，试着对中国经济法律传统作一些概括。这样的概括是否恰当，还有待检验。

首先，同时亦是中国经济法律的第一大传统，即"重农抑商"。"重农抑商"不是简单的经济法律思想，而是贯彻在传统中国经济法律的政策和制度中的基本国策，各项经济法律制度和传统都是在它的指导下形成的，实际上它是维系传统中国经济法律的纲。有关这一传统，笔者在后面还要做详细分析，暂不深究，容后再论。

中国经济法律的第二个传统，以调整土地关系为基础。众所周知，传统中国是农耕社会，土地是农业的命根子，传统社会的盛衰在很大程度上就决定于此，所谓"民以食为天，国以农为本，本固则邦强"。因此，以农立国成为传统中国最大的国策，有关调整土地关系的法律，自然亦就成了传统中国其他经济法律的基础。如西周的经济法制就直接建立在"井田制"之上；春秋战国时期的经济法制变动，无不与"井田制"的瓦解和土地私有化潮流有关；受土地私有化和兼并的影响，汉代经济法制尤其是专卖制度成为突出的方面；唐代前期的经济法制基本上是在"均田制"基础上展开的；中唐以后一直到宋元明清，历朝经济法制总是直接、间接地以"租佃制"土地法制为基础。要之，传统中国的各项经济法律制度都与调整土地关系的法律存在这样那样的关系，这似乎亦是我们从根本上理解传统中国社会的盛衰与王朝更迭的关键所在。有关这一点，我们在下面第三部分的分析中可以获得更多的认识。

中国经济法律的第三个传统，以确保国家财政收入的赋役为中心。财政是传统中国的国家机器，包括皇室、行政（官僚机构）和军队等，是这些机构及其人员存在和运作的物质保障。赋役法制就是保证赋役实施的法律制度，同时又是传统中国官方调整各种社会关系的有力杠杆。赋役法制定的是否合理，实施中能否得以贯彻，关系到一个社会的盛衰，甚至影响一个王朝的兴亡。这个带有规律性的现象和经验，我们在中国王朝的兴亡史上可以看得很清楚。因此，历代王朝都把有关财政的赋役立法作为经济法律的中心任务来对待。从西周开始，赋和役，亦就是各种租税和力役，包括劳务地租、实物地租、货币地租和兵役、徭役、杂役等，一直是中央政府和地方官府给予特别关注的经济法律问题。理论上，"轻徭薄赋"是传统中国赋役法追求的目标，这不仅因为它是民众的期待，亦是王道政治理念的体现。但实际上，除了极少数时期有所表现外，如汉代的"什一税"制，唐代的"租庸调"法，明、清的"一条鞭法"和"摊丁入亩"，其他时期都存在不同程度的"重赋繁徭"和"苛捐杂税"，所谓"苛政猛于虎"是也，而这一点正关系着社会的盛衰。

以国家控制和干预为特色，这是中国经济法律的第四个传统。这一传统在中国经济法律中颇具特色，突出表现在官方运用法律手段对工、商进行管制，对市场进行干预，必要时直接进行控制。例如，西周是统制经济，国家通过礼法直接控制经济；春秋战国时期，国家干预经济的新形式，即专卖法和平准法在齐国出现；汉唐时期的均输、平准、五筦六筦、榷酒、社仓、义仓、常平仓，特别是对盐、铁、茶的禁榷，即专卖，成了国家利用法律控制和干预经济的有力制度。其中，对盐、铁、茶的禁榷，成为宋元明清专卖法制的原型。国家控制和干预是一个影响至今的传统，从国计民生讲有其合理性，从社会稳定讲有其积极性，尤其是对中国这样一个经济发展不平衡的大国来说，意义是显而易见的。但它是一个双面刃，用之恰当有益，反之有害。例如，传统中国为此付出的代价是，私营经济的不发达和专制政治的长期存在。这足以引起人们警惕。

与国家控制和干预有直接关系的是，经济法律以刑罚为主要手段，这是中国经济法律的第五个传统。依据现代经济法，调整经济关系的手段主要是经济和行政性的，只有当经济违法达到犯罪时才给予刑事制裁。传统中国的法律体系具有刑事性，一切不法行为，包括不符合国家法律的经济行为，都被视为犯罪，所以经济法律以刑罚为主要手段。譬如，唐代的均田制主要是由唐令规定的，但违犯唐令则由唐律来处理，唐律是刑法典，依唐律处理即是依笞、杖、徒、流、死五刑处罚。如《唐律疏议·户婚》"里正授田课农桑违法"条规定："诸里正，依令：'授人田，课农桑。'若应受而不授，应还而不收，应课而不课，如此事类违法者，失一事笞四十；〔一事，谓失一事于一人。若于一人失数事及一事失之于数人，皆累为坐〕三事，加一等。县失十事，笞三十；二十事，加一等。州随所管县多少，通计为罪。〔州、县各以长官为首，佐职为从〕各罪止徒一年，故者各加二等。"出现这种情况，形成这样的传统，在根源上乃是家国同构社会中所谓国家利益对私人利益的包容和消解，实际上是以王朝为中心的政治国家观念与权力发达在法律上的体现。[4]

---

〔4〕 参见张中秋：《传统中国国家观新探——兼及对当代中国政治法律的意义》，载《法学》2014年第5期。

　　中国经济法律的第六个传统，即对经济犯罪制裁的严厉化。这一传统与前一个传统相关。如上所说，由于经济违法被视为犯罪，因此刑事制裁本身即是严厉化的体现，但作为传统它还不止于此。根据笔者所接触到的材料，传统中国对经济犯罪制裁的严厉化，一是重罚，二是连带。所谓重罚就是对不守国家经济法律规定者，一般要施加经济、行政和刑事三项处罚；经济处罚重者可以抄家，行政处罚重者可以没官，刑事处罚重者可以杀头。此外，还有连带。所谓连带，就是对经济犯罪的制裁不是一人犯事一人当，而是往往牵连到与当事人有关系的其他人，如家人、亲戚、长官、同仁、师生，甚至同乡、同学等。历史上的多次法令和大案都反映出这点，如汉武帝的"告缗令"，唐代王涯的"榷茶"，朱元璋时期的"钱粮"案等。

　　在这里笔者要提出的第七个传统，是经济法律规定中的责任制和数量式精确化。这一点让人颇感意外，一般而言，传统中国文化在整体上具有综合、直观、模糊的特征，缺乏西方科学中的分析和精确。但这只能作哲学上尤其是对儒、道两家哲学的理解，因为这两家都是有机论者。有机论的世界是一个不可分割的联系、变动着的整体，而分析和精确则适用于原子论的机械世界，所以儒、道两家的法律思想确有缺乏数目字管理的特点。但我们不要忘了，传统中国的法律特别是经济法律，亦受到了法家的深刻影响，而法家的世界观具有强烈的机械论色彩，所以，正如李约瑟所言："法家有一个特点是科学史研究者所特别感兴趣的，即他们对数量的爱好倾向。经常出现的'数'这个字，不仅指数目而且指数量化的程度，甚至于指统计方法。戴闻达说，《商君书》的最早部分在表示事物时就偏爱数字、点、单位、刑法的等级、谷仓的数目、可利用的饲料数量，等等。"[5]这个特点与秦代经济法律的规定和笔者的研究相吻合。事实上，法律规定严格的责任制和数量化并不是始于秦律，只是法家化的秦律更加突出罢了。譬如，在责任制方面，最著名的"物勒工名"制度，即凡为官方制作者，包括工匠、主管和长官等相关人员，都要在完成的物件上刻上姓名、身份等，表现对此负责，一有质量问题可依此追查。这项制度自西周以来就成为传统，一直为历代经济法律所继承。[6]在数量式精确化方面，传统中国的经济法律在有关度、量、衡、时间、空间和人工工作量，以及对"赃罪"的价值额的计算上，都运用数字计算并且精确到了古代社会数量计算的最小单位。如秦律对量制计算到"升"，误差1/20之一升要处"赀一盾"的处罚；对衡制计算到"铢"，若黄金误差累计1/2之一铢，即旧制1/48之一两，今制1/30之一两，同样要处

---

〔5〕 ［英］李约瑟：《中国科学技术史》（第2卷·科学思想史），何兆武等译，科学出版社、上海古籍出版社1990年版，第231页。另，商鞅关于法律规定的责任制和数量化的思想，参见《商君书》中的《修权》和《禁使》诸篇，更有意义的阐释参见上引李氏书第231～236页。

〔6〕 如《礼记·月令》曰："……物勒工名，以考其成。功有不当，必行其罪，以穷其情。"秦汉继承这一制度，凡百工劳作都必须严格遵守统一的质量规格和数量要求。《汉书·任敖传》注曰："百工为器物，皆有尺寸斤两斛轻重之宜，使得其法。"凡依范式制成的产品必须"物勒工名"。近年来出土的东汉"乐浪王盱墓"中的一个漆杯上的铭文证实了这个制度在汉代是被严格执行的。其杯铭文曰："蜀郡西工造，素工囘，髹工鱼，洎工文，汜工廷，造工忠，护工卒旱，长汜、丞庚，掾弇，令史茂主。"转引自张研等：《中国经济法制史》，中国审计出版社1992年版，第69页。由此铭文可见，一个漆杯不仅刻上了各道工序经手工匠的名，亦勒有相关官吏的名。此后，从唐宋的《擅兴律》到明清的《工律》，都有关于这一制度的规定。

"赀一盾"的处罚。[7]又如,唐律对时间计算到"刻",对空间计算到"步",对"赃罪"的价值量计算到布匹的"尺"。[8]由此可见,责任制和数量式精确化的确是中国经济法律的一个优良传统,这完全值得我们今天借鉴学习。

笔者以为,国家利益中心主义是中国经济法律的第八个传统。可以说国家利益是贯通传统中国经济法律的一根主线,虽然在各领域中的轻重分布有所不同,但各项经济法律制度无不体现出国家强有力的干预,其中专卖、货币、对外贸易可为典型。我们可以对外贸易为例。传统中国的对外贸易有两种,一是与周边少数民族的贸易,谓之"互市";一是海外贸易,谓之"市舶"。对这两种贸易,传统中国自秦汉以来一直比较重视,因此都给予了相应的法律调整,意图通过法律满足国家的各种需要。从有关这方面的法律分析来看,传统中国的对外贸易本质上不是一种单纯追求经济利益的活动。如禁止兵器和钱币流入周边少数民族,而用生活用品尽量换取对方的马匹等,说明"互市"是以国防安全为中心的。然而,对海外贸易则相对放松,原因是隔海对国家安全不构成直接的威胁,所以"市舶"较"互市"更具经济色彩,但国家安全至上的利益仍是它考量的中心。[9]国家利益中心主义的经济立法最初形成于战国,到汉唐时发展成为全面的制度,宋元明清在实质上都加以继承,及至今日仍是我们经济立法

---

[7] 参见前揭张中秋:《法律与经济——传统中国经济的法律分析》(第1卷),第130~132页。

[8] 参见前揭张中秋:《法律与经济——传统中国经济的法律分析》(第1卷),第321~335页。

[9] 参见张中秋:《唐代经济民事法律述论》,法律出版社2002年版,第93~102页。

的基石。可见，这一传统是颇符国情极具生命力的。

中国经济法律的第九个传统，亦即笔者所说的最后一个传统，是内含政治文化理想和道德关怀。正如笔者在以前的书中所指出的那样，唐代经济法制是以支持政治统治和正统道德为目的的。因此，它们在精神上成了政治和道德的工具。[10] 其实，这不仅限于唐代经济法律，对整个传统中国的经济法律都可以作如是观。而且由于这种政治和道德在传统社会后期的滞后性，导致了包括经济法律在内的中国传统法律整体的落伍和瓦解。但我们还是应该看到，传统中国的经济法律仍是一种具有政治文化理想和道德关怀的法律。这一传统表现在经济法律上，有土地法制中不同形式的均田制和对土地兼并的抑制，赋役法制中从以"人丁为本"到以"资产为本"的转移，工商法制中对因商业过分发展而可能瓦解农业和农民的限制等，都体现了那个时代特有的，或者说传统中国所固有的政治文化理想和道德关怀，即对差序合理的理想社会，亦即对王道政治的最高境界"大同世界"的追求。这种追求的性质和局限另当别论，但经济法律要体现时代的政治文化理想和普遍的道德关怀，这是没有异议的。

二、中国经济法律传统之纲与社会盛衰之关联

本文在前面提到，"重农抑商"是中国经济法律的第一大传统，因为其他各项经济法律制度和传统都是在它的支配下形成的。可以说，"重农抑商"是贯通和支撑传统中国经济法律的精神支柱，亦是我们把握和分析中国经济法律传统与社会盛衰之关

---

[10] 参见张中秋：《唐代经济民事法律述论》，法律出版社 2002 年版，第 9～10 页。

联的"纲"。要理解这一点,首先对"重农抑商"的含义要有所了解。从字面上说,"重农抑商"就是重视农业、抑制商业。这种理解大体不错,但过于简单。从传统中国的实际情况来看,农不仅仅指农业,还包括农民、农村、农事、田地、赋税、徭役等一切与农有关的事务,其中土地最为关键。同样,商不仅指商业,还包括商人、商税、商业管理,以及各种私营性质的手工业和内外贸易等。由此可见,农、商基本上代表了传统中国最大的两类职业人群和几乎全部的经济,因此,"重农抑商"应该从这个意义上来理解。此外,由于传统中国认为,对正常的经济民生来说,农、商虽然都不可少,但两者并不同等重要,就像事物有本有末一样,农是本商是末。所以,"重农抑商"又谓之"重本抑末"。[11]

"重农"必然重视土地,因为土地是"农本"的基础。所以,重农在法律上的表现和结果,自然就是以调整土地关系为基础的法律制度和传统的形成。[12]法律对土地关系的合理化调整,内含很多的目的,但主要是为了国计民生。所谓"国计"就是

---

[11] 参见王大庆:《本与末——古代中国与古代希腊经济思想比较研究》,商务印书馆 2006 年版,第 3 ~ 11 页、第 283 ~ 299 页。

[12] 因为在传统中国,农业是其他经济(如工商、贸易、货币、消费等)存在和繁荣的前提。农业经济的核心条件是劳动力、土地以及劳动力与土地的合理结合。这三项核心条件的具备及其合理结合的实现,实质上都有赖于土地关系的法律调整,亦即法律确认和保护什么样的土地所有制,这是在根本上决定传统中国社会的经济基础。例如,唐帝国在其前期比较成功地运用了律令这一有效的经济法律武器,保护和扩大了劳动力,调整和重新分配了土地(以丁男为均田的基本单位),使劳动力与土地的结合比较合理,而且在律令的保障下,又使这种结合得以一定程度的实现,结果出现了社会经济由萧条到繁荣的发展。(参见前揭张中秋:《唐代经济民事法律述论》,第 3 ~ 31 页。)

确保国家财政收入，"民生"就是百姓的生活。由于国家财政取之于民，因此，连接国家财政和百姓生活的赋役就成为经济法律的中心。在传统中国，土地关系和建立在土地之上的小农经济相当脆弱，容易受到各种因素的破坏，其中最大的威胁来自于商人和商业。如果对此不加以抑制，"商末"必然冲击甚至瓦解"农本"，结果会造成严重的经济社会问题，殃及国计民生。历史反复证明，事实正是这样。因此，为了防止这种情况出现，或者出现这种情况后予以纠正，国家统制和干预就变得必不可少，有关这方面的内容遂成为中国经济法律传统中的特色部分。同样，为了使统制和干预有效，具有威慑作用的刑罚成为惩罚的主要手段；而且为了做到准确有力，一方面要求经济法律规定责任制和数量式精确化，另一方面对经济犯罪的制裁亦趋于严厉化。所有这样做的目的，首先是要维护以王朝为代表的国家利益，包括贸易中的国家安全利益和经济利益，然后是民众最基本的合理要求。所以，表达正统王朝对王道理念追求的政治文化理想和道德关怀，不仅体现在这些法律制度和传统中，而且它们本身亦成为传统的一部分。由此，我们可以看到，上述各项经济法律制度和传统都是在"重农"之下，从农本和土地发展而来的。因此，我们可以把分析中国经济法律传统与社会盛衰之关联的"纲"集中到"重农抑商"上来。

以上分析与中国经济法律传统的历史实践是相吻合的。在传统中国，重农突出表现在对农业，特别是对土地关系的法律调整上。法律确认和保护什么样的土地所有制，在根子上与传统中国社会的盛衰相关联。中国从原始性的经济嬗变到西周的国家统制经济和计口授田的井田制，是一个历史性的进步，西周的兴盛因此形成。但随着不合人性又桎梏生产力发展的国家统制经济的危机和井田制的瓦解，土地私有制和私营经济在春秋战国时期逐渐壮大起来。土地私有制的确立和私营经济的壮大，一方面激活了秦汉经济社会的发展，为秦皇汉武时代的到来奠定了物质基础；另一方面又造成了农商对立和贫富两极分化，最终导致了社会的动荡与冲突。经过秦汉时代的数次社会冲突和政权更迭，新形势下的国家统制经济和计口授田的均田制在北朝，尤其是在唐前期得到了恢复与重建，大唐盛世即以此为基。从中唐开始，土地兼并导致均田制瓦解，农商对立和两极分化再度出现，"安史之乱"点燃了燎原之火，大唐王朝由盛转衰。中唐以后，国家放弃了统制经济与计口授田，私有的租佃制普遍代替了国有性质的均田制，此后历代王朝一方面因租佃制发展而盛，同时亦因由此而带来的农商对立和两极分化的冲突而衰。这在事实上已成了传统中国社会发展中的一个怪圈，直至近代亦没能成功地摆脱这一困境。

纵观中国历史，传统中国发展中的怪圈，表现为社会盛衰的循环，社会盛衰的循环又与土地所有制相关。具体说，在中国历史上，作为基本的法定制度，土地所有制无非是国有与私有两大类，如国有性质的井田制和均田制，私有性质的自耕农经济与租佃制。但无论是国有还是私有，事实上都带来了中国社会的盛，亦引起了社会的衰。这其中的机制，或者说土地所有制与社会盛衰的具体关联又是什么呢？事实表明，传统中国的盛是建基在"农本"之上，同时以"治"即社会稳定为前提的。满足了这两个条件，社会就盛，反之则衰。井田制和均田制在它们实施良好的时期，国民经济以农为本，社会秩序稳定，所以国力强盛。但国有性质的井田制和均田制有它自身不可克服的局限，首先是缺乏激励机制，导致没有竞争而效益走低，这与人们发展经济的愿望不符；其次是时间一长，弊端丛生，无法阻挡私有经济的侵犯，其中来自"商末"的冲击最大，最后土地国有制在私人侵占和兼并下名存实亡，井田制和均田制在实施的后期都是如此。

土地侵占和兼并亦即土地私有化，必然会产生两个直接的后果：一是大量的土地掌握在极少数地主、官僚、豪强和商人手中；二是大量的农民失去土地，不得不背井离乡，成为流民、客户。这样，少数不事农耕者拥有大量地产，而大量劳动者却无地可耕，其结果是人不能尽其力，地不能尽其利。人力和地利得不到正常的结合和发挥，农业经济就失去了发展的可能，经济社会关系因之陷入不合理的状态，严重的会出现农商对立和两极分化的冲突。[13]这时社会开始动荡，治世开始向乱世转变，世道一乱则盛世必衰。面对这样的形势，统治者总是会动用各种手段来进

---

[13] 农商对立和贫富两极分化往往紧张到了于国家稳定和社会道德都难以容忍的程度，这从晁错给皇帝的上书中可以看出，他说："今农夫五口之家，其服役者不下二人，其能耕者不过百亩，百亩之收不过百石。春耕夏耘，秋获冬藏，伐薪樵，治官府，给徭役；春不得避风尘，夏不得避暑热，秋不得避阴雨，冬不得避寒冻，四时之间亡日休息；又私自送往迎来，吊死问疾，养孤长幼在其中。勤苦如此，尚复被水旱之灾，急政暴虐，赋敛不时，朝令而暮改。当具有者半价而卖，亡者取倍称之息，于是有卖田宅、鬻子孙以偿债者矣。而商贾大者积贮倍息，小者坐列贩卖。操其奇赢，日游都市，乘上之急，所卖必倍。故其男不耕耘，女不蚕织，衣必文采，食必粱肉。无农夫之苦，有千百之得。因其富厚，交通王侯，力过吏势，以利相倾；千里游遨，冠盖相望，乘坚策肥，履丝曳缟，此商人所以兼并农人，农人所以流亡者也。"（《后汉书·仲长统传》）面对这样危险的经济社会形势，汉朝诸帝尤其是从武帝开始，彻底放弃以往的放任政策，转而采用严厉的抑商措施，并借助法律予以严格执行，以期重整经济社会关系，使之相对合理化。

行调控，其中最常见亦是最有效的手段，就是借助专卖法对商人和商业加以抑制，包括政治上对商人歧视，经济上对商人压榨，法律上对商业加以控制等。如果调控成功，社会会化险为夷；不成功，历史就会在混乱中完成改朝换代。

乱后新生的王朝吸取教训，重新开始"重农抑商"，同时顺应潮流，承认土地私有化，允许土地买卖。这样一来，激励机制被引入，人们的生产积极性亦被调动起来，"农本"经济焕发出新的活力。加上中央政府控制有力，社会稳定，假以时日，盛世又可能出现。但时间一长，这种经济又要出现新的问题，主要是因为土地可以自由买卖，所以兼并比以往普遍，结果是"能者辐凑，不肖者瓦解"，"富者田连阡陌，贫者亡立锥之地"。[14]这时社会又重新出现农商对立和贫富分化的局面，此后的情形大体又是国有制后期历史的重演。鉴于历史的教训，乱中取胜的新王朝又回到国有制的老路上。这样，从土地国有制到私有制（如西周井田制的瓦解与秦汉土地私有化），又从私有制到国有制（如秦汉私有制崩溃与隋唐均田制的确立），历史完成了一个轮回。

国有的均田制在唐中期被废止后，私有的租佃制大行其道，以后的王朝和皇帝，甚至农民起义建立的地方政权，鉴于私有制的弊端，亦曾想恢复土地国有制，如太平天国的"天朝田亩制度"，但时移势易，直到中华人民共和国土地改革之前，占统治地位的土地国有制退出了历史舞台。原因何在？根子在经济规律，亦即私有制的力量。在传统中国，土地国有代表的是以皇帝为中心的国家利益，它在很大程度上和个人利益是对立的，国家

---

[14] 《汉书·食货志》。

利益要求控制并禁止土地买卖，以确保统治集团的富有、社会的安定和王朝的延续；而个人利益则希望土地买卖兼并不受限制，以满足个人对财富的追求。有时，为了调和这种矛盾，统治者在制定他们的土地法时，一方面限制土地买卖，另一方面又不予彻底的限制，形成某种"漏洞"现象。如唐代推行均田制时期，法律禁止土地买卖，违者治罪，但有一个但书："即应合卖者，不用此律。"[15] 这好像在禁止土地买卖的大坝中留了个"漏洞"。

　　但事物的发展有它自己的规律，私有制作为一种重大的所有制形态和其他事物一样，一旦产生，就沿着自己固有的规律发展下去。私有制发展的规律是不断地私有化，亦即土地和财富的愈益集中和垄断，以至达到它最后否定自己。我国土地私有制的发展规律亦是如此。春秋以前，我国实行的是"田里不鬻"[16]的"井田"制度，所谓"普天之下，莫非王土"[17]。这实际上还是一种部落形式的公有制，即使有少量的私有土地存在，亦不足以改变整个土地制度的性质。我国真正合法的土地私有制是从商鞅"废井田，开阡陌"开始的。马端临评论说："盖自秦开阡陌之后，田即为庶人所擅，然也惟富者贵者可得之。"[18] 由此，土地

---

[15] 唐令规定，每丁男受田一顷（唐制百亩），其中二十亩为永业，八十亩为口分。永业田可以传承，口分田在田主死后要交还政府。因此，均田制下口分田一般不准买卖。《唐律疏议·户婚》"卖口分田"条云："诸卖口分田者，一亩笞十，二十亩加一等，罪止杖一百；地还本主，财没不追，即应合卖者，不用此律。"《唐律疏议》解释说："即应合卖者，谓永业田家贫卖供葬，及口分田卖充宅及碾硙、邸店之类，狭乡乐迁就宽者，准令并许卖之。其赐田欲卖者，也不在禁限。其五品以上若勋官，永业田也并听卖，故云'不用此律'。"

[16] 《礼记·王制》。

[17] 《诗经·小雅·北山》。

[18] 《文献通考·田赋考》。

买卖逐渐盛行起来。土地买卖自然引起土地兼并。土地的买卖和兼并是土地私有制不断深化的必然途径，但买卖和兼并又往往引起经济社会矛盾的激化，造成社会的紧张和动荡。动荡后建立的新王朝鉴于教训，必然动用国家的强制手段来进行新的土地分配，调整土地和经济社会关系，限制土地的自由买卖和兼并，以免重蹈覆辙。这样一来，法律成了国家政治权力干预经济、限制土地私有制不断深化的主要工具。但是，私有制的发展是难以阻挡的，它在和法律的较量中，最终是胜利者。这就是经济的力量、规律的力量，这就是西周井田制、王莽王田制、西晋占田制、隋唐均田制等，各种不同形式的土地国有制，一个个先后失败的根源所在。

如果要问私有制何以有这种力量，归结到一点，就是它的竞争—效益机制符合人心对财富的追求。所以，私有制适合经济增长和个人利益扩展，但它固有的缺陷，即一个"私"字，如果不加以限制，任其无限膨胀，一旦超出合理范畴，必将置群体社会于解体而后已。因此，私有的租佃制取得统治地位后，如同国有的均田制一样，仍然导致了传统中国社会盛衰治乱的循环。这种国有与私有所引起的周期性的经济与社会的盛衰循环，根源于经济社会结构的单一（小农经济与农民占绝对优势）和封闭（小农经济的天然属性）。专制政治对小农经济和农民的依赖和支持，使得政治、经济和法律结为一体，从而加固了经济社会结构单一与封闭的强度；"重农抑商"的文化则使之更具韧性。所以，在社会这个系统内，盛衰循环成为怪圈，牢不可破，原因就是经济社会结构没有变化。如果技术有突破，工业和商业有突出的发展，即可吸纳因土地私有化而带来的大量剩余劳力与资金，并使之转化为资本，进而促进私有经济的深化。如此点点滴滴长此以往，经济和社会结构就会发生变化，小农经济即使不退居其次，亦无法绝对支配社会的进程。那么，中国的历史或许会是另一种情形。讨论到此，不免让人联想到，中华人民共和国土地国有制的确立，好像又是对中唐以来土地私有制的否定，这是否又会形成一个新的更大的轮回呢？笔者以为，这只是表面上的相似，从科学原理上说，这次与以往不同，现代科技和工商经济的突破性发展，已经使中国的经济和社会结构发生了根本变化，那种基于经济结构单一和封闭的国有/私有、盛衰/治乱的循环怪圈应不易再现。

三、中国经济法律传统与社会盛衰关联之道

本文的主题分析虽已结束，但如果要做进一步的解读的话，就会发现"重农抑商"这一统领中国经济法律传统的"纲"，蕴含着丰富的经济社会和政治文化意义。这可以帮助我们理解，为什么"重农抑商"在传统中国受到如此高度的重视。

先让我们从社会构成开始。传统中国名义上由"士、农、工、商"四民，[19]亦即从事四种职业的人组成，实际上可归纳为农、商两类来认识。在传统中国，士一般都来自于农，虽然士的地位要高于农，但农是士的起点和根基所在；而且农民不仅占社会人口的绝大多数，亦是国家赋役的来源。因此，法律把士、农

---

[19]《唐六典》卷三"户部郎中员外郎"条曰："辨天下之四人，使各专其业。凡习学文武者为士，肆力耕桑者为农，工作贸易者为工，屠沽兴贩者为商。[工商皆谓家专其业，以求利者，其织纴组纫之类非也]工商之家，不得预于士；食禄之人，不得夺下人之利。"

归为一类，称之为良民。工、商因性质相同，从来都是一家，所以法律把他们视为一类，谓之贱民。这种分类至少从唐宋开始，沿袭至清末。[20]传统中国的这种社会构成，其实与经济结构是一致的。如前所说，传统中国以农立国，各项经济都建立在农业之上，工商作为国计民生的必要部分，自然不可或缺，但它与农相比，一是它本身要依赖农业，二是它亦只是国计民生的补充部分。因此，在传统中国，社会构成与经济结构相吻合，"农本商末"遂成为铁一般的事实。面对这样的事实，立法者除了"重农抑商"，难道还能有其他的办法？

事实上，经济、社会和文化是相通的。因此，我们对"重农抑商"还可以作文化上的解读。传统中国的文化，不论它的表现形式多么千姿百态，在原理上是一元论的。如前所论，"道"是中国文化的本原，所谓"道生一，一生二，二生三，三生万物"[21]是也。道的基本结构是阴与阳，两者的关系是对应中有包容，包容中有统摄，阳在其中起主导和支配作用。建立在观察和体验之上的这种原初自然哲学被推及社会政治法律领域，汉代大儒董仲舒在《春秋繁露·基义》中说的一段话可为经典，他说："凡物必有合。……阴者阳之合，妻者夫之合，子者父之合，臣者君之

〔20〕 参见《唐律疏议》《宋刑统》《大明律》和《大清律例》中《名例》《户婚》与《杂律》篇中的相关规定，尤其是在刑事方面，"良贱相殴"与"良贱相奸"的规定区分明显。

〔21〕 《老子·四十二章》。道生万物，万物又回归于道。这种有机、整体、连续、自动的宇宙生成论，成中英和杜维明先生有较清晰的阐释。参见［美］成中英著，李志林编：《论中西哲学精神》，东方出版中心1991年版，第216页及前后；W. M. Tu, *The Continuity of Bing: Chinese Versions of Nature, Confucian Thought*, Albany: State University of New York Press, 1985, p. 38.

合。物莫无合，而合各有阴阳。阳兼于阴，阴兼于阳。夫兼于妻，妻兼于夫。父兼于子，子兼于父。君兼于臣，臣兼于君。君臣父子夫妇之义，皆取诸阴阳之道。君为阳，臣为阴。父为阳，子为阴。夫为阳，妻为阴。……阳之出也，常县于前而任事；阴之出也，常县于后而守空也。此见天之亲阳而疏阴，任德而不任刑也。是故，……德礼之于刑罚，犹此也。故圣人多其爱而少其严，厚其德而简其刑，此为配天。"

董仲舒所说的"合"是指合成，"兼"是兼有，"县"是悬的意思。通过这段引文，我们可以看到，在董仲舒眼里，万物的合成不出阴、阳两种要素，从自然万物到家庭社会再到国家法律，莫不如此。阴、阳虽相互兼有，但阳是处于前的积极要素，是本是主是进，因此对阴有统摄和支配作用；阴是悬于后的消极要素，是末是从是守，是故对阳有依附性。阴阳可以转换，但阳对阴的统摄和支配是绝对的；阳之所以可以统摄和支配阴，是因为阳有德性，或者说阳的德性大于阴。阴阳结合阳主阴从谓之道，道就是自然，亦就是和谐。所以，对于道，顺之者昌，逆之者亡。可以说，这是传统中国二千年来的国家哲学和民间信仰，亦即人们所谓的天理。至此，我们终于可以明白，在传统中国文化中，世界万物都可以对应于阴阳而归于道，中国经济法律传统当然亦不例外。如农与商、土地国有与私有、农赋与商税、官工与私匠、官商与私商、专卖与自由贸易等，就像天与地、春与秋、人与物、官与民、义与利、公与私、善与恶一样，都是阳与阴的对应与体现。因此，从"农本商末"到"重农抑商"，完全是合符阴阳之道的中国文化原理的体现。而且唯有这样，盛世才有望实现，因为有道则盛，无道则亡。这里所说的"道"贯通自然和人世，为数千年来传统中国人最基本的世界观。因此，在哲学上它可以称之为天理，政治上可称之为王道，法律上可称之为法理。其实，名异实同，一以贯之者天道也。按现代人的理解，天道的核心是自然而然的和谐。[22]

如此看来，"重农抑商"成为统领中国经济法律传统的"纲"，完全是因为它上合天理（道）下符国情（经济社会事实），可谓是有道的法律传统，所以受到如此高度的重视自在情理之中。如何评价它，可以仁智各见。但我们从中起码可以获得这样一个认识，即对中国这样一个大国来说，经济法律（传统）与社会盛衰的关联最后在于道，道可以不同，但不可以无道。

---

[22]　参见黄俊杰主编：《天道与人道》，联经出版事业公司 1982 年版，第 1~62 页。

中国传统法律文化的模式与价值及其转化 *

一、中国传统法律文化模式的连续性

现代中国的法律，无论是在形式、内容还是精神上，与传统中国已有很大的背离，这是不争的事实。[1]然而，这不过是问题的一面，且不免有表面化和文化本质主义的迹象。如果历史性地宏观的来看，中国法律传统虽已中断，但联系是依然存在着的。我们不妨先注意一下法律与政治关系模式的内在联系，从中可以清晰地观察到历史的连续性。

在中国文明形成的最初时期，法律大致是由各种原始习俗所构成，政治主要由宗教礼仪所体现，表现为"巫"。[2]虽然巫亦发挥法律的功能，但首先是政治性的，原始习俗与宗教或者说与巫的关系完全可以看成远古中国社会法律与政治的关系。在这对关系中，巫是决定性的，对习俗具有解释和操作上的支配权，习俗在很大程度上成为体现政治权力"巫"的一种工具。[3]远古社

　＊　原载于《重庆大学法律评论》（第 1 辑），社会科学文献出版社 2018 年版。
〔1〕　现代中国的法律源自清末"变法修律"，移植自日本化的西方法律文化，与传统中国的法律文化，别为两种样式。
〔2〕　参见［美］张光直：《中国青铜时代》（二集），生活·读书·新知三联书店 1990 年版。
〔3〕　参见蒲坚主编：《中国法制通史》（第 1 卷），法律出版社 1999 年版，第 1 章。

会的这种模式被继承和发展下来，在夏商周三代表现为刑与礼的关系。礼的成分要比刑复杂一些，但与巫有着密切的联系，可以说是巫的精神和内容在后时代的转化。如同巫一样，礼本身并不是严格意义上的法律，只是由于得到了刑的支持才拥有了现代意义上的法律性质。[4]无可否认，相对于刑，礼是经国大典，政治上具有宪法性，所以刑之存废以礼之取舍为标准，礼纲刑目成为中国法律与政治关系在新时代的表现。东周以降，社会震荡，礼与刑的关系受到破坏，经过近五百年的分化组合，到汉初礼与刑的关系在政治上被重新确定下来，发展到唐律，即是"德礼为政教之本，刑罚为政教之用，犹昏晓阳秋，相须而成者也"[5]。此后千余年直至晚清"变法修律"，法律与政治的关系便是"德主刑辅"，亦即体现政治精神和原则的德礼对服务于这种政治的法律具有统摄性，亦可以说法律是道德政治的工具。[6]晚清以来，社会紊乱，中华法系整体瓦解，法律与传统道德政治的关系在内容上受到猛烈冲击，法律走上实证主义的道路，形式上摆脱了传统政治的控制，实际上法律仍然是统治阶级意志的体现、国家政治的工具，民国历届政府宪政的实际遭遇即是最好的注解。可见，法律与政治关系的模式实质上没有改变。1949 年以来，中国的法制建设历尽坎坷。及至 1980 年代，国家编写的大学法律教科书对法律的定义、对法律与政治（政策）关系的解

---

〔4〕 有关这个问题的详细讨论，参见张中秋：《回顾与思考：中华法系研究散论》，载《南京大学法律评论》1999 年春季号。
〔5〕 （唐）长孙无忌等撰：《唐律疏议》，刘俊文点校，中华书局 1983 年版，第 1 页。
〔6〕 参见［美］金勇义：《中国与西方的法律观念》，陈国平等译，辽宁人民出版社 1989 年版。

说，明显融合了源于苏联的法学理论和传统中国法律与政治关系的精髓。[7]这种情形确与我们的时代精神和日常生活的内在趋势有所不合，但理论和观念的变化，仍将是而且必然是缓慢的。可以预料，这种法律与政治关系的模式不会有很快的变革，它已成为中国历史内在性[8]的一种体现。

因变革法律而引起的文明模式的变迁，是中国历史内在性体现的又一显证。在社会管理（控制）的制度文明模式上，夏商以来中国经历了从"礼乐文明"到"礼法文明"再到"法治文明"的三大变迁，每次变迁都与法律变革及其所引起的争论密切相关，亦与中华民族的文化理念息息相连。从具有蒙昧色彩的"巫术文化"到青铜时代的礼乐文明，中华民族在寻求社会管理（控制）的模式上前进了一大步。惜乎这场变革的内情因远古文字记载的缺乏，很难获知。但礼乐文明从巫术文化而来，并在文明的路途上实现了质的飞跃，诚是历史的事实，亦为多种研究所证实。[9]历时千年而在西周达到顶峰的礼乐文明，意图借助礼乐的互补性达致血缘等差社会的和谐。尽管这是一种直接明显的血缘伦理政治，其首要目的亦是为了政治控制和经济利益，但将其置于三千年前的历史环境中，我们应该看到，在人类多少地区文明还没有出现，甚至伟大的希腊文明才初露曙光时，礼乐作为一种社会管理（控制）的模式，其文明性和先进性，特别是它基

---

[7] 20世纪80年代至90年代中前期出版的《法学基础理论》或《法理学》教科书，几乎异口同声地认定法是统治阶级专政的工具。

[8] 这是笔者依据自己的认识所拟的一个措词，意指在长期历史中形成并在根本上制约和支配中国历史走向的内部因素及其力量。

[9] 参见陈来：《古代宗教与伦理》，生活·读书·新知三联书店1996年版。

于人之为人的德性而蕴含的人文性，确是中华民族远离野蛮、奔向文明的伟大象征。

礼乐文明在春秋战国时期因受到各种挑战而处于"礼崩乐坏"状态，变革法律是诸种挑战中最直接的一种。法律在中国上古主要表现为"刑"，相对文雅的"礼"，它是一种惩罚性规则，就其起源和适用对象来说，是和战争、野蛮、夷狄等联系在一起的，所以史书上称"刑起于兵"，"刑不上大夫，礼不下庶人"。[10]因此，在文化上刑与礼成为野蛮与文明的分界，礼对刑的支配体现了文明对野蛮的控制这样一种文化理念。春秋战国刑法崛起，由"临事议制"的秘密法状态转向"使人皆知"的成文法时代，由慑服于礼的刑转向与礼分离而具有独立性的法。面对这种转变，孔子和叔向都发出了保守的呼吁，[11]从而引起了有关变法的历史性争论。从政治和法律上讲，孔子等人的意见反映了西周贵族的传统信念，即礼乐是一种理想文明，变法是对这一文明的破坏，法律不是不要，而是应保持西周时期刑的状态，法律一旦公开并铸刻于象征国家权贵尊严的鼎上，礼乐所构成的文明秩序（"法度"或"社会秩序"）必将混乱以至于消亡。这种担忧隐含了一种文化理念，认为刑或法远不是文明本身，只是文明的工具，而文明是目的，是理想，是人之所以为人的本质使然。借用现代话语，文明和体现文明的礼乐是价值理性，刑和法是工具理性，工具理性只有为价值理性所支配并为其服务，才是理想的文

[10] 参见张中秋：《中西法律文化比较研究》（第5版），法律出版社2019年版，第1章第1节。
[11] 《左传·昭公二十九年》《左传·昭公六年》。

明社会。所以，孔子的意见在政治上是保守的，文化上却是一种忧患，一种关怀，他提出"克己复礼为仁"是要人们发扬人的德性（对立面是兽性），以进于西周那样的理想社会。联系到他的政治主张，这一点尤显其然。他曾明确表示，即使吴、越之类的夷狄比齐、鲁之属的诸夏强大，他亦不欣赏，因为是夷狄变诸夏还是诸夏变夷狄，这关系到是野蛮胜文明还是文明代野蛮，他希望诸夏能保持自己优越的礼乐文明而不是退回到夷狄般的野蛮。[12]这应是那个时代与"变法"相关的"华夷之辨"的文化实质所在。但历史的无情是，礼乐在西周是文明，在春秋战国已不适时，社会结构的内在变化终使"礼法文明"从西汉开始成为传统中国管理（控制）社会的新型文明模式。

"礼法文明"是对"礼乐文明"模式的替代，但不是对它的彻底革命，它变革了礼乐文明中有关西周贵族优越及其制度化的部分，面对现实地吸纳了法家关于"法治"的部分思想，以取代和充实礼乐文明被变革的部分，但礼乐文明中最根本亦即孔子等所坚持的"礼"所体现的人文性被继承和保留了下来。在中国文化理念中，这是先进和文明的象征，是中国文化价值系统的核心所在，所以有论者指出，"礼法结合（文明）"是中国法律文化对春秋以来"礼乐文明"价值系统破裂的重建。[13]重建的实质，恰如礼乐文明对巫术文化的替代一样，是中国文明框架内新文化对旧文化的继承和超越，是中国历史内在联系性的体现和

---

〔12〕 这是笔者从南京大学历史系颜世安教授的讲座中所获得的一个认识。若有错误，责任在我。

〔13〕 参见梁治平：《寻求自然秩序中的和谐——中国传统法律文化研究》，上海人民出版社1991年版，第10~11章。

表证。

由礼乐文明破裂到礼法文明确立，前后经春秋战国、秦至汉初近五百年的社会激荡，从中不难看出一种社会管理（控制）文明模式的形成要经历多么漫长艰难的磨合。这似乎是普遍的历史现象。理性的希腊文明、法律化的罗马文明是这样，西方市场经济法律体系（法治经济模式）的形成亦是如此。[14]这显示一种文明模式的形成所历时间愈久、所覆空间（含地域、人口、社会规模）愈大、所涉文化愈复杂，其效用亦相应成正比。礼法文明在传统中国辽阔的疆界、众多的人口和关系复杂的社会中，至少在框架和形式上保持运作状态近二千年，这是人类文明史上的一个奇迹。尽管近代以来它已不适应变化了的以西方为主导的世界，备受各种指责，但不能否认它是传统中国社会的结构化体现，是辉煌的中国古典文明的精华，亦是世界法律文化宝库中的一个特有景观。它与中国社会一样，受中国历史内在性的支配，在从传统到近代的转变中，再一次经历了断裂与联系的变迁。

放宽历史的视界，法律化和东亚化的礼法文明——中华法系——宋代以来已有不适社会之虞，明清时期制度与社会的脱节更加明显，但若不是西方法律文化的介入，礼法性的中华法系还将存续多久，仍是一个历史的问号。面对西方的冲击，晚清中国不得已"变法修律"。与以往一样，这同样引起了争论。表面上看以前是"华夷之辨"，这次是"中西之争"，其实还是同一个

---

[14] 西方市场经济法制即近代意义上的私法体系从公元10世纪开始，经800年左右时间才臻于完善。参见徐忠明：《西方市场法制的成因探源》，载《法制与社会发展》1996年第1期。

历史课题，即连续不断的文明与野蛮的较量及其选择。清末"礼教派"坚称中国不应放弃五千年立国之根本、文化之精粹惟"礼教（法）"而已；"法理派"面对形势的变化，认为固守"礼教（法）"已不可能，要富国强兵、收回治外法权，必须"变法修律"，移植日本化的西方法律文化。[15]历史的结局是折衷妥协，既保留了部分礼教（法）的内容，又更大规模地输入了异于中国传统礼教（法）的西方"法治文明"。法治文明对礼法文明的替代是形势使然，这一进程在中国仍未完结，"依法治国"是这一进程的新时代表现，而本土资源亦不妨看成是中国固有文明和现代经验的结合，它昭示我们要认真对待中国法律文化自身的连续性问题。从近代开始的这一进程虽然导致了中华法系整体瓦解、价值断裂，但并没有完全中断历史的联系。且不说具体的制度和观念，就其面对现实（挑战）趋向文明而言，仍是中国文化真精神的体现，是"礼乐文明"对"巫术文化"、"礼法文明"对"礼乐文明"、"法治文明"对"礼法文明"，这种连续不断的前后替代中那种一以贯之的对文明性选择的体现。尽管保守的礼教派囿于文化成见和时代局限不能正视西方法治文明的优越性，但法理派和近代以来中国的历史在实践上还是接纳了这种优越性。透过这段历史，透过中国社会管理（控制）文明模式的变迁，我们不难看到中国文化趋向文明的力量及其历史的内在联系性。这种力量和联系性从上古开始，历经遭际，至今仍顽强不屈，正成为构建有中国特色的现代法制文明的精神资源和历史根据。

---

[15] 参见各种版本的《中国法制史》清末部分。

二、积极对待中国传统法律文化的经验、智慧和社会理想

中国传统法律文化与现代法制的联系自然不止于上述方面，我们还可以从法的观念、刑治主义、群体思维及法律学术风格诸方面获得相同的认识。值得关注的是，人们对这一客观存在表现出极不相同的态度。有一种极端的否定，以为中国法律文化传统在近代变革中已经中断，现代法制从精神、观念到制度都是西方的，因此不存在联系问题。另一种在认识上虽不否定联系的客观性，但否认联系的积极性，认为中国固有的礼法文明与西方的法治文明在价值上是背离的，现代中国的法制建设应尽量摆脱这种联系。笔者以为，这不止是错误的，还是无益的。这是因为历史的联系并不以人的意志为转移，何况这种联系并不完全是消极的。

正视历史的联系，认识到这种联系具有不以人的意志为转移的客观性，是我们面对世界所应持有的一种恰当的现实主义态度。它要求我们不应因对联系意义的认识分歧而改变对历史的客观态度，即使一种联系是消极的，我们亦应积极认真地对待它。这样，不仅可以有效地为应因它的消极性而做好充分准备，同时还有可能转移、减少、化解甚至转化利用它的消极性。否则，消极性完全有现实化的可能。譬如，普遍存在于中国民众中的以刑为核心的法观念，显然与中国的法律传统有着密切的联系，对现代中国法治信念的确立无疑亦是消极的，但这不妨碍我们以积极的姿态来分析认识它的成因、影响、分布等，从而为法观念的转变创造条件。事实上，中国传统法律文化与现代法制的联系是一个复合体，并存、交织、混合着各种要素，这需要我们认真地挖掘、引导、弘扬其中的优秀成分。

中华民族五千年来有关法律的经验、智慧和社会理想等，这些富有价值的遗产对现代中国法制的健康发展拥有积极的意义。这种意义可能是启发性的，亦可能是补充性的。从经验层面讲，法典化的成文法传统、法律语言的简洁、司法人员的人文修养、节约成本追求和谐的调解制度、对经济犯罪的严厉制裁、重信诺的习惯、财产流通中的典当制度，以及对外贸易法律调整中的国家利益主义等，既是中国固有的法律文化，又不失挖掘、改造的价值。在法的智慧方面，中华民族虽不同于西方着力从权利的角度来关注法（权）与人（权）的关系，从而没有发展出系统的法学理论，但这不等于说中华民族在法的问题上没有自己的思考。它是从另一个角度，即个体与群体的关系来关注人类生存状况的。寺田浩明教授的研究极富启发，他说："西欧似乎是选择以个人作为秩序形成出发点的发展道路。把秩序理解为就是保护每个个体所拥有的正当利益而得到的总和。个体所拥有的正当利益被称为'权利'，而权利完全实现的状态则被称为'法'。权力就是实现这个法的机关。其观念形态的发展最终归结为社会契约论。与其相对，中国则是以全部个体的共存为基础。无论其基本的经济单位如何趋向于个体化或分散，但要求所有个体都顾全大局并作为一个和谐的集体中的一员来生活却一直被视为不证自明的道理。首先有全体的生存，才会有个体的生存。代表全体的利益要求每个个体互助与互让，同时对于每个个体有时会出现的私欲膨胀予以抑制和处罚，这些都被看作是公共权力应该履行的职责。"[16]法律

---

[16] ［日］寺田浩明：《清代民事审判与西欧近代型的法秩序》，潘健译，载《中外法学》1999 年第 2 期。

从来就是公共权力的核心部分，中国传统法律基于个体对群体的
义务优先而发挥的抑制和处罚作用，可能不完全符合但亦没有完
全违背现代法制原则。依博登海默的意见，前资本主义社会法律
的主要任务是为社会提供安全和秩序，义务优先具有普遍性。[17]
考虑到传统中国的幅员、人口、文化价值和政治体制，基于群体
和谐的法思维本身即是一种解决现实问题的智慧，且对人类理想
社会的建立亦不失积极意义。

　　每一文明都有自己关于理想社会的设计。西方自柏拉图以后
的主流思想关于理想社会的设计往往与法律联系在一起，没有法
律的道德世界在柏拉图的《理想国》、康帕内拉的《太阳城》等
著作中虽受到竭力推崇，但理性的西方文化总将其视为乌托邦，
法治社会就是现实中的理想社会。由此以法的标准来衡量社会的
理想度成为西方文化的通识和传统，但移之于评判别的文化则难
免偏颇。中国文明不仅很早而且一直没有放弃对理想社会的追
求，或许它追求理想社会的途径和表现方式与西方不同，但关于
理想的实质应是相通的。中国文明的理想是实现大同世界，用法
律话语表达就是无讼之世。依中国文化，实现和支配这个世界的
主要途径和基本力量是道德，法律是辅助性的，这与西方大异其
趣。西方依靠正义的法律实现权利的平等，中国凭借道德的自律
达到个体与群体的和谐。和谐与正义自有差别，但作为不同文明
的理想同样给人以幸福；或许幸福的内容不同，但相信人们对幸
福的感觉是相通的。这样看来，中国文化及其所含的法律文化关

───────────

〔17〕　参见［美］E. 博登海默：《法理学——法哲学及其方法》，邓正来等译，华夏
　　　　出版社 1987 年版，第 244～245 页。

于理想社会的设计和追求并没有违背人类文明价值的基本倾向，与现代法制社会的终极目标亦有一定程度和某些方面的契合。所以说，中国没有西方那样的法的社会理想，但同样有基于理想社会而对法的另一种思考，延伸到现实的法律制度和基本的法律观念，亦就不可能违背人类赋予法律的终极使命：秩序和正义。其中的道理并不复杂，法律毕竟是人类社会生活关系的秩序（规范）化，毕竟是人类对公正理想的追求，即使人类的法律千差万别，其实质仍有相通之处，不同文明的法律仍有相同或相近的功能。这即是德国比较法学家所说的，"每个社会的法律在实质上都面临同样的问题，但各种不同的法律制度以极不相同的方法解决这些问题，虽然最终的结果是相同的。"[18]这提示我们既不能忽视特定法律文化的差异及其自身的内在联系性，亦不能无视不同法律文化基于人类共性的相通及其互补性。因此，合理的态度是，我们既不能亦无法割断历史的联系，还应努力在人类文化的异同中寻求各种可能的联系。

从我们的未来出发，积极地对待历史和历史与现实的联系，同样是必要的。在历史文化范畴内，由于人们的观察角度和目的不同，对问题至少有原意、历史和现代这样三种解释。无疑每一种解释都是需要的，亦是合理的。如果用一种解释去排斥其他解释，特别是借原意去排斥历史和现代解释，就多少反映出对历史文化的某种苛求态度。这种态度认为历史的联系不存在现代解释问题，它关注的主要是历史的过失而不是历史的经验，它寻求的

---

[18] ［德］K. 茨威格特等：《比较法总论》，潘汉典等译，贵州人民出版社1992年版，第56页。

只是一种直接对应的古今联系。显而易见，这种态度不只剥夺我们对历史的同情，亦将使我们失去为未来而从联系中寻求历史文化资源的可能。[19] 文明史告诉我们，只有抱着对历史同情对未来积极的态度，才能从历史与现实联系的荆棘中开辟通向未来的道路，才能发现有益于现时和未来的人类经验和智慧。以我们的研究为例，只有摆脱至少修正以往那种思维和态度，才有可能改变中国传统法律文化研究所呈现给世人的那样一种近乎专横残酷、保守过时的法律画面的缺憾。画面亦许是真实的，但肯定不是真实的全部，更不是我们最需要的。我们不只需要真实的全部，更需要真实中的有益部分。从中我们汲取的不止是前人在法律上的教训，更多的是经验、智慧和理想。进而言之，我们理应以一种积极宽容的态度，努力从历史文化的联系中寻求哪怕是间接、零碎以至点点滴滴的资源，切不可轻易放弃从自己的文化传统中寻求推动现代中国法制建设的各种因素的努力。如果我们放弃了这样一种努力，我们就要失去对自己文化的解释权，那么将成为一个没有自己法律传统和文化之根的法制国家。然而，我们深切意识到，即便现实世界的法律版图是以源于西方的法律文化为主色调，但人类文化本来就是多元的，它是人类不同经验、智慧和理想的呈现，亦是人类走向更丰富、更平衡、更合理未来的重要条件。中国传统法律文化，毕竟是在相当长的时间、相当广阔的空间和相当部分人类的生活环境中生长起来的协调人与人、人与社

---

[19] 笔者在《寻求历史的资源——对"儒家义利观与市场经济"的一种认识和态度》（载《南京大学法律评论》1995年秋季号）一文中，有以儒家义利观为例的认真讨论。

会、社会与自然的智力成果，它要求我们在面对未来解决法律问题时，仍要以人为本，仍要有道德关怀，仍需关注法律的人文性。这又提示我们，对中国传统法律文化与现代法制的联系究竟应持何种态度才是合适的！

从我们的立场出发，取一种积极的态度，很大程度上亦是由中国历史内在性所决定的。在人类的所有行为中，没有不受历史法则制约的。面对历史法则，我们可以发挥人的创造性，但我们的生活和社会走向根本上仍受着它的制约。只有积极应对，才有可能最大限度地引导出潜存在社会内部的历史推动力。即如历史上的中国由法律变革所引起的文明模式的变迁所展示的那样，中华民族对文明理念的坚守和选择绝不是任何个人哪怕是领袖人物所能改变的，它过去是现在仍然是支配我们法制建设的内在力量。尽管这个力量不易为我们所觉察，但事实上它已部分内定了传统法律文化与现代法制的联系。这亦就是我们所取态度的核心依据。

三、创造性地转化中国优秀的法律文化传统

如何挖掘发挥、转化利用中国传统法律文化中的优秀成分，已成为中国法制现代化建设中一项充满风险的实践，它时时警示我们要注意操作上的谨慎。我所理解的谨慎，简单说就是要有所限定、有所转换、有所扬弃。

传统中国有自己的特性，表现为道德的弥散性和政治的控制性。相对于西方，政治在社会进程和历史的转折关头具有决定性的作用，经济在性质上被视为政治的一部分，其发展不能有违政治目标、有害政治结构和性质，社会由政治维持并由政治控制和

带动，所以刑事、行政性的公法文化突出。可以说这已构成传统中国历史内在性的一个突出方面。近代以前，中国一直依其固有的特性运行着。近代伊始，中国的路向被强行扭转，原因是主导世界历史进程的西方的介入。如同中国一样，西方有自己的历史路径，不同于中国的是，正如马克思在《德意志意识形态》中所揭示的那样，经济基础决定上层建筑，政治最终为经济服务，社会发展由经济所推动，所以私法文化的发达成为传统。西方的历史法则随列强扩张逐渐侵入非西方地区，从而不同时速、不同强度地冲击、扭转、中断以至改变了非西方社会固有的历史走向。尽管传统中国在时间、空间、规模和文化传统上都是一个巨人，有强大的历史惯动力，但时代的落差终使它在西方的冲击下不得不改变自己的路向，由传统转向西方主导下的近代。时至今日，中国社会并存、交织着两种不同性质的历史动力，一是传统中国政治对社会（经济）的控制力，一是西方经济对社会（政治）的决定力。前者基于中国传统的强大和历史的惯性，构成当代中国历史内在性的主要方面；后者源于西方历史方向的现代性，成为近代以来中国努力的主要方向。这两种力量将长期并存于中国社会，并将在相互激荡、相互纠缠、相互妥协中磨合向前，直至中国真正成为有它自己特点的现代国家。

法制的情形亦不例外。具体说，未来中国的法制不只拥有现代性（世界的），亦必然带有本土性（民族的），这是内存于中国社会中传统与现代的必然联系的体现，亦是我们在处理传统法律文化与现代法制联系时操作上谨慎的原因所在。它表明中国的现代法制不可能是传统法律文化的简单再生，而是与西方法制文明的融合。对中国传统法律文化来说，这是一个继承、改造并最终使之现代化的过程，所以必须有所限定、有所转换、有所扬弃。让我们回首思量一下，前述中国管理（控制）社会文明模式的每一次变迁不都是在转换和扬弃中完成的吗？再有，作为一个恰当的范例，中国传统法律文化中的人文精神之于现代法制亦是一个很好印证。中国文明具有人文性，中国法律文化蕴含人文精神，这是事实，但这一精神要成为现代中国法制的一部分，似乎没有什么直接的途径。虽然人文精神是一个具有历史内涵的宽泛概念，我们今天自然不能用现代意义上的人文精神来苛求中国的传统法律文化，但人文精神必然含有对个体人格价值的尊重。藉此观察传统中国的法律文化，毋庸讳言，在精神实质上，它所肯定的是群体而不是个体。个人价值受到了身份、性别、血缘、等级的严格限制，个人权利相对其义务是第二位的，恪守义务是实现有限权利的前提，而不是权利优先或权利与义务的平衡，并且随着人的社会分层，权利与义务的背离愈发体现出以血缘为纽带的群体主义和以官为本位的特权主义色彩。发展到极端就有了群体对个体、血缘对事实、身份对契约、官方对民间的替代与否定的危险。实际上，这种危险一直存在，且相当的现实化了。这应是我们认识中国传统法律文化的人文精神时应予以考虑的。

同时，我们还不能忽视中国传统法律文化中工具理性与价值理性的矛盾。就西方法律文化言，崇尚个人价值、人格尊严的人文精神既表现为制度化了的工具理性，又是一种在精神原则上支配这种制度的价值理性。这种工具理性与价值理性贯通的完美形态，在西方虽亦是长期历史磨合的结果，但两者始终是并存于西方法律文化中的。从广义上讲，中国传统法律文化中的人文精神是贯通并存的；从狭义上看，又似乎是分离的。所谓广义上的中国传统法律文化，自然是"礼乐刑政"一体化了的政治法律文化形态。在这一形态中，工具理性和价值理性是联通的，具体说"礼乐刑政"作为实现中国政治理想的理性工具，本身就表达着并在一定程度上实践着某种特定的价值理念，亦就是对无讼和谐社会的追求。然而，依实证主义法学观，将传统中国的法律限定在刑、法、律的范畴内，其工具理性与价值理性的矛盾就凸现出来：刑、法、律本身是一种工具，其价值和形式是礼的价值的延伸和形而下化，一旦脱离了礼，它将失去精神支柱，成为没有灵魂的规则，要说其理性只能是工具性的而不是价值性的。当然，我赞成对中国传统法律文化作广义理解，至少实证主义的解释过于狭窄了，无论如何，礼与刑是不能分离于中国传统法律文化之外的。但我们同时要小心，广义的理解不能简单地与现代相对应。现代中国的法律在制度上是实证主义认定的国家法，道德、政教、习俗与法律在形式上已根本分离，因此，广义上的中国传统法律文化中的人文精神怎样对应现代中国的法律制度，确实需要我们作有所限定的转换工作。

中国传统法律文化一向重视生命，为此创制了一些颇具特色的法律规定，诸如录囚、秋冬行刑、复奏、秋审朝审等恤刑制度。在近代以前的世界范围内，这些规定和制度称得上是仁慈的、人道的。[20]但人文精神既重视人的自然生命，更关注人的精神生命。它要求人不仅仅为活着而活着，而是要有尊严地活着。这尊严反映到法律上体现为人权，其核心是对人的自由意志的认

---

[20] 参见［美］D. 布迪等：《中华帝国的法律》，朱勇译，江苏人民出版社 1993 年版，第 435 页以下。

定和实现。人一旦没有自由意志，没有相互协调共同实现的权利，人文主义的精髓必然有所局限。中国传统法律文化是万物人为贵的道德人文传统，亦即《唐律疏议·名例》所说的："夫三才肇位，万象斯分。禀气含灵，人为称首"和"德礼为政教之本，刑罚为政教之用"这两者的统一。这种"人为称首"与"德礼为本"相结合的道德人文传统，既表现为对人的自然生命的一视同仁，亦表现为对人的精神生命的高度重视。这两者合起来，构成传统中国法中固有的道德人文价值传统，即人的自然生命价值平等，人的精神生命价值不等。法律既依据人的自然生命价值的同等，又依据人的精神生命价值的高低不等，来分配权利义务和定罪量刑。这表明传统中国法在平等对待人的自然生命价值的同时，更重视人的精神生命价值。

譬如，人生来是一样的，亦即人的自然生命有同等价值，这是天理。所以，法律首先依据这个理而规定，人命关天，杀人者死、伤人者刑，不分高低，这可以说是一种基本的概括性的合理正义观。然后，在实践中又是如何来理解和解释这样的正义观呢？实际是根据具体和特定的情境，亦即依据实际的理来加以理解和解释。如人生来是一样的，但后来发展不一样，集中表现为人的德和能的不同，亦即人的精神生命和社会生命的价值有差别，这是实际的理或者说理的现实，所以，法律又依据人的精神生命和社会生命价值的高低这个理，来分配权利义务和定罪量刑，高者高，低者低，等者同等，不等者不等。这样，法律在理的这个支点上又形成了可上下移动的阶梯结构，其结果即是我们所看到的礼法合一的差序结构。因此，我把这样的正义观又称之为动态的合理正义观，亦即是有机辩证的而不是机械教条的正义观。其实，这正是传统中国法的正当性所在，亦是传统中国法的人文价值所在，即在平等对待人的自然生命价值的同时，更重视通过德和能所体现出来的人的精神生命和社会生命的价值。这可以说是人的主体性和精神价值在传统中国法上具有崇高地位的法理依据。

不过，西方法律文化的人文精神是由悠久而系统的法律思想和法学流派来表达和支撑着的，这是认识中国传统法律文化的人文精神时同样不能忽视的。迟自古希腊斯多噶学派始，西方法学特别是法律哲学就一直受惠于人文精神的滋润，其结果表现在制度上是私法体系和宪政体制的建立，表现在理论上是各种价值论法学的演生。[21] 相形之下，中国传统文化中有很丰富的人文精神和一定的制度设计，但缺少独立系统又蕴含人文精神的法学理论。这给我们现今的继承发扬造成了不小的困难，它要求我们非常有耐心又细心地，一点一滴地去寻觅、去挖掘、去做披沙拣金的工作。还有，中国传统法律文化中的人文精神主要是一种价值趋向，表达的是中国文化的目标追求，用韦伯的话说，只是一种理想类型。这种理想与制度有关，通过制度对大众的日常生活亦会有影响，但理想与制度、制度与现实毕竟是有距离的。中国传统法律的实践一般给我们以这样的印象：理想、制度与现实之间存在着脱节。尽管这种脱节具有普世性，但传统中国的情形尤为突出，所以才有古人"律设大法""设而不用"谓之理想的说法，亦才有黄宗智教授关于清代民事审判的表达与实践背离之

---

[21] 参见前揭 [美] E. 博登海默：《法理学——法哲学及其方法》，邓正来、姬敬武译，第 3 章、第 9 章及第 197～205 页。

论。[22] 因此，我们对中国传统法律文化中的人文精神不仅应从理想、制度与实践三个层面作贯通切实的理解，还要在与现代法制的联系中做继承、改造、出新的工作。

概而言之，认识上肯定、态度上积极、操作上谨慎，是我们对中国传统法律文化与现代中国法制联系的一个基本认识和立场。

---

[22] 参见［美］黄宗智：《民事审判与民间调解：清代的表达与实践》，中国社会科学出版社 1998 年版，第 1 章、第 9 章。

中国传统法理学的精髓及其当代意义 [*]

一、如何理解中国传统法理学

就本文来说，如果要探讨中国传统法理学的精髓及其当代意义，首先要回答的问题是如何理解中国传统法理学。因为中国有没有传统法理学，或者说中国古代有无法理学，这一直是有争议的。譬如，梁启超和王振先都认为，中国古代有法理学。梁启超先生在他的《中国法理学发达史论》的开篇中说："近世法学者称世界四法系，而吾国与居一焉。……我以数万万神圣之国民，建数千年绵延之帝国，其能有独立伟大之法系，宜也。然人有恒言，学说者事实之母也。既有法系，则必有法理以为之原。故研究我国之法理学，非徒我国学者所当有事，抑亦全世界学者所当有事也。"[1]王振先先生在他的《中国古代法理学》的最后部分中说："吾叙述上列诸贤既竟，而感不绝于予心者，则以吾国数千年之法理学，法家倡之，间世一出之政治家，复本其原理原则而实行之，行之而皆见功。"[2]然而，尽管如此，对于中国古代有无法理学，今天一般的看法却都是否定的。譬如，在我国高等教育国家级规

---

* 原载于《法律科学》2019年第1期，有修改。

[1] 梁启超：《梁启超法学文集》，范忠信选编，中国政法大学出版社2000年版，第69页。

[2] 参见王振先：《中国古代法理学》，山西人民出版社2015年版，第48页。

划教材的《法理学》中写道："中国出现法理学这门学科，是清末西方法理学传播到中国的结果。"[3]又如，何勤华教授在他的《中国近代法理学的诞生与成长》一文中亦持同样的观点。[4]

那么，该如何来理解中国传统法理学呢？我们知道，"法理学"是来自西方的专业术语，所以，我们应先了解西方对它的理解，但事实上在西方对法理学本身亦存在多种不同的解读和表述。[5]因此，这里不妨以西方相对权威的工具书的解释为例。如英国《牛津法律大辞典》对"法理学"词条解释说："'法理学'一词包括有多种含义。第一，作为'法律知识'或'法律科学'，在最为广泛的意义上使用，包括法律的研究与知识，与最广义理解的法律科学一词同义。第二，作为最一般地研究法律的法律科学的一个分支，有别于某一特定法律制度的制定、阐述、解释、评价和应用，是对法律的一般性研究，着重于考察法律中最普遍、最抽象、最基本的理论和问题。该词的这种含义常常可与法律理论、法律科学（狭义上的）、法哲学等词相通。第

---

〔3〕　参见张文显主编：《法理学》（第5版），高等教育出版社2018年版，第24页。

〔4〕　参见何勤华：《中国近代法理学的诞生与成长》，载《中国法学》2005年第3期，第3页。

〔5〕　参见［美］罗斯科·庞德：《法理学》，邓正来译，中国政法大学出版社2004年版，第10～24页；［美］德沃金：《法律帝国》，李常青译，中国大百科全书出版社1996年版，第83页；［美］理查德·A. 波斯纳：《法理学问题》，苏力译，中国政法大学出版社2002年版，原文序，第1页；［美］E. 博登海默：《法理学——法哲学及其方法》，邓正来、姬敬武译，华夏出版社1987年版，1962年版，序言，第2～3页；［德］伯恩·魏德士：《法理学》，丁晓春、吴越译，法律出版社2013年版，第13～15页。此外，最近张文显教授对中外学者关于"法理学"的理解，做了一个很好的学术归纳和辨析。参见张文显：《法理：法理学的中心主题和法学的共同关注》，载《清华法学》2017年第4期，第6～12页。

三，该术语还作为法律的比较夸张的同义语来使用，例如法医学，特别是在使用法律一词很不恰当的场合，如衡平法学等。"〔6〕由此可见，在《牛津法律大辞典》的编者看来，法理学可以作广义和狭义的理解（第三种理解是作为比较夸张的同义语来使用，可以不考虑），只是它的广义法理学实则就是法律学或法学，这确实超出了人们对法理学的一般理解。因为法律学或法学虽然可以而且事实上亦已包含了法理学，但法律学或法学毕竟不等同于法理学，所以，笔者以为，广义上的法理学可以泛指法理学术，即人们对法进行理论思考和探索的结晶，包括法理意识、法理知识、法理观念、法理思想、法理学术和法理学科等；而狭义上的法理学则专指法理学科，亦即上述《牛津法律大辞典》中对法理学的第二种解释，它是法律科学的一个分支，是对法律的一般性研究，包括法的概念、原理、本体、价值、创制、实施、方法等方面的知识体系。

从以上对法理学的分类理解来看，其实，人类很早并长期拥有广义上的法理学，但作为学科意义上的法理学，却是近代西方科学的产物。正如《牛津法律大辞典》所说："法理学起源于古希腊哲学家关于正义和社会秩序的探讨之中，其中以柏拉图和亚里士多德的论述最为著名。斯多噶学派则发展了自然法的概念，认为它是宇宙理性法则的衍生物。古罗马思想家在强调实用性方面进一步发展了法理学。……近代法律科学开始于 12 世纪罗马法研究的复兴，沿着两条平行的方向——法理学和哲学——向

---

〔6〕 ［英］戴维·M. 沃克：《牛津法律大辞典》，邓正来等译，光明日报出版社 1988 年版，第 489 页。

17 世纪发展。"[7]这表明，广义上的法理学在西方起源于古希腊，发展于斯多噶学派和古罗马思想家；狭义上的法理学，亦即近代法律科学，开始于 12 世纪，发展于 17 世纪及以后。如此看来，如果说古希腊哲学家探讨正义和社会秩序的学术可以称之法理学，[8]那么，广义上的法理学在中国亦起源很早，最迟在春秋战国时期的百家争鸣中就已出现，因为当时诸子百家争鸣和探讨的正是有关正义和社会秩序的学术。[9]当然，作为狭义上的法理学，中国历史上一直没有这样的学科。虽然从汉代开始，我国历代文献中就多次出现过"法理"一词，但它不能与现代学科意义上的法理学等同。[10]只是到了清末，一些西方国家的法学理论著作才陆续为国人所知。1901 年，伍廷芳就曾以英文写作并出

[7] ［英］戴维·M. 沃克：《牛津法律大辞典》，邓正来等译，光明日报出版社 1988 年版，第 489～490 页。

[8] 除《牛津法律大辞典》外，E. 博登海默亦是这样认为的，他说："如果要全面考察法哲学的发展，我们更有理由从希腊的法理学着手而不是从其他国家……"（［美］E. 博登海默：《法理学——法哲学及其方法》，邓正来、姬敬武译，华夏出版社 1987 年版，第 1 页及以下。）

[9] 参见刘梦溪主编：《萧公权卷》，河北教育出版社 1999 年版，第 17～220 页。

[10] 对于中国古代文献中"法理"一词的整理，详见程燎原：《中国近代"法理学"、"法律哲学"名词考述》，载《现代法学》2008 年第 2 期。文中指出中国古代明确使用"法理"二字可能始自于汉代，如班固"赞曰：孝宣之治，信赏必罚，综核名实，政事、文学、法理之士咸精其能"。王涣于汉"永安十五年，从驾南巡，还为洛阳令。以平正居身。得宽猛之宜。其冤嫌久讼，历政所不断，法理所难平者，莫不曲尽情诈，压塞群疑"。三国时魏国曹操令曰："夫刑，百姓之命也……其选明达法理者，使持典刑。"晋"璠明法理，每至听讼，小大以情"。南齐孔稚珪"巨闻匠万物者以绳墨为正，驭大国者以法理为本。是以古之圣王，临朝思理，远防邪萌，深杜奸渐，莫不资法理以成化，明刑赏以树功者也"。此后"法理"一词的出现，亦尚有不少。文中指出，古代文献中的"法理"二字，往往指法律事业本身或律学，抑或兼指法的道理、原理、常理，而不是学科系统的法原理或法学说。

版 *Chinese Jurisprudence* 一书，结合他在伦敦学院所学对此进行阐述，这或许是中国人在这一研究领域内最早的论著。至于中文"法理学"一词的来源，则要追溯到 1881 年，当时日本法学家穗积陈重首次将德文"Rechtsphilosophie"译为汉字"法理学"以取代了原来的"法哲学"的译法，其主要原因就在于，穗积陈重认为"法哲学"这一名称"实由歧视实验科学与形而上学之思想而生，易招误解"[11]。这一改变赋予了汉字"法理学"更为丰富的内涵，其意蕴不仅包含欧陆具有悠久历史的、应然层面的法哲学研究"Rechtsphilosophie"，还注入了英美法中所谓"Jurisprudence"的特质，将有关实在法的一般性理论亦囊括其中。中国较早运用"法理学"这一概念且最有影响力的是梁启超先生，他在 1904 年发表了前引的《中国法理学发达史论》一文。此后，各种译、著的《法理学》作品在中国陆续出版，法理学作为一门学科亦在中学大学教学中确立起来。[12] 所以，无论是从时间还是内容上说，狭义上的法理学，亦即作为法学学科之一的法理学，在我国确是从近代开始由域外引进的。[13] 但毫无疑问，中国作为五大法系之一的中华法系的母国，自然拥有自己的

---

[11]　[日] 穗积重远、[美] Roland R. Foulk：《〈法理学大纲〉与〈法律哲学 ABC〉》，李鹤鸣、施宪民译，中国政法大学出版社 2005 年版，第 20 页。

[12]　参见杨怡悦：《中国传统法理研究述评》，载张中秋等：《法与理——中国传统法理及其当代价值研究》，中国政法大学出版社 2018 年版，第 333～335 页。

[13]　进一步的了解，可以参见程波：《中国近代法理学（1895—1949）》，商务印书馆 2012 年版；高燕：《近代中国法理学的成长——学科、流派和体系》，法律出版社 2015 年版；李平龙：《中国近代法理学史研究》，法律出版社 2015 年版。

法理意识、法理知识、法理观念、法理思想和法理学术。[14] 根据笔者这些年来的梳理和研究，可以说传统中国的这些法理思想和学术，是我们的先贤关于法的基本问题的实践理性和历史经验的凝结，是作为一种秩序文明的中华法系的共通理论，在有关法的观念、秩序、机制、体系、运行、原理、理想，以及立法、司法中都蕴含着极其丰富深邃法理思想和学术。[15] 所以，总体上说，如果是从广义上的法理学来理解，那么，中国就有自己传统的法理学，亦即不包含法理学科的法理学；如果是从狭义上的法理学科出发，那么，中国古代则没有这样的法理学，中国传统法理学只能宽泛地理解为中国传统法理学术。本文正是从法理学的广义

---

[14] 在这方面，有梁启超的《梁启超法学文集》（中国政法大学出版社 2000 年版），王振先的《中国古代法理学》（山西人民出版社 2015 年版），杨鸿烈的《中国法律思想史》（中国政法大学出版社 2004 年版），蔡枢衡的《中国法理自觉的发展》（清华大学出版社 2005 年版），陈顾远的《中国文化与中国法系——陈顾远法律史论集》（中国政法大学出版社 2006 版），李钟声的《中华法系》（台湾华欣文艺事业中心 1985 年版），戴炎辉的《唐律通论》（台湾元照出版公司 2010 年版），瞿同祖的《瞿同祖法学论著集》（中国政法大学出版社 1998 年版），李龙的《中国法理学发展史》（武汉大学出版社 2019 年版）等著述，这些论著是中国学人专门探讨中国传统法理的重要作品。此外，杨怡悦博士对近代以来特别是改革开放以来，中国传统法理（学）的研究进行了述评，具体可参见杨怡悦：《中国传统法理研究述评》，载张中秋等：《法与理——中国传统法理及其当代价值研究》，中国政法大学出版社 2018 年版，第 333～357 页。

[15] 参见张中秋：《传统中国法理观》，法律出版社 2019 年版；张中秋主编：《道与法——中国传统法哲学新探》，中国政法大学出版社 2016 年版；张中秋等：《法与理——中国传统法理及其当代价值研究》，中国政法大学出版社 2018 年版。

和宽泛的角度，来理解和探讨中国传统法理学的。[16]我想，这样的理解大概亦是可以接受吧！

二、中国传统法理学的精髓

中国传统法理学的内涵丰富深遂，就其历史、理论（含方法）和意义而言已成系统。[17]其中有关研究亦已取得一定的成就，进一步的了解可以参看本文前面相关注中的揭示，但本文的重心和用意不是对这些内容重新作梳理和介绍，而是从法理学最基本的问题，亦即法是什么来展开对中国传统法理学的探讨，这包括法的观念、观念的核心以及与此相关的哲学问题。这些问题都是围绕着"法是什么"而展开的法理学中心论题，依序递进地探讨和回答这些问题，就是从根本上把握了中国传统法理的特质，亦等于从根本上揭示了中国传统法理学的精髓。因为法理学的对象是法，对法是什么的追问和回答，不只是法理学的特质所在，亦是法理学的精髓所在。对于中国传统法理学来说，这些或许还不是精髓的全部，但必定是精髓部分。同时，对于今天的人们来说，这些是否称得上精髓，虽然还要接受检验，但对它们自

---

[16] 其实，不独是中国传统法理学，当今所称的其他文明法理学，如伊斯兰法理学亦是这样来理解的。参见［英］诺·库尔森：《伊斯兰教法律史》，吴云贵译，中国社会科学出版社 1986 年版；Joseph Schacht, *Origin of Muhammad Jurisprudence*, Oxford University Press, 1950.

[17] 其历史至少可分为先秦子学时代和秦汉至隋唐经学时代以及宋元明清理学时代的法理学，其理论从关于法的起源到法的形式、概念、制定、实施、解释、功能、目的与价值等都有探讨和认识，其意义涉及人文、人生、法治、善治等。这是一套自成体系，其历史、理论（含方法）和意义都不同于其他类型的法理学。

身来说，这是没有疑义的。所以，我们将依序追问和回答上述问题，以求对中国传统法理学精髓的揭示与把握。

对于法是什么，中华民族很早就开始了思考和回答。[18]虽然所有的思考和回答没有亦不可能形成一致的认识，但在法理学的视野里，这些认识在历史与实践的锤炼中却呈现出相对的共识，即中国人对法的认识形成了一个相对统一的观念。这个观念是一个大法观念，包括天理、国法和人情。譬如，明代大臣刘惟谦等人在所上的《进明律表》中说："陛下圣虑渊深，上稽天理，下揆人情，成此百代之准绳"。[19]这其中的"天理""人情"和"准绳（国法）"，正是这大法观念的体现。同样，乾隆皇帝在为重修后的《大清律例》所作的"序"中亦说："简命大臣取律文及递年奏定成例，详悉参定，重加编辑。揆诸天理，准诸人情，一本于至公而归于至当。……"[20]这表明在乾隆皇帝看来，天理、人情乃是国法（律文与成例）的依据，这三者是共为一体的。

其实，要证明这样的大法观念并不难。从语义上说，汉字中的"法"本身就有法则、法度、法式、法律、法规、合情、合理等含义，这涵括了天理、国法和人情的意义。[21]从制度上看，中国传统法典的开篇，尤其是唐代以后诸法典的《名例》篇，以及历代正史中的《刑法志》，譬如第一篇《汉书·刑法志》和

[18] 参见张永和编：《"濮"问》，清华大学出版社2010年版。
[19] 怀效锋点校：《大明律》，辽沈书社1990年版，第228页。
[20] 马建石、杨育棠主编：《大清律例通考校注》，中国政法大学出版社1992年版，第5～6页。
[21] 参见各类中文工具书，特别是《辞源》和《辞海》中的"法"字释义；另可参见梁启超：《梁启超法学文集》，范忠信选编，中国政法大学出版社2000年版，第77～81页"法字之语源"。

最后一篇《清史稿·刑法志》，事实上都是在对天理、国法与人情一体化的来历与正当性的论证和重述。[22]如果再从法的实践方面来考察，中国历史上留传下来的司法判决和文献亦能印证这一点，至少在裁判官、当事人和文书/文献制作者的观念上，他们自己是这样认为的。[23]最明显的是古代衙门的匾额楹联中多刻有此语，如我国保存最完整的内乡县衙的屏门匾额上即刻有"天理""国法""人情"。[24]还有，更重要的是，生活在传统社会中的普通民众的法意识，这虽然难以界定，但把它看成是一个天理、国法、人情的混合体，大概离真实不会太远。而且按照传统中国人的理解，在这个混合体中，天理、国法、人情这三者是相通的。所以，国法能够而且必须上符天理下合人情，否则，就不能称之为国法。那么，是什么让它们相通呢？仔细分辨一下即可发现，天理、国法、人情之所以相通，其实是通在一个"理"上，即天理对应哲理，国法对应法理，人情对应情理，哲理、法理、

---

[22] 《汉书·刑法志》中的一段记述可为这方面的经典，它的记述是："《洪范》曰：'天子作民父母，为天下王。'圣人取类以正名，而谓君为父母，明仁爱德让，王道之本也。爱待敬而不败，德须威而久立，故制礼以崇敬，作刑以明威也。圣人既躬明悊之性，必通天地之心，制礼作教，立法设刑，动缘民情，而则天象地。"

[23] 此类资料繁多，不复列举，经典者可见宋人《名公书判清明集》和明、清官员以及幕吏的判牍文集。现代研究的成果，可以参见［日］滋贺秀三：《清代诉讼制度之民事法源的概括性考察——情、理、法》，载王亚新等编：《明清时期的民事审判与民间契约》，法律出版社 1998 年版；范忠信等：《情理法与中国人——中国传统法律文化探微》，中国人民大学出版社 1992 年版；霍存福：《中国传统法文化的文化性状与文化追寻——情理法的发生、发展及其命运》，载《法制与社会发展》2001 年第 3 期。

[24] 笔者曾两次前往河南内乡做实地考察，亲见匾额威严、字迹遒劲，印象深刻。另见，刘鹏九编著：《内乡县衙与衙门文化》（修订版），中州古籍出版社 2012 年版，第 21～22 页。

情理共为理。按照中国人的理解，理意味着通和正当。[25]所以，哲理、法理、情理因理而相通，天理、国法、人情亦因理而相通，而其中的法则因合理而正当。至此，我们可以概括起来说，在传统中国人看来，法是合理亦即具有正当性的秩序和规范体系，包括意识、规则和习惯，表现为天理、国法和人情的三位一体，亦即前人所说的礼法。[26]由此可见，这种三位一体的法观念，其核心是合理，那么，合理的内涵又是什么呢？这是本文在探讨和回答了法的观念之后，围绕着法是什么接着要追问和回答的第二个问题。

在中国传统法律中，合理的内涵很丰富，这是因为"理"有丰富的内涵。[27]不过，根据笔者的考察，合理的核心是理，理的核心是义。义的内涵包括适宜、恰当、正当、应当、公平之类，以及在当时与此相通的纲常礼教。[28]当时的纲常礼教主要是道德、仁义、情理、礼法，合理或者说以义为核心的合理之所以与这些纲常礼教相通，是因为这些纲常礼教本身就是当时社会的理，亦即我们今天所说的主流价值观，所以为当时的人们所普遍认可和接受。同时，笔者还发现，合理或者说以义为核心的合

---

[25] 理原本指树木的纹路，沿着纹路就通顺，所以，理引申过来意味着通。参见中国社会科学院语言研究所词典编辑室编：《现汉语词典》，商务印书馆 2004 年版，第 774 页"理"字条。

[26] 陈顾远先生对天理、国法、人情三位一体有很好的说明。参见陈顾远：《天理·国法·人情》，载范忠信等编：《中国文化与中国法系——陈顾远法律史论集》，中国政法大学出版社 2006 年版，第 275～282 页。

[27] 参见高明士：《律令法与天下法》，上海古籍出版社 2013 年版，第 152～186 页"唐律中的'理'"；刘晓林：《〈唐律疏议〉中的"理"考辨》，载《法律科学》2015 年第 4 期。

[28] 参见张中秋：《中国传统法律正义观研究》，载《清华法学》2018 年第 3 期。

理，实际上就是中国传统法律的正义观。因为在《唐律疏议》
总则性的《名例》篇中，明确规定了"依义制律"，即"易曰：
'理财、正辞、禁民为非曰义。'故铨量轻重，依义制律"〔29〕。
我们知道，"义"是传统中国人对正义的表达，《唐律疏议》要
求"依义制律"就是依正义制定法律，这意味着合理者说以义
为核心的合理，正是《唐律疏议》的法律正义观的表达。《唐律
疏议》是中国传统法律的代表，所以，合理或者说以义为核心的
合理，实际上就是中国传统法律的正义观，我把它简称为合理正
义观。由于正义观是法观念的核心，所以，可以说合理正义观就
是中国传统法观念的核心。

众所周知，正义和正义观都是有原则的，那么，作为合理的
正义观，它的原则又是什么呢？如果我们把它与现代法律正义观
稍作比较，那么，便可以发现，现代法律正义观是以平等为原则
的，而中国传统法律的合理正义观，既是适宜、恰当、正当、应
当、公平之类，又与纲常礼教相通，所以，在它的基本内涵中，
既含有平等又含有不平等，可以说是等与不等，或者说是等者同
等、不等者不等、等与不等辩证变动的有机统一，其等与不等、变
与不变的正当性都在于合理。对此，我把它概括为三项原则，一是
等者同等，二是不等者不等，三是等与不等辩证变动。〔30〕这三项原

〔29〕 参见（唐）长孙无忌等撰：《唐律疏议》，刘俊文点校，中华书局1983年版，
第1~2页。

〔30〕 黄玉顺教授在他的研究中，提出了中国正义论的两条原则，即正当性原则与适
宜性原则，而且做了相应的阐释。（参见黄玉顺：《中国正义论的形成》，东方
出版社2015年版，第26页及以下相关论述。）这里我从法律正义观的角度提
出三项原则，在某种程度上可以说是相通的，其中等者同等、不等者不等是正
当性原则的体现，等与不等辩证变动是适宜性原则的体现。

则的核心是等与不等，所谓等就是同理者同等；所谓不等就是不同理者不同等，而是依理之大小排序。这样，无论是等还是不等，都是建立在理上，所以称之为合理。而且，这种合理本身亦要合理地或者说辩证地来理解，即它是动态的，其等与不等不是绝对的、固定的，而是相对的、变动的，所以，又可以称之为动态的合理正义观。如上所说，这种动态的合理正义观是中国人固有的法律正义观。譬如，在中国传统观念中，人生来是一样的，亦即人生来都是一条命，人的自然生命有同等价值，这是天然的理，亦即天理，所以，法律依据这个理，在原则上规定，人命关天，杀人者死、伤人者刑，不分高低，这可以说是一种原则性的或者说理念上的合理正义观。[31] 但实际上，人生来是一样的，后来发展不一样，集中体现在人的德和能的不同，亦即人的精神生命和社会生命的价值有高低差别，这是实际的理或者说理的现实，所以，法律又依据这个理，亦即人的德与能的不同这个现实的理，来具体分配权利义务和定罪量刑，高者高、低者低，等者同等、不等者不等、等与不等辩证变动。这样，在理的支点上又形成了可上下移动的阶梯结构，其结果即是我们所看到的礼法结合所形成的差序格局。[32] 因此，这又可以说是一种现实的或者说

---

〔31〕 如《汉书·刑法志》记载："汉兴，高祖初入关，约法三章曰：'杀人者死，伤人及盗抵罪'"（群众出版社编辑部编：《历代刑法志》，群众出版社1988年版，第14页），即是其例。

〔32〕 差序格局是费孝通先生的发明［参见胡晓明、傅杰主编：《释中国》（第1卷），上海文艺出版社1998年版，第608~616页"差序格局"］。差序格局在法律中的表现是，纵向上看是差序的，横向上看是等序的。这里所谓的差序，是指按中国传统法律规定，人的身份是一个上下不等的阶梯结构，从上到下的排序是帝皇、官僚、贵族、平民、贱民、奴婢，除去奴婢在权利主体之外，这些不同等

动态的合理正义观，这种动态的合理正义观在身份法中表现得更为明显。正如我们所知，中国传统身份法的规定是等者同等、不等者不等，即同辈分的同等、不同辈分的不同等，这是合理正义观的体现。[33]但这是在正常情况下的一般规定，如果情况有了变化，或者说在某种具体情形下，身份法中的等和不等又是相对和变动的。如法律规定，在家庭关系中，相对于子女，父母同称，享有同等的权利；[34]但作为子女的父母，在作为夫妻时，却又是不等的，即夫为妻之天。[35]同样，相对于父母，子女或儿女同称，兄弟姊妹可以同样获得父母的关爱；[36]但作为兄弟姊妹时，他们之间，特别是在嫡长子与其他庶子之间，其地位是不等的。[37]这种等中有不等、不等中又有等、等与不等辩证变动的情

级主体之间的权利与义务是不相等的，向上权利愈大，向下义务愈多，形成纵向上的差序。但法律同时又规定，同一等级内主体的权利与义务是相等的，从而形成横向上的等序。有关中国传统法律中差序格局制度的设置与实施，主要参见古代法典《名例》篇中有关身份的规定，以及现代《中国法制史》著作中的身份法部分。

[33] 这在《大明律》和《大清律例》前面所附的服制图中所规定的，亲族之间的身份与权利义务关系最可以说明这一点。

[34] 在中国传统法律中父母同称，并赋予父母同等的教令权。如［疏］议曰："祖父母、父母有所教令，于事合宜，即须奉以周旋，子孙不得违犯。……若教令违法……皆须祖父母、父母告，乃坐。"［（唐）长孙无忌等撰：《唐律疏议》，刘俊文点校，中华书局1983年版，第438页。］

[35] 如《唐律疏议·户婚》曰："夫为妇天，尚无再醮。"［（唐）长孙无忌等撰：《唐律疏议》，刘俊文点校，中华书局1983年版，第257页。］

[36] 父母对于子女的这种同等关爱，可以通过手心手背都是肉的民谚来体察。这民谚一直为礼法所认可，而礼法正是中国传统法的重要内容。

[37] 在兄弟姊妹之间，首先遵循的是长幼有序的礼法，其次不能有违的是嫡庶有别的规定。例如，唐律规定："诸立嫡违法者，徒一年。……"［（唐）长孙无忌等撰：《唐律疏议》，刘俊文点校，中华书局1983年版，第238页。］

况，正是动态的合理正义观的体现。对于这三项原则，我们在理解和表述上可以分开，但实际上它们是一个有机整体。作为有机整体，这三项原则不仅不可分割地存在于中国传统法律正义观中，亦同样不可分割地存在于依这种正义观而确立的制度与实践中，可以说它们贯穿中国传统法律的全过程和各方面。[38]那么，又如何从哲学上来认识这样的正义观呢？这是本文在探讨和回答了中国传统法观念的核心之后，围绕着法是什么接着还要追问和回答的第三个问题。

如果要从哲学上来认识这样的正义观，亦即探底这种正义观的合理背后的哲理和法理，那么，就要对这种正义观的内涵和核心作贯通理解。依据笔者的研究，在中国传统的语境和历史文化系统中，这个正义观背后的哲理和法理应该说是道德，或者说由道德而生的仁义或情理。正如阴与阳一样，道、义、理曰宜为序为成，表示世界的有序性或者说差序性，意味着对万物井然有序的秩序追求；德、仁、情曰动为同为生，表示世界的创生性或者说同生性，意味着对万物共生共荣的同一追求。所以，阴与阳、义与仁、理与情以及刑罚与德礼等，都是对世界的有序性与创生性，或者说对静与动、序与生、异与同，亦即差序与同一、有序与至当的追求。归根结底，这些追求都是对德生道成所形成的生生不息与井然有序的有机统一，亦即万物生而有序这样一种自然状态、自然法则，或者如中国人所说的天理、天道，实际是事物对立统一这样一种辩证关系的理的认识、表达和追求。这

---

[38] 参见张中秋、潘萍：《传统中国的司法理念及其实践》，载《法学》2018 年第 1 期。

是中国人固有的世界观和价值观，这个世界观和价值观的根源
是生生不息与井然有序相结合而形成的生而有序的生命世界
观，这个生命世界观的核心和精髓是德生道成的道德，这个道
德就是中国传统法的哲理和法理，实则是动态的（源于生生不
息）合理（源于井然有序）正义观（生而有序），这即是它的
正当性所在。

若要继续追问这个正当性的具体所指，那么，依据中国的传
统经典《易·系辞下传》[39]和法典《唐律疏议·名例》[40]的记
载，即是"理财、正辞、禁民为非，曰义"。对此，明儒丘浚在
《大学衍义补·详听断之法》中解释说，所谓义即是分别各人之
所当有、所当言和所不当为者，而分别各人之所当和所不当者都
以理为准，亦即以是否符合道德或由道德而生的仁义或情理这些
个理为准。[41]换言之，中国传统法的义，或者说它的正义观，亦
即它的法理或者说正当性所在，乃是动态的合理；动态的合理的
正当性是道德，或者说由道德而生的仁义或情理；而道德的正当
性是万物生生不息与井然有序相结合而形成的生而有序的自然，
包括自然现象和自然法则。所以，《论语·阳货》记孔子说："天
何言哉？四时行焉，百物生焉，天何言哉？"[42]这表明在孔子看
来，天是没说什么，只是用它四时在行的"序"和百物生焉的

---

〔39〕　陈戍国点校：《四书五经》，岳麓书社1991年版，第201页。

〔40〕　参见（唐）长孙无忌等撰：《唐律疏议》，刘俊文点校，中华书局1983年版，
　　　　第1～2页。

〔41〕　（明）丘浚：《大学衍义补》，林冠群、周济夫点校，京华出版社1994年版，第
　　　　906～907页

〔42〕　杨伯峻译注：《论语译注》，中华书局1980年版，第188页。

"生"，亦即生与序，或者说生生不息与井然有序相结合而形成的生而有序，这种自然现象和自然法则告诉了人们什么是天理、天道。在传统中国，这个天理、天道就是万物之理，简称为理。如果考虑到传统中国人天人一体，亦即自然、社会和人类是一个有机整体的生命世界观，以及在此基础上形成的人生观、价值观和法律观，那么，中国传统的法理，从自然法则上可以说是天道/天理或理，从哲学上可以说是道德或阴阳，从立法和司法上可以说是由道德而生的仁义或情理。虽措辞不同，但"理一分殊"，其内涵和精神一致，同是贯通中国传统法律制度与实践的正当性所在，亦即中国传统法理的所合之理，实际上就是从哲学上的天理到法律上的情理前后相贯通的道理。毋庸讳言，这个道理的内涵是纲常礼教，但实质是道德仁义，其根据是生生不息与井然有序相结合而形成的生而有序这个自然现象与自然法则所呈现的天理。因此，这在当时具有完全的正当性，即使在今天亦有它部分的正当性，如纲常礼教中仁、义、礼、智、信的"五常"仍不失其价值。因此，无论是从学理还是从实践上来说，自然/天理/阴阳→道德/仁义/情理→正当/合理/公平→正义，构成了中国人以合理或者说以动态的合理为核心的正义观念。其实，这正是中国人固有的看待公平正义的基本观念。

三、中国传统法理学精髓的当代意义

从法理学的广义来说，以上对中国传统法观念、观念的核心以及哲学问题的探讨，正是围绕着法是什么而展开中国传统法理学的精髓所在，其特质即在于中国传统法观念是天理、国法、人

情三位一体的大法观念，这个观念的核心是动态的合理正义观，它的哲学是天、地、人一体的生命哲学，亦即万物有机的世界观。对此，我们只要稍作比较，就可以发现，由这些特质所构成的中国传统法理学的精髓，在全球范围内，在人类历史上，都是独一无二的，那么，它们在今天又有什么意义呢？对于这个问题的思考和回答，可以说是对上述系列追问的必要回应。但说到意义，人们又可以从不同视角和层面来认识它。譬如，历史意义、文化意义、学术意义等，但我想在融合这些意义的基础上，聚焦在对当下法治建设和法理学科的建构上来探讨，所以说是当代意义。

在我们当下的法治建设和法理学科建构上，中国传统法理学精髓的意义，首先可以从法观念上来认识。如前所述，中国传统法观念是天理、国法、人情三位一体的大法观念，包括意识、规则和习惯，亦即法是合理或者说具有正当性的秩序和规范体系。这个观念不仅表达了传统中国人对法是什么的认识，亦揭示了中国传统法的正当性、结构性和复合性的特点。而当代中国法理学教给我们的法观念，可以说主要是实证主义的法律观，即法是统治者或主权者的意志和命令，是具有强制力的国家规范性文件的汇编；或者说法是由国家制定和认可并由国家强制力保证实施的行为规范的总和。以当下中国最具官方和权威色彩的全国高等学校教材《法理学》（第 5 版）为例，编者在该书第二编第四章"法、法律"中写道："根据马克思主义经典作家对法的概念的阐释，吸收国内外法学研究的成果，我国法学界把法定义为：法是由国家制定或认可并由国家强制力保证实施的，反映由特定社会物质生活条件所决定的（在阶级对立社会中）统治阶级意志

（或人民）意志，以权利和义务为内容，以确认、保护和发展统治阶级或（在社会主义社会中）人民意志，以权利义务为内容，以确认、保护和发展对统治阶级或人民有利的社会关系、社会秩序和社会发展目标为目的的行为规范体系。"[43]当我们把这一定义中所附加的各种定语都拿掉，这一定义可以缩写为："法是由国家制定或认可并由国家强制力保证实施的行为规范体系。"这样一来，所有非国家主体所创造的行为规范都被排除在法的范围之外了。在当代中国，各种各样的法理学教科书数不胜数，它们对法的定义在措词上或有不同，但核心思想都不出上述范围。显而易见，这是实证主义的法律观。事实上，实证主义法律观的理论并不源于中国，但它在中国被接受并强化，与近代以来中国的历史密切相关，大体是国家主义和泛政治化的结果。然而，对照传统与当代中国的实际状况，这一观念明显过窄，以下两点可以说明：

第一，它不能与中国传统法观念相沟通，所以用它来理解中国传统法就会出现困难。例如，"礼"是不是法在中国法学界始终争议不断。其实很简单，在传统社会的中国人看来，礼即是法，至少在他们的观念中是法的一种。《唐律疏议·名例》说得很清楚："德礼为政教之本，刑罚为政教之用，犹昏晓阳秋相须而成者也。"[44]同样，即使生活在现代社会中的人，如果从法社会学的角度来看，这亦不是什么难题，礼作为行为规范和社会秩

---

[43] 张文显主编：《法理学》（第5版），高等教育出版社2018年版，第83页。
[44] （唐）长孙无忌等撰：《唐律疏议》，刘俊文点校，中华书局1983年版，第1页。

序就是事实上的法。[45]但如果依上述实证主义法的定义，礼就不是严格意义上的法，至少相当部分的礼，如家礼、乡礼、社礼等，因为是"非国家主体创造或发展"，而必然被"排除在法的范围之外"。如果以有无国家强制力保证实施为标准，那么，礼基本上都要被排除在法的范围之外。因为，作为规范来说，礼本身并无强制力，它的有效性来自于人们对传统的遵行、礼的法律化和刑的支持这几个方面。[46]

第二，它亦不能用来涵盖和解释当代中国的法律实践。如实际发挥法的作用的政策、决议、指令、计划、乡规民约、风俗习惯等，即所谓的"软法"[47]和"民间法"[48]，还有在当今中国起强制作用的党规党纪等，因形式上不符合上述法的定义，都被排

---

[45] 林咏荣先生提出了"一元化的礼法观"，他认为："我国固有法制上所谓的礼，是介于道德与法律之间而为其桥梁，一边按于道德，另一边嵌入法律，……惟兹所谓礼，有广狭二义，自其广义言，礼与法同其领域，自其狭义言，礼仅限于冠、婚、丧、祭、宴会及其他交接的仪式；而嵌入法律的礼，则为广义的礼之中而为维持社会秩序所不可或缺的部分。因为当时社会秩序建筑于五伦常理的基础之上，所以这一部分的礼，就是维护五伦秩序的基本条款；凡违反者，即以刑罚为制裁，法之所禁，必皆礼之所不容，而礼之所许，自必法之所不禁，此之谓'出礼则入刑'，而为礼刑合一的关键。所以，我们如谓我国固有法为礼刑合一或礼法一元化均无不可；但若称之为道德与法律混同，似乎还未尽其义蕴。"（参见潘维和等：《中西法律思想论集》，台湾汉林出版社1984年版，第195页。）

[46] 张中秋：《中西法律文化比较研究》（第5版），法律出版社2019年版，第18~20页。

[47] 如北京大学成立了以姜明安教授为主任的"软法研究中心"。他们将具有强制力的国家法律之外的各种行政规章称之为"软法"，以区别于国家法律的刚性，但他们同时认为，软法在实际中发挥着法的作用。另参见姜明安：《软法的兴起与软法之治》，载《中国法学》2006年第2期。

[48] 笔者在此所用的"民间法"只是一个框架性的概念，表示国家法（我的理解应包括上述所谓的软法）以外的各种民间规范和习惯。

除在当代中国法理学的教材和教学之外，可事实上这些确是当下中国法治实践的组成部分，是具有规范和准规范意义的法。针对这样的脱节，我们是要生活屈从教本，还是面对现实，抛开教条，从中国人自己的法律传统和实践中汲取智慧。譬如，按照中国传统的大法观念来理解，法是合理或者说具有正当性的秩序和规范体系，包括意识、规则和习惯，这样的理解是不是更宽更符合实际？这样的法观念是不是有启发和可取之处？笔者以为，当代中国法理学对这个问题的回答，或许是我们建构中国法理学的开始，因为对法的定义从来都是法理学的起点和支点。

在探讨了中国传统法观念的当代意义后，接着我们可以从动态的合理正义观来认识。大家知道，正义观是法的核心价值所在，它对法律的影响，在精神上是支配，在内容上是表达，所以，正义观对法治建设和法理学建构都具有根本性的意义。从笔者的观察和研究来看，中国传统的动态的合理正义观，与人类其他的法律文明一样，都蕴含着对真、善、美的理想追求。从求真来说，动态的合理正义观是立足于真实世界并从真实世界的真实出发的，这个真实世界的真实就是由天地组成的自然状态，这个自然状态是万物生生不息与井然有序的有机统一，亦即生而有序这个自然现象、自然法则的天理呈现。对此，先贤们把它上升为一阴一阳之道，表达为德生道成原理，概括为礼法结合、德主刑辅的法理，我把它转化为等者同等、不等者不等、等与不等辩证变动的合理正义观。由此可见，在思想体系上，真实是中国动态的合理正义观的逻辑起点和支点；在价值取向上，求真是它的内在蕴含与追求。同时，如前所述，仁义是动态的合理正义观的内涵，所以，求善自是它的内在价值蕴含与追求，因为仁义就是善。同样，这种植根于自然、趋向于和、表现为等与不等辩证变动的正义观，求美亦是它的内在价值蕴含与追求，因为在中国传统语境中和就是美。[49]这种蕴含真、善、美的动态的合理正义观，落实到中国传统的法理和立法、司法层面，就是天理、国法、人情或者说情、理、法的统一。简单来说，就是法和国法通真，情和人情通善，理和天理通美。[50]这表明那种认为中国传统法律的理想是天理、国法、人情或者说情、理、法的统一，这虽然不能说错，但其实还是很表面化的认识，因为这只是动态的合理正义观的内在价值蕴含与追求的外在化表现而已。具体来说，天理、国法、人情或者说情、理、法的统一之所以理想，乃是因为它承载和体现了动态的合理正义观对真、善、美这些人类普适价值和最高理想的蕴含与追求。虽然中国动态的合理正义观的价值蕴含与追求的具体内涵不同于其他法律文明，其表达更是中国特有的天理、国法、人情或者说情、理、法的统一，但它的最高理想和根本价值指向同样是真、善、美。这使得中国传统的动态的合理正义观，既有自己的独特的表达方式，又内含人类法律的

---

〔49〕 和为什么就是美？因为美是一种赏心悦目的均衡有序感，亦可以说是一种气韵生动的均衡有序感，这均衡有序或者说气韵生动的均衡有序实际就是和的特征。参见宗白华：《中国艺术意境之诞生》，载胡晓明、博杰主编：《释中国》（第4卷）上海文艺出版社1998年版，第2783～2804页；宗白华：《美学散步》，上海人民出版社1981年版，第14～22页"美从何处来"和第231～241页"希腊哲学家的艺术理论"。

〔50〕 法和国法通真，情和人情通善，这大家一看就明白，但理和天理为什么通美，这要解释一下。大家知道，真、善、美的统一为和，但和是事物理想的一种自然状态，事物之所以有这种状态，不是因为和，而是因为和之理；和之理是使事物处于理想的自然状态的法则，亦即事物之理，所以，合理的事物就处于和的状态。这表明，理是和的原因，和是美的状态，所以，理通美，天理/自然/和谐是大美。

共同理想和价值追求。对此，我们不仅要有坚定清醒的主体自觉，更要有充分自豪的文化自信。若果真如此，这就是中国传统法律动态的合理正义观，对我们今天进行法治建设和法理学建构的最大意义了。

此外，从法治建设方面来说，这种动态的合理正义观，对我们今天的法律实践，特别是司法政策和司法审判都富有启发意义。首先是在中国语境中，天理、国法、人情或者说情、理、法的统一，仍然是我们今天很多人对法律特别是对司法理想的中国式期待与表达；其次它为我们今天司法中要如何面对和处理社会正义与法律正义、法律正义与个案正义的平衡协调提供了先例和借鉴。人们囿于古今话语的隔阂，有时可能会忽略人类在不同时空中所面临的同一问题却有不同的表达。譬如，天理、国法、人情或者说情、理、法的统一，其实际面对和所要解决的问题，正是当时的社会正义与法律正义、法律正义与个案正义的平衡协调问题。可以这样说，天理和理通社会正义，国法和法通法律正义，人情和情通个案正义，这三者的有机统一就是最理想的平衡协调。为了使这三者有机统一，亦即努力使动态的合理正义观得以实施和实现，中国传统法律为我们今天解决这个问题，不仅提供有相对成功的先例，而且还提供有可资借鉴的经验。根据我的初步观察，可资借鉴的至少有这样几个方面：首先是在立法的价值取向上，中国传统法律在动态的合理正义观的支配和引导下，始终追求天理、国法、人情或者说情、理、法的统一，这在中国传统法典编纂中有明确的要求和记录。换言之，这使得社会正义与法律正义、法律正义与个案正义的平衡协调在法的宗旨和原则上得到了确认和贯彻。其次是在制度的具体设置上，形成了以援引法条正文为主，由类推、比附和兜底条款为辅，两者结合构成较为完整同时又有条件的相对开放的司法依据体系。[51]这使得立法的价值取向，在法律的实施和实践中，既得到了基本的制度保障，又不至于为法条所拘而失去补救法律的漏洞，以寻求情、理、法统一的可能。而后是在实际的司法审判中，司法官、当事人和社会民意这三方，在传统中国对于什么是天理、国法、人情，或者说情、理、法是什么，以及它们最终都统一在理上，存在着以社会主流和基本观念为背景的某种共识，即使有分歧亦不会动摇社会主流和基本观念的权威性，所以，唐律的兜底条款是"诸不应得为而为之者，笞四十；（谓律令无条，理不可为者）。事理重者，杖八十"[52]。这表明立法者已认为，当时人们在何者为不应得为，亦即什么是理或者说理是什么这一点上是有共识的。所以，在司法实践中，若法无正条，则有类推、比附；若不能类推、比附，则有兜底条款；而对于兜底条款，人们则存有主流和基本的观念共识。这样，立法的价值取向，不仅在制度的具体设置上得到了相应的安排，亦在司法的实践中能够得到相当的落实。[53]

---

[51] 参见张中秋、金眉：《试论唐朝司法审判的法律依据》，载《史林》1987年第4期。

[52] 参见（唐）长孙无忌等撰：《唐律疏议》，刘俊文点校，中华书局1983年版，第522页。

[53] 笔者曾仔细研读《名公书判清明集》，发现其中绝大部分判决，都是先围绕着情、理、法进行辨析和推导，但最后的判决亦都是依法或据律酌情做出的，其判决体现了法、理、情，或者说法意与人情的辩证统一，其中较典型的这类判词，参见中国社会科学院历史研究所宋辽金元史研究室点校：《名公书判清明集》，中华书局1987年版，第100~102页、第124~126页、第175~176页、第215~216页、第348~349页、第501页、第602~603页。当然，亦有法、理、情不能协调的，如第164~165页的判词（对其分析见该书第664~668页），但总体上这种情况较为少见。

虽然真实的司法情况极为复杂，难保天理、国法、人情或者说情、理、法总能统一，导致个案正义甚至法律正义抑或社会正义不总是能平衡协调，但这个可以肯定的少数史实不能否定上述价值、制度和实践的基本有效，否则，中国就不会有这样悠久发达的法律文化史。当然，在当下的时代，中国传统的动态的合理正义观要发挥作用，还面临着不少困境，其中两个最大的困境：一是在理论上如何来理解人的平等与不平等的悖论问题；二是在实践上如何来确认并做出合理与不合理的判断问题。[54] 如果能克服或摆脱这两个困境，那它就有可能融入新的法律正义价值观中，成为有中国特色的社会主义法律正义观，从而为中国法理学的建构提供支撑。

在探讨了中国传统法观念，以及这个观念的核心，亦即动态的合理正义观的意义后，我们现在要面对它的哲学问题。哲学既是法理学的精髓，又是法理学精髓的基础。正如我国著名法学家李达所说："各种法理学，都是一种特定的哲学在法学领域中的运用与扩张。……法理学所以有许多派别，主要的是由于那些法理学的哲学基础不同。"[55] 所以，在当下的法治建设和法理学科建构中，来探讨中国传统法理学的哲学，确实有着十分重要的基础意义。如前所说，中国传统法理学的哲学是天、地、人一体的生命哲学，或者说万物有机的世界观。有机世界观的核心在于把世界看成是有生命的系统，亦即天、地、人（包括法）是一个

---

〔54〕 参见张中秋：《中国传统法律正义观研究》，载《清华法学》2018 年第 3 期。

〔55〕 李达：《法理学大纲》，法律出版社 1984 年版，第 13 ~ 14 页。

统一的生命体。[56] 所以，在有机世界观支配下的中国传统法中的人与法是天人合一中的人与法，而道德亦即生而有序的自然法则就成为支配人与法的基本原则。[57] 因为道德本身是建立在世界万物互为一体的有机生命共同体之上的关系性法则，所以，它必然是从全体出发，以责任/义务为第一要义，形成责任—权利型的法律关系，追求全体的共生共荣。[58] 而无机世界观是无机物或者说原子世界观，原子世界观的本质是把世界看成是无生命的原子构成，亦即自然、社会与人类（包括法）不是一个有机联系的生命共同体，所以，在无机世界观支配下的法中的人与法是天人分离的人与法，功利或利益亦就自然成为支配人与法的基本原则。这是因为功利本身是建立在无机世界独自存在互不关联的原子之上的独立性法则，所以，它必然是从个体出发，以权利/利益为第一要义，形成权利—义务型的法律关系，追求个体的独立自由。[59] 因此，从深层次的哲学上来说，人与法是天人合一中的人与法还是天人分离的人与法，以及对在此基础上展开的人生

〔56〕 参见收入本书的《传统中国法的精神及其哲学》一文。

〔57〕 参见《汉书·刑法志》《魏书·刑法志》以及《唐律疏议·名例》的开头部分；杨鸿烈：《中国法律思想史》，中国政法大学出版社 2004 年版，第 97 ~ 110 页；[英] 李约瑟：《中国科学技术史》（第 2 卷·科学思想史），何兆武等译，科学出版社、上海古籍出版社 1990 年版，"作者的话"，详细的讨论参见该书第 551 ~ 620 页"中国和西方的人间法律和自然法则"；结合法律规定和案例的讨论，参见 [美] D. 布迪等：《中华帝国的法律》，朱勇译，江苏人民出版社 1993 年版，第 31 ~ 35 页及以下。

〔58〕 参见收入本书的《传统中国法的道德原理及其价值》一文。

〔59〕 参见 [英] 李约瑟：《中国科学技术史》（第 2 卷·科学思想史），何兆武等译，科学出版社、上海古籍出版社 1990 年版，"作者的话"，详细的讨论参见该书第 551 ~ 620 页"中国和西方的人间法律和自然法则"。

观、价值观和法律观的不同与协调，这已是我们当下法治建设和法理学科建构中，正在面临和必须面对的重大问题。

我们知道，道德主义是古代世界主流的思想意识形态，但从近代开始受到自由主义和功利主义的冲击与颠覆，自由主义和功利主义仍是当今世界绝大多数地区起支配作用的准则和价值观（主流的思想意识形态）。从人性上说，自由主义和功利主义奠基于人作为个体对独立、自由、平等、趋利的向往和追求。道德主义奠基于人的道德本能和人作为个体根本无法独自生存，从而对过人类群体生活的向往和必需。这两者都植根于人性，但道德主义是更本质的人性，它是作为人的类本质的人的本性。所以，道德主义在受到自由主义和功利主义的冲击与颠覆后正在复兴，而且随着现代科技的迅猛发展，这种复兴将导致对现行法学的根本挑战。这里所说的现行法学是指源于西方的经典法学，这种法学就是我们今天流行的法学，它奠基于自然人和拟人化的法人这个主体，自然人和拟人化的法人这个主体植根于人的理性，人的理性植根于自然法，自然法植根于原子世界观，所以，独立成为支点，自由成为目标，功利成为法理，权利成为本位，权利—义务成为法律关系的轴心。但今天的世界正在发生变化，科技和全球一体化正在改变人的定义和重塑人们的关系，改变后的人不再只是自然人和拟人化的法人，而是又有了高度智能化的机器人；重塑后的人们关系的支点，将不再是个体化的主体而是主体间。这两个变化一方面将使人们更看重道德，以保持人作为人的本质属性的存在。因为科学研究已经揭示，迄今为止，道德是人类区别于其他一切智慧动物的本质属性，离开了道德，人（类）将失去自我。[60] 与此同时，这两个变化所引起的另一个方面是，合作而不是独立将成为人际关系的支点，责任而不是权利将成为人们合作的基础。所以，这两个变化将从根本上挑战现行法学的根基，即原子世界观、功利法理、权利本位、权利——义务法律关系轴心，将受到有机世界观、道德法理、责任本位、责任——权利法律关系轴心的挑战。如何认识和顺应这个挑战，中国传统法理学中关于天人合一的生命哲学，或者说万物有机的生命世界观，对机械唯物论和原子世界观的非生命性都是一个超越，从而在法的哲学上形成道德对功利的引导之势，促进人的类本质在法律中的实践和实现。由此可见，中国传统法理学是一个蕴含丰富的矿藏，值得我们认真地去探查、挖掘和提炼。[61]

---

[60] 例如，杰弗里·克鲁格说："科学家对行为的研究越深入，我们越难以自负地认为自己是地球上独一无二的智慧生物。我们说自己是唯一会使用语言的物种，而大猩猩和黑猩猩却掌握了手语。我们说自己是唯一会使用工具的物种，而水獭会用石头砸开软体动物的壳，猿会用小树枝掏白蚁。使我们区别于其他动物，或者说，应该使我们区别于其他动物的是我们高度发达的道德感。这项品质是人类的精髓。"（参见美国《时代周刊》2007 年 12 月 3 日的《是什么让我们遵守道德》一文，作者杰弗里·克鲁格。转载于中国《参考消息》2007 年 12 月 3 日，第 7 版"科学技术"。）

[61] 最新的研究已经提出，基于生物学的思考范式将取代基于机械原理的思考范式。这表明中国哲学的有机宇宙观→生物/生命论→整体/连续/辩证互动→万物之理→顺其自然→道德（立足群体的协作/类）的思维模式与西方哲学的无机宇宙观→机械/原子论→个体/独立（不连续）/作用与反作用（对等）→万物之理→控制自然/人为设计→自由（立足个体的独立/个）的思维模式将有新的融合的可能。（参见美国《未来学家》9—10 月号的《新的生物学范式》一文，作者阿诺德·布朗。转载于中国《参考消息》2008 年 9 月 10 日，第 9 版"特别报道"。）

中华法系与罗马法的原理及其哲学比较
——以《唐律疏议》与《法学阶梯》为对象的探索[*]

一、中华法系的道德原理

我们知道，唐律是中华法系的代表，《唐律疏议》是唐律的精髓和骨干；[1]而《法学阶梯》既是罗马法的重要组成部分，又是罗马法的"全部法学的基本原理"[2]之所在，因此，以《唐

---

* 原载于《政法论坛》2010 年第 3 期，有修改。

〔1〕 唐律是中国唐代法律的总称，包括唐前期的律、令、格、式四种法律形式和判，以及唐后期的格敕（格和格后敕）等。其中，作为律的代表的《唐律疏议》，不仅是全部唐律的主体，亦是全部唐律的精髓。可以毫不夸张地说，《唐律疏议》的学理即是中华法系的原理。所以，明代刑部尚书刘惟谦等在《进大明律表》中说："历代之律，至于唐亦可谓集厥大成矣。"《清史稿·刑法志》亦载："中国自书契以来，以礼教治天下。……至唐《永徽律》出，始集其成。虽沿宋迄元明而面目一变，然科条所布，于扶翼世教之意，未尝不兢兢焉。君子上下数千年之间，观其教化之昏明，与夫刑罚之中不中，而盛衰治乱之故，尽可矣。"由此可见唐律的代表性。有关唐律在中华法系中的地位和影响，参见杨鸿烈：《中国法律在东亚诸国之影响》，中国政法大学出版社 1999 年版；有关《唐律疏议》在唐律中的地位和影响，参见刘俊文撰：《唐律疏议笺解》，中华书局 1996 年版，第 1~92 页"序论"。

〔2〕 查士丁尼皇帝在为《法学阶梯》颁示所作的"序言"中说："……在把全部古法书籍编辑为《学术汇纂》共计 50 卷以后（这是在一些杰出人物特里波尼亚和其他卓越而有才识的人协助下完成的），朕又命令把这部《法学阶梯》分为四卷，其中包括全部法学的基本原理。"（［古罗马］查士丁尼：《法学总论——法学阶梯》，张企泰译，商务印书馆 1989 年版，第 3 页"序言"。）

律疏议》和《法学阶梯》为对象来探讨中华法系与罗马法的原理及其哲学,这在比较法上是可行的。[3]当然,这里所说的中华法系主要是指传统中国法,罗马法亦主要是指万民法时代即罗马帝国时期的法律。而本文既然是对原理与哲学的比较,实际上就是关于法的理念的类型比较,因此理念与制度及其实践有不同之处,这亦是正常的,所以不影响研究结论的成立。

概念是分析的工具,因此,本文首先从"原理"这个核心概念开始,然后再探讨相关的问题。在科学术语上,"原理"是来自西方的概念,它在传统中国文化中对应的就是"道"。这个"道"不单是道家之道,而是中华文化之"道"。正如金岳霖先生说:"各家所欲言而不能尽的道,国人对之油然而景仰之心的道,万事万物之所不得不由,不得不依,不得不归的道才是中国思想中最崇高的概念,最基本的原动力。"[4]从这个意义上说,道是中华文化的共通原理。当然,它亦是中华法系的原理,因为中华法系是中华文化的有机部分。如何从法律上来认识这个原理,我们不妨先看一看作为唐律精髓的《唐律疏议》是怎么说的。

《唐律疏议·名例》在开篇中说:"德礼为政教之本,刑罚为政教之用,犹昏晓阳秋相须而成者也。"[5]这段话的意思是

---

[3] 在比较法中,以某一具有代表性的法律秩序或者说法律传统,来代表对法系的研究是可行的。(参见[德]K. 茨威格特、克茨:《比较法总论》,潘汉典等译,贵州人民出版社1992年版,第121~122页。)同样,我认为以代表性的法典为对象来探索法系亦是可行的。

[4] 参见金岳霖:《论道》,载刘梦溪主编:《中国现代学术经典——金岳霖卷》,河北教育出版社1996年版,第18~19页及前后。

[5] (唐)长孙无忌等撰:《唐律疏议》,刘俊文点校,中华书局1983年版,第3页。

说，德礼是政教的根本，刑罚是政教的辅从，两者的关系犹如黄昏与早晨（相续为一天）、春天与秋天（相续为一年），它们相互配合构成完美的整体。这是对上述文字的直译，如果仔细分析，就会发现它的内涵远不是这么简单。首先，它融合了儒、法、道三家的思想。从概念的倾向上讲，"德礼"是儒家的，"刑罚"是法家的，"昏晓阳秋"是道家的。儒、法、道三家的思想在国家法典中融为一体，这是西汉以来中国法律发展到唐代"臻于完善"的表现，而且随着唐律对中国周边诸国的影响，以《唐律疏议》为核心的唐律由此成为中华法系的象征和代表。其次，《唐律疏议》的这段话渗透了中华文化之道，体现了从"阳主阴从"到"德主刑辅"的道德原理结构。为了更直观地阐明这一点，我们先看下面的图示。

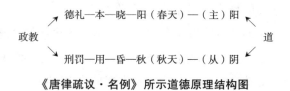

《唐律疏议·名例》所示道德原理结构图

很显然，这个图示是把上述《唐律疏议·名例》的文字表述结构化了，其中"阳秋"之后是笔者加上去的，但符合道的结构。透过这个图示，我们可以看到作为政教两翼的德礼与刑罚与作为道之两仪的阳与阴的对应关系。我们知道，政教是传统中国政治文化的统称，法律亦包含在其中。因此，作为政教两翼的德礼与刑罚，实际上就是传统中国法的基本内容，亦即儒、法、道三家法思想合流后所形成的礼法结构。正如上述《唐律疏议·名例》所示，在这个结构中，德礼为本、刑罚为用。因此，人们把它概括为礼法结合、德主刑辅。礼法结合、德主刑辅是以唐律为代表的中华法系的基本结构。

从上述图示可见，礼法结合、德主刑辅的哲学基础或者说法理依据是阴阳合一、阳主阴从的中华文化之道。依据中国经典表述，道的基本构成是阴与阳，所谓一阴一阳之谓道，此一阴一阳就是道或后来被称之为太极的两仪。[6]阴与阳这两者的关系是对立统一，其中对立中有相涵相摄，相涵相摄中又有支配，阳在其中起主导和支配作用，形成阴阳合一、阳主阴从的结构。按照中国古典思维，阳代表德性，"阳主"意味着事物的属性依德。因此，如上所述，道虽然可以用来指称事物的原理（在这种情况下，道已经含有了德），但实际上道原本所表达的是事物的秩序结构，德是事物的内在性质。这亦就是说道是德的表现形式，德是道的存在依据，道与德共同构成了事物的统一性。因此，我们说道是事物的原理形式，德是事物的原理性质，两者构成完整的事物原理。有鉴于此，笔者把这种文化构成理论称之道德原理。如果对照上述《唐律疏议·名例》的表述和图示，我们即可发现，中华法系的原理不过是中华文化的共通原理在法律上的延伸，所以实质上还是道德原理，只是这个道德原理的内涵有了变化，由阴阳合一、阳主阴从的哲学概念转换成了礼法结合、德主刑辅的法律概念。换言之，道德即是中华法系的正当性所在，亦即最后的法理依据。因此，从法的哲学上说，中华法系的原理可称之为道德原理，中华法系法亦可称之为道德原理法。[7]

---

[6] 《周易·系辞上传》曰："易有太极，是生两仪"。

[7] 参见收入本书的《传统中国法的道德原理及其价值》一文。

二、罗马法的自由原理

依据《法学阶梯》，罗马的法律分为公法与私法，私法包括自然法、万民法和市民法。[8]罗马私法是罗马法中最有特色和影响的部分，《法学阶梯》就是有关这部分的内容。《法学阶梯》在整个罗马法中的重要性，正如查士丁尼皇帝所说："其中包括全部法学的基本原理。"[9]所以，我们要探索罗马法的原理就必须以《法学阶梯》为样本。

正如我们所知，原理是对事物关系的本质揭示，它以思想观念的形态存在，通常隐秘而均匀地分布在法律的文本之中，因此，我们只有通过对文本的分析才能触及它。依中文译本统计，《法学阶梯》正文四卷十八篇，但笔者通过阅读，发现在它对自然法、万民法和市民法等相关问题的回答中，亦即在《法学阶梯》第一卷的第二篇中，表达了罗马法的结构和原理。《法学阶梯》第一卷第二篇开篇明示道[10]：

> 自然法是自然界教给一切动物的法律。因为这种法律不是类所特有的，而是一切动物都具有的，不问是天空、地上或海里的动物。……
>
> 1. 市民法与万民法有别，任何受治于法律和习惯的民

---

[8] 前揭 [古罗马] 查士丁尼：《法学总论——法学阶梯》，张企泰译，第5~6页。

[9] 前揭 [古罗马] 查士丁尼：《法学总论——法学阶梯》，张企泰译，第3页"序言"。

[10] 以下引文见前揭 [古罗马] 查士丁尼：《法学总论——法学阶梯》，张企泰译，第6~7页。

族都部分地适用自己特有的法律，部分则适用全人类共同的法律。每一民族专为自身治理制定的法律，是这个国家所特有的，叫做市民法，即该国本身特有的法。至于出于自然理性而为全人类制定的法，则受到所有民族的同样尊重，叫做万民法，因为一切民族都适用它。因此，罗马人民所适用的，一部分是自己特有的法律，另一部分是全人类共同的法律。……

2. ……至于万民法是全人类共同的。它包含着各民族根据实际需要和生活必需而制定的一些法则；例如战争发生了，跟着发生俘虏和奴役，而奴役是违背自然法的（因为根据自然法，一切人都是生而自由的）。又如几乎全部契约，如买卖、租赁、合伙、寄存、可以实物偿还的借贷以及其他等等，都起源于万民法。

《法学阶梯》不愧是伟大的作品，上述几段简洁的文字就给我们勾勒了一幅贯通自然界、人类社会和罗马国家的法律图景。依据它的表述，在私法领域，通行自然界一切动物的法律是自然法；通行全人类的法律是万民法；通行某一民族国家的法律一部分是万民法，一部分是专为自身治理制定的市民法；所以，通行罗马国家的法律一部分是它的市民法，一部是通行全人类的万民法。由此可见，从自然法到万民法再到市民法构成了一个法的链式整体，这三种法既分别对应于自然界、人类社会和罗马国家，同时自自然法以下又依次复合通用，从而在形式上形成一个从大前提到小前提再到结论的完美逻辑结构。根据这种逻辑结构，万民法是市民法的上位法，自然法又是万民法的上位法，所以，自然法既是万民法和市民法的效力渊源，又是万民法和市民法的正当性来源。这意味着自然法是罗马法的母法，自然法理论就是包括万民法和市民法在内的罗马法的法理依据。换言之，自然法理论就是罗马法的原理。

自然法理论是西方法学的根基，所以自古希腊、罗马以来，关于它形成了不同的学说，但正义始终是它的核心和本质。[11] 从这个意义上说，自然法理论就是一种正义理论，自然法学就是有关正义的学说。这与《法学阶梯》所说的"法学是关于神和人的事物的知识；是关于正义和非正义的科学"[12]完全吻合。这种吻合不是巧合，而是事物的内在逻辑使然。因为罗马法的理论是自然法，自然法的核心和本质是正义，所以法学必然是关于正义和非正义的科学。只是由于当时自然法在人们的观念中还具有神性，即《法学阶梯》第一卷第二篇所说的"各民族一体遵守的自然法则是上帝神意制定的，因此始终是固定不变的。……"[13] 所以，法学亦是"关于神和人的事物的知识"，但不管是神还是人的事物的知识，其知识亦即法学的核心和本质都不外乎是正义而已。这样说来，正义是罗马法的理据，就像礼（理）是传统中

---

[11] 《牛津法律大辞典》对自然法的解释是："一般说来，它表示一种对公正或正义的信念，这种正义秩序普遍适用于所有为宇宙间最高控制力量支配的人，它不同于实在法，即由国家或其他人类组织制定的法。一切自然法学说的出发点是理性和人性。但在自然法的含义和它与实在法的关系上，自古以来众说纷纭。……自然法的观念从未消亡，似乎永不衰竭。"（［英］戴维·M. 沃克：《牛津法律大辞典》，邓正来等译，光明日报出版社1988年版，第629~631页"自然法"。）

[12] 前揭［古罗马］查士丁尼：《法学总论——法学阶梯》，张企泰译，第5页。

[13] 前揭［古罗马］查士丁尼：《法学总论——法学阶梯》，张企泰译，第11页。

国法的理据一样。

问题讨论到此，似乎可以结束了。如果仅从法的层面上讲，情况的确是这样，但如果要追问下去，进入法哲学的原理层面，那问题还未了结。对照道德是中华法系的原理，道德→礼（理）→法（刑）能够构成一个完整的理据链，而在罗马法的正义→法律结构中，则缺少了一个具有"道德"这样的文化原动力的环节。这说明在逻辑上，正义背后还有一个更高的理据存在，这个理据是正义的根源和动力所在。这个理据是什么？还是让我们从《法学阶梯》中寻找。《法学阶梯》在第一卷第一篇开篇中定义道："正义是给予每个人他应得的部分的这种坚定而恒久的愿望。"[14]事实上，人对自己应得的那部分的愿望有很多，但"什么"才是人的诸多愿望中称得上是"坚定而恒久的愿望"呢？这就是说"什么"是人的一生中最坚定而恒久的向往。对此，《法学阶梯》虽然没有直接给予明确的回答，但在它文本的结构理路方面和将自然法作为评价人的标准方面，给了我们寻找答案的线索。

请看《法学阶梯》在第一卷第二篇的最后说："我们所适用的全部法律，或是关于人的法律，或是关于物的法律，或是关于诉讼的法律。首先考察人，因为如果不了解作为法律对象的人，就不可很好地了解法律。"[15]这说明在罗马法至少在罗马私法体系中，关于人的法律是第一位的。那么，在关于人的法律中什么又是第一位的呢？《法学阶梯》在第三篇的开头接着上述第二篇

----

〔14〕 前揭［古罗马］查士丁尼：《法学总论——法学阶梯》，张企泰译，第5页。
〔15〕 前揭［古罗马］查士丁尼：《法学总论——法学阶梯》，张企泰译，第11页。

的引文说："关于人的法律的主要区分如下：一切人不是自由人就是奴隶。"[16]这很清楚地表明，在《法学阶梯》有关罗马所适用的全部法律的结构中，关于人的法律是第一位的；而在关于人的法律中，关于人的法律的主要区分，即人是自由的（自由人）还是不自由的（奴隶）这是第一位的。[17]确认了这一点，就等于确认了自由是人的一生中最坚定而恒久的向往，亦即自由是人所向往的最大正义。要明白这一点，只需理解在罗马法中，奴隶因其不自由，只是会说话的工具，在法律上等同于物。这说明罗马法将自由视为人之为人的条件，不自由就不是人，奴隶虽有人的自然特性，但不是法律意义上的人，故而被自由人所支配，所以，自由是人所向往的最大正义。这样，我们在《法学阶梯》的结构中看到，它存在着人→自由→正义→法的这样一条理路。

这个从《法学阶梯》文本的结构理路方面所得到的认识，还可以从《法学阶梯》将自然法作为衡量人的价值的标准方面再次得到确证。《法学阶梯》在阐释自然法与万民法时说道："奴役是违背自然法的（因为根据自然法，一切人都是生而自由的）。"[18]它在第五篇"被释自由人"的开头一段中亦说："……因为根据自然法，一切人生而自由，既不知有奴隶，亦就无所谓释放。……"[19]这说明自然法作为正义的理论，它在关于人的法律上的首要而基本的正义是自由，所以，根据自然法，一切人生

---

〔16〕　前揭〔古罗马〕查士丁尼：《法学总论——法学阶梯》，张企泰译，第12页。

〔17〕　从《法学阶梯》所呈现的罗马法体系来看，情况确实如此，因为《法学阶梯》的一切设置，包括它关于人和物与诉讼的各项规定都是从这一区分开始的。

〔18〕　前揭〔古罗马〕查士丁尼：《法学总论——法学阶梯》，张企泰译，第7页。

〔19〕　前揭〔古罗马〕查士丁尼：《法学总论——法学阶梯》，张企泰译，第13页。

而自由；如果人生而或生后不自由，就是对自然法关于人生而自由的正义原则的违背。这样一来，在自然法理论中，正义是衡量法律是否正当的一个标准，而自由成了保证正义正当性的理据，这亦意味着自由是正义的理据和原动力。所以，美国法理学家E. 博登海默在谈到正义与自由时说："整个法律正义哲学都是以自由观念为核心而建立起来的。"[20]因此，当人们说自然法是一种正义的理论时，这亦无异于在说自然法是一种关于自由的学说。

综合上面的分析，我们可以获得这样的认识，即在自然法理论指导下，由《法学阶梯》所呈现的罗马法，无论是在文本的结构理路还是内容的精神联系上，都已构成自由→正义→法律这样一个完整的理据链。换言之，正义是罗马法的理据，而自由则是正义的理据。因此，从法的哲学上说，罗马法的原理可称之为自由原理，罗马法亦可称之为自由原理法。[21]

三、中华法系与罗马法原理的哲学及其法的结构、特征、历史命运和现代价值的比较

从我们上面对中华法系与罗马法的原理探索中，可以发现一个很有趣的现象，即无论是《唐律疏议》还是《法学阶梯》，在

---

[20] ［美］E. 博登海默：《法理学——法哲学及其方法》，邓正来、姬敬武译，华夏出版社1987年版，第272页。

[21] 齐云博士详细地从奴隶自由权的获得方面论证证得出："优士丁尼的《法学阶梯》自始至终都贯穿着'自由权优先'这根红线"。（参见齐云：《优士丁尼〈法学阶梯〉中的自由权优先原则》，载《华东政法大学学报》2009年第6期。）我认为这个观点是正确的，但遗憾的是作者还没有认识到，"自由权"之所以"优先"，是因为自由是罗马法的原理。

它们有关原理的表述中都与自然亦即大自然这个概念相关。《唐律疏议》使用了"昏晓阳秋"这个词,《法学阶梯》使用了"自然界"这个词,这似乎在提醒我们,中华法系与罗马法的原理都是与自然相关的。因此,如果要对中华法系与罗马法的原理及其哲学进行比较,有必要从它们的自然观开始。

(一)有机自然观与中华法系的结构、特征和价值

关于中国与西方,包括古代中国与罗马的自然观,不仅有大量的历史文献可供阅读,还有数量众多的现代研究可资参考。[22]一般认为,笔者亦是这样认为的,古代中国人的自然观是有机的自然观,即包括自然、社会和人类为一体的宇宙是一个有机联系的生命系统,用中国哲学的话来说,就是天、地、人为一体的世界是一个生命体。[23]有机自然观的核心在于把世界看成是有生命的系统,它之所以说世界是有生命的系统,是因为世界的自然状态是和谐有序和生生不息,和谐有序是它的外在现象,生生不息

---

[22] 在关于中国古代科学与文明以及与西方的比较上,世界著名科学家李约瑟(Joseph Needham)先生的研究是最全面同时亦是最客观的,他在《中国科学技术史》(第2卷·科学思想史)中提供了关于中西(包括古罗马)自然观方面最丰富的中外文献目录和最科学的综述与研究。阅者可参见〔英〕李约瑟:《中国科学技术史》(第2卷·科学思想史),何兆武等译,科学出版社、上海古籍出版社1990年版,第13章、第16章及参考文献。

[23] 所谓自然是个大宇宙,人是一个小宇宙之谓也。本文以下的论述是笔者多年阅读、思考、体悟的心得,参考的书目无法一一列出,因为数量不少而且很多思想又是交叉性的,唯有《周易》(重点是经与传)、《道德经》、《礼记》(重点是《乐记》《大学》和《中庸》)、《春秋繁露》、《太极图说》和朱熹的《四书章句集注》等,以及上面提到的李约瑟和现代学者王国维、金岳霖、冯友兰、朱光潜、宗白华、张岱年、成中英、杜维明等人的相关论述,特别是艾兰等人的《中国古代思维模式与阴阳五行说探源》(江苏古籍出版社1998年版),对本人最具启发意义。

是它的内在性状。自然世界的这两个特征给我们的先贤以深刻的印象，他们把这种从自然得来印象与人生经验和社会实践结合起来，将自然界的和谐有序概括为道，藉以抽象地表达事物的有序性，亦即事物的存在形式；将自然界的生生不息概括为德，藉以抽象地表达事物的创生性，亦即事物的内在性质。由于道原本是一种秩序，所以在哲学上它被引申为主静、属阴、显柔、为仁、表礼；而德原本是一种创生，所以在哲学上它被引申为主动、属阳、显刚，为义、表法；道与德共同构成事物的统一性。职此之故，宋儒周敦颐在他著名的《太极图说》中阐述了太极原理之后引《易》说："立天之道，曰阴与阳，立地之道，曰柔与刚，立人之道，曰仁与义。"[24]推而言之，立政教（大法）之道，即德礼与刑罚，或者说情与理。这样，从原理上来说，世界就是一个道德的世界，道德原理是沟通天、地、人，亦即贯通自然、社会和人类的共通原理。这种从自然出发具有生命感的理论，从根本上或者说哲学上回答了有机世界存在的形式与本质，所以它不是一般意义上的自然观，而是中国人的世界观。

　　道德原理的世界观是整体的、联系的和辩证发展的世界观，因为世界是有机的。作为法的指导思想，道德原理赋予了中华法系特有的结构、特征和价值。从结构上说，道德原理是形式与性质合一但以性质为本形式为辅的事物原理，所以中华法系的结构

---

[24] （宋）周敦颐撰：《周子通书》，徐洪兴导读，上海古籍出版社 2000 年版，第 48 页。关于这个问题还可参见杨成寅：《太极哲学》，学林出版社 2003 年版；杜维明：《试谈中国哲学的三个基调》，载胡晓明、博杰主编：《释中国》（第 2 卷），上海文艺出版社 1998 年版，第 877～891 页。

是礼法结合、德主刑辅。正如我们在前面对《唐律疏议》的分析中所揭示的，德礼为本属阳[25]，刑罚为辅属阴，礼法结合、德主刑辅显示了阴阳合一、阳主阴从的道德原理的法理化。这种法理化实则是以道德为原点、以礼法为两仪、以德为主以刑为辅的一元化结构，类似于一极（太极）两仪（阴与阳）阳主阴从的太极图式，而太极图本是一种生命原型图[26]，所以这种法的一元化结构是以有生命感的哲学为根子的。而且，由于德礼本质上是一种基于道德的责任，所以这个结构确立以德礼为本，实则意味着中华法系是一种责任→权利型的结构，即担当责任是行使权利的前提，这样的法又称之为责任优先或责任本位法。此外，从特征上讲，中华法系因道德原理而使它拥有某些与生命体相似的特征，如体系上的系统性、协调性、连续性和对立统一的继承式发展，以及内容上因强调整体利益而形成的公法特色和司法实践中的类比思维等。[27]当然，在中华法系的道德原理中，还有比

---

[25] 这里的"德礼为本属阳"要说明一下，因为我在前面说到，道在哲学上被引申为表礼属阴，说明礼是属阴而非属阳。这与"德礼为本属阳"似乎有矛盾，其实并不矛盾。因为就礼的本义来说是序，此点与道相通，所以在哲学上它被纳入属阴的道的范畴。但中国文化中的阴阳不是绝对的而是相对的，而且是可以转化的。譬如，德与礼、礼与刑、德礼与刑罚，一般说前者属阳，后者属阴，这是在它们各自独立时的对应关系，但如果把它们联系起来看，就发现这种关系的相对性，如礼相对于德属阴，相对于刑又属阳，所以德礼相对于刑罚属阳。这就是阴阳辩证法，亦即对立、统一、变化的世界观，而且正是因为有了这个辩证法，中国文化才避免了走向极端的弊端。

[26] 太极图是中国人关于世界的抽象图式，太极图中的阴阳鱼图形是生命的原型，或者说生命的原初形状。

[27] 参见［美］威格摩尔：《世界法系概览》，何勤华等译，上海人民出版社2004年版，第4章、第7章；张中秋：《中西法律文化比较研究》（第5版），法律出版社2019年版，第3章、第5章的中国部分。

结构和特征更有意义的，那就是道德原理所赋予中华法系的价值。简单说，中华法系因道德原理的生命感而使它在追求形式统一亦即和谐有序的同时，更关注实质正义亦即公正、善良和仁义等。用现代法律话语，即实体价值优于程序价值。因为形式服从于实质，这是道德原理的本质要求。因此，即使法律是刑杀，目的还是为了仁政。如《唐律疏议·名例》在谈到立法宗旨时所说的："《易》曰：'天垂象，圣人则之。'观雷电而制威刑，睹秋霜而有肃杀，惩其未犯而防其未然，平其徽纆而存乎博爱，盖圣王不获已而用之。"就是一个很好的例证。

（二）无机自然观与罗马法的结构、特征和价值

现在让我们来讨论罗马法的自然观问题。即如上述《法学阶梯》的引文所示，在罗马法的理论和制度体系里，自然界→自然理性→自然法→万民法→市民法，的确构成了一个前后相续的法源链条，但它与中国的自然→道德→礼法→法律有所不同。前者是一种逻辑上的联系，相互之间没有有机体的相涵、相摄和互动，更不可能有上位法对下位法的吸收，只有上位法对下位法的单向指令；后者是一种有机的联系，相互之间不仅有相涵、相摄和互动，而且上位法在指导下位法的同时，亦有可能与下位法相融而吸收之。由此可见，逻辑上的联系注重的是思想上的非矛盾性，有机的联系实际是事实上的统一性，这种区别的根源在于两种不同的自然观。

相对于中国有机的自然观，西方自古希腊、罗马以来，一直是无机的或者说机械的自然观占主导地位，而且这种自然观在古

代和中世纪还有神创的色彩。[28]就对罗马法有影响的自然观而言，来自古希腊斯多噶学派的自然哲学，经过西塞罗的吸收再传递和影响到罗马的法学家和裁判官们，并且在这个过程中还掺杂了来自希伯来的基督教思想和罗马自己的实践经验，从而形成了罗马法的自然哲学。这种哲学认为，自然是由无数独立的个体（譬如原子）所组成的，这些独立的个体之间缺乏生命体那样的有机联系，所以自然是一个无机体。但自然本身是有序的，这种有序是自然法（则）的体现，自然法（则）出于自然理性。按斯多噶学派的说法，自然理性是出于自然（物）的本性（实际是物的自由运动所形成的作用与反作用的规律，牛顿揭示了这一规律，机械唯物论以此为据），按基督教的说法是神意的体现。罗马法在这个问题上陷入了两难，所以一方面它说："出于自然理性而为全人类制定的法，则受到所有民族的同样尊重，叫做万民法。"[29]另一方面它又说"各民族一体遵守的自然法则是上帝

---

[28]　本文以下论述亦是笔者多年阅读思考的结果，但笔者对西方原典和经典了解有限，在此问题上值得提出的主要参考书有：[英]罗宾·柯林武德：《自然的观念》，吴国盛、柯映红译，华夏出版社1999年版；[英]W. C. 丹皮尔：《科学史》，李珩译，商务印书馆1987年版；[英]李约瑟：《中国科学技术史》（第2卷·科学思想史），何兆武等译，科学出版社、上海古籍出版社1990年版；[美]乔治·霍兰·萨拜因：《政治学说史》（上册），盛葵阳、崔妙因译，商务印书馆1986年版；[英]罗素：《西方哲学史》（上卷），何兆武、李约瑟译，商务印书馆1963年版；[英]梅因：《古代法》，高敏、翟慧虹译，商务印书馆1984年版；[美]E. 博登海默：《法理学——法哲学及其方法》，邓正来、姬敬武译，华夏出版社1987年版；以及《爱因斯坦文录》（浙江文艺出版社2004年版）和柏拉图、亚里士多德、芝诺、西塞罗、阿奎那、牛顿、笛卡尔、康德、黑格尔、怀特海等人的相关论述。

[29]　前揭[古罗马]查士丁尼：《法学总论——法学阶梯》，张企泰译，第7页。

神意制定的，因此始终是固定不变的。……"[30]但无论按哪一种说法，自然理性到处都是一样的，所以它是正义的。这样，在罗马法的自然哲学里面，由万民法而自然法，由自然法而自然理性，由自然理性而正义，所以，追溯起来，万民法与自然法都成了一种正义的理论。但我们不要忘了，自然理性之所以是正义的，按照斯多噶学派的说法，是出于自然（物）的本性，自然（物）的本性依无机的自然观，即是独立而自由的运动，因为自然的本原是无数（没有生命体那样联系的）独立的个体（譬如原子），所以，追本溯源，独立亦即自由乃是正义的根源和原动力，自然法的正义只是自由的表现而已，这一点我们在前面对《法学阶梯》的解析中已加以证明。所以，从法的哲学上说，罗马法的原理是自由原理。

从无机出发，自由原理的世界观是个体的、独立的、自由的和进取发展的世界观。作为法的哲学原理，自由原理亦赋予了罗马法特有的结构、特征和价值。从结构上说，由于自由原理是从自然本原经自然理性推导出来的，所以在罗马法体系中源于自然理性的自然法成了第一法源，万民法和市民法都以它为宗。又由于自由原理是一种个体间以及个体自身表象与本质之间相分离的二元结构理论，所以罗马法亦形成了一种自然法与制定法（万民法与市民法）相对立的二元结构。而且依据自由原理，理念先于现实，本质优于表象，所以在这个结构中，自然法拥有指令的权利，制定法（万民法与市民法）只有接受指令的义务。如前所说，自然法的核心是自由和正义，自由和正义表现在法律上就是

---

[30]　前揭［古罗马］查士丁尼：《法学总论——法学阶梯》，张企泰译，第 11 页。

权利，这样一来，自由和正义的权利在自然法上是天生的，而在罗马法上则是必须接受的天赋人权，所以罗马法（准确说是罗马私法）的结构是一种权利→义务型的，即行使权利是承担义务的前提，这样的法又称之为权利优先或权利本位法。同样，从特征上说，罗马法亦因自由原理而使它拥有某些与无机系统相应的特征，如体系上的逻辑性、开放性和冲突—征服式的扩张性发展，以及内容上因强调个体利益而形成的私法特色和司法实践中的形式逻辑思维等。[31]最后，从价值上说，自由原理对罗马法价值的影响是深刻的。正如我们所知，罗马法有诸多价值，但笔者以为其中两个价值是最基本的：一是它高度逻辑精密的庞大体系，这是形式上的；一是它对自由/正义的追求，这是实质上的。这两者都奠基于自由原理，因为自由原理所表达的世界就是一个逻辑系统，所以，罗马法在形式上是一个具有逻辑性的系统理论，而实质上它又是一个立足个体、依据理性、追求自由的理论。[32]以上就是自由原理与罗马法基本价值之间的关系，这种关系在罗马法中是通过自然法来实现的。如果我们仔细研究《法学阶梯》的理论结构和它的制度设置，就不难发现这种关系的存在。

（三）中华法系与罗马法的历史命运和现代价值

《唐律疏议》颁布于公元 653 年（唐高宗永徽二年），《法学

〔31〕 参见前揭［美］威格摩尔：《世界法系概览》，第4章、第7章；前揭张中秋：《中西法律文化比较研究》（第5版），第3章、第5章的西方部分。
〔32〕 这是西方人文主义法律传统的源头，它在罗马法中首次得到确立，并在罗马法的复兴中得以传播，其核心是赋予个人独立、自由的合法性。它的推理是承认人是理性的，理性到处都是一样的，所以，人是独立、自由、平等的，这即是法律正义的内容。

阶梯》制定于公元533年（查士丁尼皇帝第三任执政官期间），这两部分别代表古代东方与西方法律秩序的著名法典，在互不相通的情况下，其诞生的时间如此接近，真是人类法律史上的一大奇观。[33] 还有一个更有趣的事实是，《唐律疏议》与《法学阶梯》所代表的中华法系与罗马法，至少它们的原理和哲学，在古代东亚世界和地中海世界是通行的，而且影响深远，这是它们作为世界性法律体系的共同之处，即对人类法律文化和法制文明的重大贡献。所以，日本的中国法学者仁井田陞教授在对比研究了唐代律令与日本律令之后说："耶林说过：'罗马曾经三次征服世界，第一次是用武力，第二次是用宗教，第三次是用法律。'然而，大体上可以说，中国亦是一以武力，二以儒教，三以法律支配东部亚细亚的（不过，其武力支配未达到日本）。蒙受中国法律影响较多的民族和地区，东至日本和朝鲜，南达越南，西及所谓西域，北到契丹和蒙古。"[34]

然而，《唐律疏议》与《法学阶梯》的历史使命却有所不同。《唐律疏议》在中国被宋、元、明、清所继承，在东亚被其他国家所接受，所以在近代东亚法律变革以前，中华法系一直是整个东亚地区实际运行的法律体系；而《法学阶梯》则随着罗马帝国的分治和西罗马帝国的灭亡，逐渐湮没在欧洲中世纪的历

---

[33] 虽然唐代中国与东罗马有间接的交往，但没有任何证据显示，《唐律疏议》与《法学阶梯》之间有任何联系。相对于对方，它们都是独立出现、独自存在并各自发挥作用的。有关中国与罗马的历史关系，可见［美］弗雷德里克·J.梯加特：《罗马与中国——历史事件的关系研究》，丘进译，人民交通出版社1994年版。

[34] ［日］仁井田陞：《唐令拾遗》，栗劲等译，长春出版社1989年版，第801页。

史尘埃中。但当人类开始走出中世纪迈向近代时，它们的命运又发生了变化。《法学阶梯》以及罗马法的其他部分被重新发现并开始复兴，最后加入到了近代欧洲的大陆法系之中，并且随着欧洲的扩张走向世界。在东亚，从 19 世纪中后期起，东亚诸国面对西方的侵略开始变法，中华法系从外围开始瓦解；到 20 世纪初，晚清中国变法修律，经由日本接受了欧洲大陆的法律文化。这样，中华法系在其本土被继受了罗马法的大陆法系所替代，其原理和哲学当然亦不例外。

最近百年来，中国通过对域外主要是对西方的学习，在法制近代化和现代化上取得了重大进步，这是包括罗马法在内的西方法对中国的贡献，对此我们不应忘记。但在这个过程中，我们亦犯了一个很严重的错误，就是对中国法律传统有意无意地压制和忽视，这造成西方制度与中国社会的某种脱节，其中在涉及道德与自由的法律问题上，如全体（国家、社会、集体）利益与个体利益的关系、公共道德与个人自由、家庭伦理与婚姻自由等，这些问题在法的理论、制度和实践上都存在着脱节和争议。笔者认为，要理解和化解西方制度与中国社会的脱节，从原理处去思考是最根本的。因为在任何法律系统中，原理是支配性的，而且是最稳定的部分。就中国言，虽然中华法系已经解体，但它的道德原理并未消失，作为中国固有的文化原理，它早已融入中国的历史和文化之中，而且延续至今成为强有力的传统。道德原理之所以如此有力，本质上是因为道德原理是中国人固有的而且是至今未失（至少未完全消失）的世界观，何况这个世界观原本就是人类世界观中不可或缺的部分，所以，它当然亦是我们的法律中所不能缺少的。如果把道德原理与自由原理进行一个比较，这个道理就很明确了。

如前所述，道德原理是一种有机的自然/世界观。依据这个原理，人生活在一个有机的世界，有机的世界本质上是一个道德的世界，所以人是有而且是必须有道德的，如果没有道德，则人无异于禽兽，因此，道德是人作为主体存在的正当性所在，亦即人之为人的理据。同样，人类群体在没有道德，或在缺乏道德的人之间，根本无法建立起正常的社会，即使通过某种途径一时建立，亦将时时面临着解体直至覆亡的危险。所以，中华法系的道德原理是从人际关系的健康确立和天、地、人和谐共存的有机观出发的。质言之，道德原理立足全体、效法自然、追求和谐，所以它赋予了中华法系责任—权利的结构、道德的精神和人类全体以及人类与自然共生共荣的价值目标。比较而言，自由原理是一种无机的自然/世界观。依据这个原理，世界的本原是独立而自由的个体（譬如原子），所以作为人类社会的一分子，人首先是独立而自由的个体，其次才是人类群体中的一员，因此，个人的自由和权利优先，以确保他/她作为人类一分子存在的意义，这就是罗马法以至整个西方法的出发点。质言之，自由原理立足个体、依据理性、追求正义，所以它赋予了罗马法权利—义务的结构、自由的精神和人类独立与进步的价值目标。虽然这两者是如此的不同，但依然各有其价值，而且还有某种程度上的互补性，因为人是个体的但人类是群体的，道德与自由都是人类所必需的。有鉴于此，笔者认为，凭借道德原理的合理性和传统的力量，伴随着中国的发展和文化自觉，特别是中国的有机自然观已获得最新科学与哲学（如机体哲学）的某种支持，[35]所以，要理解和化解西方制度与中国社会的脱节，甚至在运用什么样的法律去参与解决人类争端和全球性的生态危机方面，中华法系的道德原理将有重大的指导意义。这主要是因为，依据道德原理法，个人是人类的有机部分，人类是自然的有机部分，人的行为不单单与他人而且还与自然相关联，所以个人与人类的行为要讲道德、负责任、守法则，这样人类才有望保持自身及其与它息息相关的自然系统的和谐有序。

最后要补充的是，我通过本文的写作，悟到了一个道理，亦引发了一个思考，即伟大的法律体系都是有哲学的，而且是它自己的伟大哲学，作为正在追求远大目标的中国，它的法律体系的特点和哲学将是什么？这是值得我们深思的。

---

[35] 如场理论、系统科学和机体哲学等，都已证明中国有机的自然观与人类对宇宙自然的最新认识是相通的。所以，李约瑟博士说："中国人的世界观依赖于另一条全然不同的思想路线。一切存在物的和谐合作，并不是出自他们自身之外的一个上级权威的命令，而是出自这样一个事实，即他们都是构成一个宇宙模式的整体阶梯中的各个部分，他们所服从的乃是自己本性的内在诚命。近代科学和有机主义哲学，连同它的各个综合层次，已经又回到了这种智慧上面来，并被对宇宙的、生物的和社会的进化的新理解所加强。"参见前揭［英］李约瑟：《中国科学技术史》（第2卷·科学思想史），第619页。有关机体哲学，可以参见，［英］A. N. 怀特海：《过程与实在》，周邦宪译，贵州人民出版社2006年版。

人与文化和法：从人的文化原理
比较中西法律文化 *

一、人的文化原理

人与文化及其原理是我们首先要讨论的问题。为什么从人与文化开始呢？我的思考是，法是文化的一部分，文化是人类的产物，一切文化具有人类性，所以，文化问题实质上就是人类问题。当然，倒过来亦可以说，人类问题本质上就是文化问题。这是一种还原法，但还未穷尽。因为自然是万物之母，人类的一切原本都是自然的造化，自然→人类→文化构成了从自然世界到人文世界的逻辑展开。同样，回溯文化→人类→自然，又是我们求索人文世界原理的基本理路。如前所论，中国的法自然和西方的自然法思想已开显出这样的理路。[1]按照这样的理路，本文的推导应从人与自然开始，但这个问题太大了，而且总体上这方面的

---

　　* 原载于《中国法学》2005 年第 4 期，有修改。
〔1〕 中国文化原典多有这样的记述，如《易》曰："天垂象，圣人则之。"《老子·二十五章》曰："人法地，地法天，天法道，道法自然。"西方从古希腊到现代的自然法思想亦是这样的理路，如洛克曾说道："自然状态有一种为人人所遵守的自然法对它起着支配作用，而理性，亦就是自然法，教导着有意遵从理性的全人类。"（〔英〕洛克：《政府论》（下篇），叶启芳、瞿菊农译，商务印书馆1964年版，第 6 页。）

思考还不成熟。因此，为简便计，本文就从人与文化出发展开推论。这当然不是最扎实的办法，但亦不违科学法则。

人是文化的原点。人与文化的关系一本万殊。无论多么复杂的文化现象都是从"人"这个原点发散出去的，因此，文化原理可以还原为人的原理来认识。人的原理是什么，科学、哲学、文学，甚至科学中不同的学科，譬如生物学与心理学，都会给出不同的答案。受梁漱溟先生《人心与人生》〔2〕的启发，经过我自己的观察和体悟，我以为从人生论哲学出发，无论是作为个体的人还是群体的人类，本质上人的身体与心灵的关系，简称为身心关系，是人的原理关系。〔3〕这意味着人与自然、社会以及人与人之间的关系，在原理上可以追溯到人的身心关系，亦就是说身心关系是以人为主体的各种关系的原型。

人的身心是一种什么关系，没有定论。经验、直觉和思考都告诉我，心主身从应是文明时代人的原理关系。心主身从的含义是心灵支配身体。这在文明时代是显见的事实和普遍的现象，蒙

〔2〕 梁先生在他的《人心与人生》（学林出版社1984年版，以下所引此书为同一版本）一书的第10章至第12章中，畅谈了人心与人身的关系。本人深受启发，但他并没有明确提出"心主身从"这一概念，我是依据自己的理解加以概括的，并应用于人的文化原理分析。这大概是在2005年的事。几年后，我看到朱熹说："夫心者，人之所以主乎身者也，一而不二者也，为主而不为客也，命物而不命于物者也。"（《朱文公文集·观心说》）后来又看到王阳明说："身之主宰便是心，心之所发便是意，意之本体便是知，意之所在便是物。"（《传习录》）于是，我的心中有了一份安慰，以为敝见与先贤的意旨相通，但这毕竟是我自己的造词，就我目前所知，先贤并未明确提出"心主身从"这一说法，所以，如有谬误，责任在我。

〔3〕 当然，完整地来说，人的原理关系应包括心主身从与身心合一两个方面，但如果从人类文化的实践来看，心主身从自然就给人带来身心合一的状态，所以，以心主身从指代人的文化原理是可行的。

昧时代并非如此，越原始的人越受身体本能支配。心主身从不仅标志着人类进入了文明时代，而且迄今仍是人类文明的原动力。人类创造的一切文化，包括法律文化的背后，都有这一原理支配的影子。因此，我将它称之为人的文化原理。依据这一原理，可归入心的范畴的与理性相关的概念，如神/人、灵魂、意志、精神、文明等；与可归入身的范畴的与非理性相关的概念，如人/动物、躯体、本能、物质、野蛮等，就有了对应的关系。心主身从要求后者服从前者，准确说就是理性控制非理性，精神支配物质，神灵指导人类，思想决定行动。人类文明共同遵循着这一人的文化原理，法律文化亦不例外，中西法律文化就以此为轴心而展开。[4]

二、人的文化原理是中西法律文化展开的轴心和结构模型

人的文化原理在中国文化[5]中的对应体现是阳主阴从。这是中国文化最根本最独特的标志。这一观念的核心是，世界包括自然世界和人类世界本质上都是道的世界。道由阴与阳这两种属性的元素构成，阴与阳的关系是阴阳合成，同时阳主阴从，这就是道。用现代话说，即事物构成的原理。[6]它是传统社会的中国

---

[4] 2013 年 12 月，我在科殷的《法哲学》中读到类似的观点，现补记在此。他说："人是法的形成的中心点。他的身体的——心灵的状况在法的一切领域里都起着一种决定性的作用。"（参见［德］H. 科殷：《法哲学》，林荣远译，华夏出版社 2003 年版，第 148 页及其后。）

[5] 当然，这里指的是中国传统文化。因为从比较文明论来看，只有中国传统文化才能成为与西方文化相比较的对应项，而且大家亦都把中国传统文化习惯地理解为中国文化，法律文化亦然。

[6] 参见冯友兰：《中国哲学简史》，涂又光译，北京大学出版社 1996 年版，第 144 ~ 1153 页。

人对宇宙、自然、社会、国家、家庭和人生一以贯之的基本认识。它认为万物由阴阳合成，同时内贯阳主阴从的法则。譬如，日与月、明与暗、清晨与黄昏、春夏与秋冬等，前者属阳，后者属阴，两者合成同时阳主阴从构成完美的事物。自然世界如此，人类社会亦是这样。按照它的逻辑，天子与臣民、国家与社会、官方与民间、政治与经济、道德与法律、贵与贱、尊与卑、长与幼、男与女、父与子、夫与妻、妻与妾、公与私等，同样都是阴阳结合、阳主阴从的对应和体现。[7]

阳主阴从在中国法律文化中的对应体现是德主刑辅。德代表阳性，刑代表阴性，德主刑辅隐喻阴阳结合、阳主阴从。《唐律疏议》开宗明义所揭示的"德礼为政教之本，刑罚为政教之用，犹昏晓阳秋相须而成者也"[8]点明了德主刑辅与阳主阴从的关系。这是心主身从的人的文化原理在中国法律文化中的表达。唐律是中华法系的代表，在中国法律文化系统中具有承前启后的意义。因此，可以这样认为，德主刑辅或者说人的文化原理是中国法律文化展开的轴心和基本结构的原型。[9]

---

[7] 大儒董仲舒在《春秋繁露·基义》中说的一段话可为经典，他说："凡物必有合。……阴者阳之合，妻者夫之合，子者父之合，臣者君之合。物莫无合，而合各有阴阳。阳兼于阴，阴兼于阳。夫兼于妻，妻兼于夫。父兼于子，子兼于父。君兼于臣，臣兼于君。君臣父子夫妇之义，皆取诸阴阳之道。君为阳，臣为阴。父为阳，子为阴。夫为阳，妻为阴。……阳之出也，常县于前而任事；阴之出也，常县于后而守空也。此见天之亲阳而疏阴，任德而不任刑也。是故，……德礼之于刑罚，犹此也。故圣人多其爱而少其刑，厚其德而简其刑，此为配天。"

[8] （唐）长孙无忌等撰：《唐律疏议》，刘俊文点校，中华书局1983年版，第3页。

[9] 进一步的讨论，参见收入本书的《家礼与国法的关系与原理及其意义》和《传统中国法的道德原理及其价值》两文。

　　人的文化原理在西方文化中的对应体现是精神对物质的支配和上帝对人类的指导。西方文化有理性和宗教信仰两个系统，从理性系统讲是精神对物质的支配，从宗教信仰系统讲是上帝对人类的指导。[10]这两个系统在时空上有分隔又有交叉，希腊罗马时期和文艺复兴以来是理性支配的时代，欧洲中世纪是信仰的时代，而自罗马帝国后期基督教兴起至今，理性和信仰在对极的同时复有纠缠和重叠。这是我所理解的西方文化系统的大概。

　　精神对物质的支配和上帝对人类的指导，在西方法律文化中的对应体现是理性对非理性的控制（指导与规范）。从苏格拉底开始，理性主义的自然法思想在希腊、罗马、近代欧洲一直是占支配地位的主流法律思想，这一思想在古希腊法、罗马法和近代欧洲法中得到了贯彻。[11]按实证主义的科学观，信仰不在理性的范畴内，但在宗教神学体系内，信仰是理性的完美形态，中世纪对上帝的信仰即是那种语境下的理性表达，因此，从它的内部看，不能说上帝指导下的中世纪法是非理性的，应该说它贯彻的是一种不同于自然/人文理性的理性，即以信仰为支撑的神学理性。[12]从 19 世纪开始，这几种理性都受到了批判，科学理性或

[10]　西方文化有两个来源，一是古希腊的理性主义，一是希伯来的犹太—基督教传统。前者演变为理性—科学系统，后者演变为宗教—信仰系统，两者相反相成，构成西方文化的整体。参见［英］罗素的《西方哲学史》（商务印书馆 1963 年版）和［英］W. C. 丹皮尔的《科学史》（商务印书馆 1987 年版）相关部分。
[11]　参见［美］E. 博登海默：《法理学——法哲学及其方法》，邓正来、姬敬武译，华夏出版社 1987 年版，第 1～21 页、第 34～68 页、第 161～176 页。
[12]　参见［美］乔治·霍兰·萨拜因：《政治学说史》（上册），盛葵阳、崔妙因译，商务印书馆 1986 年版，第 292～313 页；［意］托马斯·阿奎那：《阿奎那政治著作选》，马清槐译，商务印书馆 1982 年版，第 103～130 页。

者说实证主义成了影响和改造西方法的主要力量。[13] 概括来看，体现理性的自然法和神法对具有非理性倾向的制定法和人法的控制（指导与规范），是心主身从的人的文化原理在西方法律文化中的表达，亦是西方法律文化展开的轴心和基本结构的原型。

三、从人的文化原理看中西法律文化交流的可行与难题及其克服

这是我们要讨论的重心，但依然建立在人的文化原理上，所以说是从人的文化原理看中西法律文化交流的可行与难题及其克服。先说可行。从现有表象和已有的研究来看，中西法律文化的差异已使它们成为两种不同类型的法律文化。[14] 其实，通过还原法，我们又可以发现它们拥有极其重要的共同性。其一，一切法律关系都可以还原为人的关系，不论这类关系表现为何种形态，人始终是主体和原点。中西方在协调人与神、人与人、人与社会、人与自然的关系中形成了不同的法律文化，但我们没有理由怀疑"人"不是这两种文化的主体和原点，即便是在中世纪的欧洲，上帝亦只是人格化的神。其二，如前所述，在人的身心二元结构中，心主身从是文明时代的人的文化原理，以人为原点发散出去的文化遵循着这一原理。毫无疑问，中西法律文化是人类文明时代以人为主体和原点的文化，内贯着共同的人的文化原

---

[13] 参见［美］E. 博登海默：《法理学——法哲学及其方法》，邓正来、姬敬武译，华夏出版社1987年版，第106～165页、第177～181页。

[14] 据笔者所知，迄今为止，这是共识，亦是不争的事实。依文化类型学的观点，中西法律文化的确是差异明显的两种法律文化，对此拙著已进行了探讨。但问题是这样的类型研究并未触及，或者说尚未深入到更基本的人的文化原理层面，充其量只是对原理作用下的现象的观察与分类。

理。其三，从法的成长经验来看，人的文化原理同是中西法律文化展开的轴心和基本结构的原型。由此可见，中西法律文化在人的文化原点、原理及其展开的轴心和结构原型上有其共同性。从这层意义上说，两者的交流在根本上是可行的。这虽然是推论，但符合逻辑，而科学首先要符合逻辑。

既然如此，实践中中西法律文化的交流为何又困难重重，难题在哪里呢？依笔者之见，从人的文化原理出发，两者在心主身从的"心"的内涵的偏重与变动上有异，从而造成它们交流上的困难。由上述推论可知，心在中国文化中的对应体现是阳，阳在法律中的对应体现是德。德是人的一种品质，亦即德性。中国主流文化认为，人之所以为人在于德，德性是人的根本属性，是人禽大别之所在。[15] 所以，心主即是德主，德主刑辅即是人的理性对非理性的控制。但由于这种理性的内涵偏重于人内在的品质，体现为人的道德和人格，因此，中国之治可谓是道德之治、人格之治。类于中医，它是一种合乎中国文化之道的理性之治。[16] 相

---

[15]　这是中国文化的基本点。从《易经》开始，中国主流文化一向认为，事物的原理形式在道，属性在德，合称道德原理。德是物之为物、人之为人的根据所在。天地自然有无私之大德，所以成就天地自然之伟大；人因其有德才成其为人，人一旦没有德或缺德就是禽兽。中国古代将亲属间犯奸的"内乱"行为定为"十恶"大罪之一，理由即是"禽兽行"。如《唐律疏议·名例》"十恶·内乱"疏议曰："《左传》云：'女有家，男有室，无相渎。易此则乱。'若有禽兽其行，朋淫于家，紊乱礼经，故曰'内乱'。"

[16]　有关这一问题，学界长期存在着一种模糊的认识，法学界尤甚，以为西方强调理性，中国注重德性，至于德性是不是理性并未深究。笔者以为这个问题要比较认识，在中国话语中，德性即理性，但相对于西方，它是一种偏重于德，亦即重在人的品质的理性。西方的理性在它的话语系统中，当然是理性，而且是倾向于纯粹理性，但相对于中国，它显然是一种立足于智性和信仰之上的理性。然而，尽管有如此差异，德性是一种理性，这是毋庸置疑的。

对而言，心在西方文化中的对应体现是神灵/上帝/精神，其在法律中的对应体现是理性。西方文化有一基本认识，认为人是理性的动物，理性是人区别于其他动物的本质属性。[17] 在虔诚的宗教徒看来，上帝当然拥有最高的理性，人的理性不过是对上帝理性之光的分享。[18] 所以，心主即是以神或以人的理性为主。由于西方文化中的理性在内涵上偏重于人的智性和精神方面，表现为人的知识或信仰，因此，西方之治可谓是知识之治、信仰之治。[19] 法学是一套知识，法治即是以智性为源头的知识之治。类于西医，它是一种合乎西方文化之道的理性之治。

藉此，我们有一个很重要的发现，即对"人是什么"的不同定义会发展出不同类型的人类文化。中西法律文化的差异即与此相关，但同时我们又要注意到，这两种文化其实都是植根于共同的人的文化原理之上的理性控制，所不同的只是理性内涵中的

---

[17] 这是西方文化的基本点。从古希腊苏格拉底、柏拉图、亚里士多德，特别是从斯多噶学派开始，西方主流文化一直建立在把人视为理性动物这一基本点上。思想言论不必说，社会的进步和政治法律制度的确立亦莫不有赖于此。举世闻名的罗马法和《法国民法典》以及《美国宪法》等，都是对理性人的认定和有关理性人权利的构造。

[18] 伟大的政治学家 G. H. 萨拜因在讨论托马斯·阿奎那的思想时对此有非常精彩的阐述，其中最精彩的一句是："信仰是理性的完备形态。"这不仅是对阿奎那，亦是对整个西方中世纪，甚至是站在宗教立场上对所有宗教信仰的概括。参见［美］乔治·霍兰·萨拜因：《政治学说史》（上册），盛葵阳、崔妙因译，商务印书馆 1986 年版，第 296 页及前后。

[19] 西方的治理模式的确可以简约为知识之治和信仰之治。法治属知识之治，即依据法学或法律科学的治理，罗马法经典《法学总论》开卷就有这样的明示："法学是关于神和人的事物的知识，是关于正义与非正义的科学。"（［古罗马］查士丁尼：《法学总论——法学阶梯》，张企泰译，商务印书馆 1989 年版，第 5 页。）法治是古希腊、古罗马和近代以来西方的主要治理模式。有效的宗教控制是建立在信仰之上的，中世纪特别是 9—12 世纪的欧洲主要是这种治理模式。

偏重有异。为什么会有这种不同，深究下去问题更复杂。我有一条朦胧的线索，方法仍是把问题还原，感觉从创世神话和原始思维中发生的宇宙论是分歧的关键。[20]一般认为中国是有机宇宙论，西方是机械/神创宇宙论。[21]有机宇宙论认为，世界是一个生命体，道为万物之母，自然是道的本性，万物顺其自然最为美好；而且道是自动的，对于道的展开，外力是无助又无益的；因此，人如果依其自然本性过一种有德性的生活，亦即合乎人道德

---

[20] 这是真正困扰笔者的老问题，我一直在寻找这方面的答案，但所获甚微。后来，我在阅读泰勒、葛瑞汉，特别是马绛的论著时，受到了启发，有了现在这个想法。参见［英］爱德华·泰勒：《原始文化》，连树声译，上海文艺出版社1992年版；葛瑞汉的论文《阴阳与关联思维的本质》和马绛的论文《神话、宇宙观与中国科学的起源》，均收在［美］艾兰等主编：《中国古代思维模式与阴阳五行说探源》，江苏古籍出版社1998年版。还有，笔者在台湾购得了一本对此很有见解和价值的专书，有意者请参见吕理政：《天、人、社会——试论中国传统的宇宙认识模型》，台北研究院民族学研究所1990年版。

[21] 有关中国有机宇宙论的观念，最重要的记载是《易经》《老子》《大学》和《中庸》，相关讨论可参见［美］成中英著，李志林编：《论中西哲学精神》，东方出版中心1991年版，第216页前后；W. M. Tu, *The Continuity of Being: Chinese Versions of Nature, Confucian Thought*, Albany: State University of New York Press, 1985, p. 38. 西方的宇宙观主要是机械论，从亚里士多德到牛顿都是这一主流认识；神创论只是指出宇宙的创造者是神，但宇宙本身却是一种机械结构。所以，这两者有时奇妙地混合在一起。例如，艾萨克·牛顿是一个天才，他揭示了宇宙是一个由永恒规律支配的理性所在。然而，牛顿本人对宇宙的性质和命运却抱有神秘主义的看法。牛顿公开表示不愿解释引力的根本性质，但私下里他认为引力体现了上帝无所不在的圣灵。参见［英］W. C. 丹皮尔：《科学史》，李珩译，商务印书馆1987年版，自然与物理学部分；［英］罗宾·柯林武德：《自然的观念》，吴国盛、柯映红译，华夏出版社1999年版。又如，李约瑟曾提出："当希腊人和印度人很早就仔细地考虑形式逻辑的时候，中国人则一直倾向于发展辩证逻辑。与此相应，在希腊人和印度人发展机械原子论的时候，中国人则发展了有机宇宙的哲学。"（［英］李约瑟：《中国科学技术史》（第2卷·科学思想史），何兆武等译，科学出版社、上海古籍出版社1990年版，第337页。）

本质的理性生活，那便是人之为人的道的展开和实现，这是人世间最美好不过的事情。所以，德治或者说人格之治，成了中国语境中的理性控制。机械/神创宇宙论认为，宇宙是自然形成或上帝创造的，是被动而不是自动的，它按照机械原理或上帝的精心设计在运行；人类要认识宇宙或接近上帝，就要努力去理解事物的原理和上帝的设计；对此，知识和信仰是最好的途径，理性—智性—知识/信仰能够使人具备这种特殊的能力。[22]因此，法律与宗教或者说知识与信仰之治，自然成为西方语境中的理性控制。

我们在关注了中西文化中"心"的内涵有异的同时，还要注意到这种差异的变动。中国自西汉至清末二千多年，不仅法律文化的基本结构模式没有变化，这一结构中的内涵亦没有根本的变动，德主刑辅中的"德"与"刑"始终是儒、法两家的内容。[23]原因在于中国文化之道没有变，即儒家所说的"天不变，道亦不变。"所以，从身与心→心主身从，到阴与阳→阳主阴从，再到刑与德→德主刑辅，其间相互对应的存续关系可谓一以贯之。西方法律文化的基本结构模型本身亦没有变化，但其内涵中的理性与非理性的内容多有变动。在理性方面，从希腊到现

---

〔22〕 参见［英］罗素：《西方哲学史》（上卷），何兆武、李约瑟译，商务印书馆1963年版，第190页及第194页。最近，英国作家理查德·科克和英国前文化大臣克里斯·史密斯在他们合作发表的《西方文明面临严酷的选择》一文中写道："科学具有突出的西方属性。它的诞生是通过信仰一个完美的理性造物主，相信我们有能力认识上帝所创造的完美的宇宙。"（原载英国《金融时报》2006年5月18日，转载于2006年5月20日中国《参考消息》"时事纵横"版。）

〔23〕 参见张中秋：《中西法律文化比较研究》（第5版），法律出版社2019年版，第8章第1节。

代，历经自然理性→神学理性→人文/科学理性。[24]恰如黑格尔辩证法所言，肯定→否定→否定之否定一路变动过来。与此同时，非理性方面则相应而动。这样的变动与内涵中的不同偏重一样，长期以来成为传统，这加重了中西的差异。

源于人的文化原理的同一性，理性对非理性的控制是中西共同的法律文化结构模型，但双方理性内涵中的不同偏重与变动及其所形成的传统，构成了两者的差异，这内定了双方交流的困难。然而，困难是可以克服的。从理论上讲，共同的人的文化原点、原理与其轴心和结构原型，都是交流可行的基本保证。在此基础上，文明的内在倾向，人类追求进步的天性，还有由文化压力所激发出来的革新动力，以及交流中所得的经验与智慧等，都在推动着中西法律文化的交流。

四、以中西法律文化交流的实践检讨并推论上述认识

以上是理论推导，现在我们要用中西法律文化交流的实践来检讨这种推导。中西法律文化迄今有不对等的双向交流，19 世纪以前中国文化包括以文官制度为核心的广义法律文化经由传教士的传播对西方产生了影响；[25]但 19 世纪以来西方法律文化被

---

[24] 有关西方理性的辩证发展史，参见［英］罗素：《西方哲学史》（上卷），何兆武、李约瑟译，商务印书馆 1963 年版。

[25] 这是为法学界长期所忽视的问题，近来虽已引起关注，但从人的文化原理去探讨法律文化交流的还不多。有关研究参见［法］安田朴：《中国文化西传欧洲史》，耿昇译，商务印书馆 2000 年版；史彤彪：《中国法律文化对西方的影响》，河北人民出版社 1999 年版。另有，何勤华、公丕祥、谢晖等教授发表有关论文可资参阅，兹不征引。

大规模地移植到中国。[26]这一历史和当下的实践表明，中西法律文化交流的可行已是不争的事实。这与我们通过理论推导所得到的认识是一致的。同时，具体考察双方交流的实践过程，即可发现交流总是伴随着激烈的争论以至冲突，特别是中国对西方法律文化的移植引起了观念、制度和部分社会的冲突与混乱。这一事实又印证了我们的另一个推导性认识，即中西法律文化的交流是有困难的。在此我们可以再做一些分析，考察一下中西法律文化交流的可行是否与原理的同一性相关，而困难是否又与歧异相关。

毋庸赘言，追求文明和先进是中西文化交流的主要动因。我把这命名为 A 项。德礼优先（中国模式）还是法律优先（西方模式），这是晚清中国在移植西方法律文化中最难的问题，[27]结果是通过继受日本化的西方法律文化，并在礼教问题上加以变通而解决。[28]我把这命名为 B 项。A 项表明，中西法律文化在文明和追求文明上是相通的。如前所说，心主身从是文明时代的人的

---

[26] 自晚清"变法修律"开始，中国一直在大规模地移植吸收西方法律文化。清末是模仿日本学习西方，民国是直接向德国学习，红色政权自建立起到中华人民共和国成立初期完全以苏联为榜样，改革开放以来开始面向世界。百年来我们有一个共同的目标，就是吸收先进的法律文化以建设自己的新法律文化。这过程充满曲折，其间的得失言不能尽，但这一历史性的课题尚未完成，仍需努力。

[27] 这是晚清"变法修律"中争论最激烈、困难最大的问题，以沈家本为代表的法理派，与以劳乃宣、张之洞为代表的礼教派，就此展开了激烈的争论。有关材料参见故宫博物院明清档案部编：《清末筹备立宪档案史料》，中华书局1979年版。

[28] 笔者对这个问题作过考察，结论是选择日本作为继受西方法律文化的中介，同时在继受中根据国情再作变通，这两个步骤实际减缓了中西法律文化的冲突，从而使晚清中国移植西方法律文化成为可能。参见张中秋：《继受与变通：中日法律文化交流考察》，载《法制与社会发展》2003年第2期。

文化原理。基于文化原理的同一性，即共同的文明趋向，交流因此是必然同时又是可能的。B 项表明，双方交流的难题恰是我们在前面指出的歧异所在，继受日本化的西方法律文化和继受中的变通这两个步骤，使分歧和差异缩小到了可交流的程度。从文化原理上讲，中国法律文化结构中偏重于德的内涵让出空间，用于接纳西方的理性。这样，双方原先对应于文化原理中的"心"，即理性的内涵——德性与智性、人格与知识、道德与法律——的不同偏重开始调整，在人力和时势的作用下，逐渐向接近→接受→混合→调和→融合的方向变动。

具体来说，中国法律文化原本就具备接纳西方偏重于智的理性，亦即中国法律文化能够接纳西方源于智性的知识之治或者说法治模式。这是因为偏重于德的理性并不排斥智的理性，中国的德实际包含着仁、义、礼、智、信这五项要素，即通常所说的德目。[29]由此可见，中西理性在智的问题上，并无根本冲突，只有位序差异，调整后可以衔接。调整的路径是收缩仁、义、礼，放大智与信，这样中西法律文化藉着理性中智与信的沟通可以交流。同时，我要指出，中国法律文化原本就不具备接纳西方偏重于信仰的理性，亦即中国法律文化难以接纳西方的宗教/信仰之治。因为中国文化中的理性不含有这样的要素，仁、义、礼、智、信的"信"是信义而不是信仰，宗教信仰在中国法律文化中早已让位于宗法伦理。[30]因此，中国能接受西方的

---

[29] 参见牟宗三主讲：《周易哲学演讲录》，华东师范大学出版社 2004 年版，第 113 页。

[30] 参见张中秋：《中西法律文化比较研究》（第 5 版），法律出版社 2019 年版，第 4 章第 1 节。

法治，断难接受西方的宗教/信仰之治。这是纯原理的分析，但完全符合实际，说明原理分析的正确性。这就是我所理解的，中国移植西方法律文化或者说交流中的难题在中国被逐步克服的路径。

当下中国的法律实践所贯彻的一项基本原则是，吸收人类一切先进的文化。毫无疑问，这其中当然包括西方法律文化。它表明追求文明和先进性依然是我们与西方进行交流的理由与目标。实际上，这是历史课题的继续，是人的文化原理在中西法律文化交流中继续发挥作用的表现。当下中西法律文化交流中最具争议的问题是人权，这是双方交流的难题所在。但如果我们将其与晚清的情形稍作比较，就可以发现晚清是模式与途径的分歧，而现在对法治优先的治理模式和途径早已不存在争议，对人权价值及其保护亦是共识，争议的只是人权内涵中不同子项的前后位序及其轻重缓急问题。[31]其实，这争议仍与中西法律文化的歧异相

[31] 现在中国政府与西方在人权问题争论上的主要焦点是，生存权与政治性的言论自由权孰先孰后，还有人权的普适性与特殊性问题，至于人权本身是有共识的，即对《世界人权公约》的认可。平心而论，西方经历了千年的信仰限制，信仰和言论自由对他们弥足珍贵，这是可以理解的。还有资本主义的成功，丰富的物质条件使民众的生存早已不成问题。所以，他们高唱言论自由自有其因。与西方不同的是，中国有几千年专制，但主要限制在政治领域，至于普通人的信仰，官方是不干涉的。所以在中国，有人信关公，有人拜菩萨，有人做道士，还有什么都不信的人，但更多的人是敬祖宗。事实上，信仰和言论对中国人来说从来都是自由的。相反，中国古来太平盛世富人亦是极少数，民间为细小利益争斗不已、六亲不认、骨肉相残、对簿公堂者无代无之，其中一个重要的原因就是因为穷。《名公书判清明集》和《刑案汇览》中这样的案例并不少见。百姓穷，生存就有问题。一旦生存有问题，社会治安和政治稳定就会受到威胁。所以，中国政府总是把百姓的吃饭问题，亦即他们所理解的生存权，视为头等大事，这亦是事出有因的。当然，双方争论的原因远不限于此，但不

关。因为偏重于德的理性必然赋予人权更多的当下现世关怀，而偏重于智性和信仰的理性自然更关注人普遍的精神意向。但我们要看到，中西法律文化交流在人的文化原理的同一性基础上，已经跨过因理性内涵偏重和变动的不同所引起的治理模式与途径的分歧。这是原理范畴内的结构性变动，意义重大，预示着双方交流的难度将趋于递减。

现在我们还可以就未来中西法律文化交流的走向试作推论。在未来的中国，中西法律文化无疑是我们新型法律文化构图中的主色调。在这过程中，人的文化原理的同一性，双方治理模式与途径分歧的弥合，将更有力地推进已有的交流，人权难题将在双方的斗争与协调中逐步化解：一方面中国的进步将使源于西方理性的人权的普遍性在中国得到更多落实；同时，中国的崛起和多极世界的形成，亦将使体现文化多元性，特别是与德性相关的中国人权观，获得更多的认同和尊重。[32]届时，中西法律文化交流

诸对方的法律文化传统，尤其是处于强势的西方无视中国国情，当是致使争论复杂化的原因之一。

[32] 其实，这已是我们生活中的现实，这一现实将成为我们时代的潮流之一。值得注意的是，西方的一些有识之士已从文化原理上认识到了这一点。如比利时物理学家、诺贝尔奖获得者普里高津说："我相信我们已经走向一个新的综合，一个新的归纳，它将强调把实验及定量表述的西方传统和以'自发的自组织的世界'这一观点为中心的中国传统结合起来。"（转引自东西方文化发展中心主编：《文明的可持续发展之道——东方智慧的历史启示》，人民出版社1998年版，第11页。）美国物理学家弗里乔夫·卡普拉亦认为，西方以笛卡尔、牛顿为代表的工业文明的机械论属"阳性文化"，这种文化已发展到"至阳"，它正面临着"阳至而阴"的转折，而在这一转折过程中，东方智慧的启迪至关重要，因为东方智慧包含着丰富的阴性因素，并在一定程度上体现着阴阳平衡。（参见同前著第340页。）最新的研究甚至提出，基于生物学的思考范式将

有望进入对等、互补、会通的新阶段。这样的看法是否过于乐观和武断了，还请大家指教。

取代基于机械原理的思考范式。这表明中国哲学的有机宇宙观→生命论→整体/连续/辩证/互动→万物之理→顺其自然→道德（立足群体的协作/类）的思维模式与西方哲学的无机宇宙观→机械（原子）论→个体/独立（不连续）/作用与反作用（对等）→万物之理→控制自然/人为设计→自由（立足个体的独立/个）的思维模式将有新的融合的可能。（参见美国《未来学家》9—10月《新的生物学范式》一文，作者阿诺德·布朗。转载于中国《参考消息》2008年9月10日，第9版"特别报道"。）

如何使法史学有思想和影响 *

一、为什么要提出这个问题

如何使法史学有思想和影响？这看起好像是一个很虚的问题，其实亦是一个很实的问题。因为事物都是相辅相成、辩证统一的，人类的事务亦都是虚实相间，不务虚亦难求实。这就是人们为什么要坐而论道的原因。

我之所以要提出这个问题，是因为目前法史学一方面成果迭出，另一方面其功能和价值却遭到质疑甚至否定。这其中的原因不一而足，但我以为其根本原因还是缺乏思想和影响。如果一门学科缺乏思想和影响，亦就限制了人们对它的关注和肯定。那么，如何使法史学有思想和影响呢？我认为法史学有多种功能，但它的主要影响在于思想。毕竟思想是学术之王，所以如何使法史学有影响，关键是如何使它有思想。从法史学来说，要使它成为有思想的学科，关键是挖掘和呈现它的法理。而学术史告诉我们，学术发展的动力不外是材料、方法、知识和理论。同样，法史学的发展亦需要材料、方法和知识，但更需要思想和理论。这部分是因为法史学作为一门学科，它是由过去的法律事实和今天

---

*　原载于《法学》2013 年第 5 期，有修改。

的理论认识所构成。但事实（包括事件、材料、制度）具有具体性、时空性和事后的流逝性，而理论（包括事理、学理、原理）却有抽象性、普遍性和超时空的连续性，所以，法史学探讨法理比描述事实更有价值。此外，还有部分是因为法理作为法学的共通之理，是法律科学的思想凝聚，人们只有通过凝聚思想的法理，才能透视被繁茂芜杂的法律现象所遮蔽的法的精髓。所以，法理是法学各门学科的最高追求和相通之途。唯有这样，不同的法律学科和法律学人才有可能经由法理实现法思相通。

二、如何使法史学有思想和影响

如何从法史中来探索法理呢？我认为从法史中抽绎法理，用法理来解读法史，应是一个可行的方法。因为法史中蕴含着法理，可以说法史是拉长了的法理，而法理则是压缩了的法史，这一点中外法史相通。但要摄取法史中的法理，就要从中抽绎；如何抽绎，就要用法理来解读法史。这样，法史学在复原、解释和探讨法的历史现象和发展规律的同时，亦能从人类经验的角度提供法的正当性解说，从而使它具有法理内涵，成为有一门有思想的学科。如此一来，法理学探讨一般的法理，部门法学可探讨具体的法理，法史学则可探讨历史上的法理和法理的历史性，从而使法史学真正成为法学（法的正当性之学）的基础学科，从而起到支撑和促进法理学与其他法学分支学科发展的作用，以彰显它存在的价值和无可替代的功能。然而，在我们的实际研究中，又如何做到从法史中抽绎法理，用法理来解读法史呢？从我自己对中法史的研究和认识来看，可以从以下两个方面展开。

第一，向里探索法史中"法"的内涵。亦即深度解读有关秩序与正义，或者说法的正当性这个基本问题。[1]这是法的内涵的核心部分，在西方如此，在中国亦是这样。我认为在传统中国法，或者说在中国法史中，法的内涵的核心是仁与义（准确说是仁与义的对立统一），这是传统中国法的正当性所在。因为在人类法律史上，法的内涵既有普遍性又有特殊性，普遍性表现为对秩序与正义的共同追求，特殊性表现为对秩序与正义的不同理解。而这种不同的理解，在不同的语境和历史文化系统中，却都是法的正当性所在。例如，在传统中国法观念中，正当性即是合理，合理亦就是传统中国的法理。这个法理的正当性源于自然界中生与序的有机一体，而在中国哲学中则被抽象为道与德的对立统一。因为在中国哲学看来，道曰序为异，德曰生为同，所以，生与序或德与道表现为重视生命与讲究礼序的对立统一。这就意味着传统中国法中的正当或者说正义，不是简单绝对的平等，而是包含了同与不同、等与不等的合理。所谓同/等就是同生同德同理者同等，这谓之等序；所谓不同/不等就是不同生不同德不同理者不同等，而是依据生之先后、德之高低、理之大小排序，生先、德高、理大者居上，生后、德低、理小者居下，这谓之差序。无论是等序还是差序，都是事物固有的，所谓本来如此，符合事物的自然法则，所以，都是合理的。合理作为传统中国人的正当/正义观，体现在法律上就是平或曰义，亦即公平正义。由此可见，这个公平正义不是简单绝对的平等，而是等序与差序的有机结合，其结果即是法律上合理有序结构的形成。由于这个结

---

〔1〕 参见［美］E. 博登海默：《法理学——法哲学及其方法》，邓正来、姬敬武译，华夏出版社 1987 年版，第 302～339 页"法律——秩序与正义的综合体"。

构是基于理而成的，所以它的有序或者说等差，因获得了理的支撑而拥有了正当性。又因为这个理是源于自然的生与序而成，所以它的正当性就有了扎根于自然的道德性。因此，从自然中的生序到哲学上的道德，再从哲学上的道德到法律中的合理，这就是植根于自然和道德的传统中国法的公平正义观。值此之故，前人在评价《唐律疏议》时说："论者谓唐律一准乎礼，以为出入得古今之平。"〔2〕可是我们知道，唐律一准乎礼，而礼是有等差的，有等差的礼又为何又谓之平呢？原因在于传统中国的平是合理，而合理是有等差的，是同与不同、等与不等的有机结合，所以，合理的礼就是平。这正是以唐律为代表的传统中国法理的核心。

　　如果要从根本上来认识这种有机结合所形成的合理，那么，在传统中国的语境和历史文化系统中它就是道德仁义。如上所说，道与义曰宜为序，表示世界的有序性；德与仁曰生为同，表示世界的创生性。道与德、义与仁，正像阴与阳一样，都是对世界有序性与创生性对立统一的表达。这是中国人固有的自然观、世界观和价值观，其中涵摄了中国人合理的公平正义观，自然亦是传统中国法的正当性所在。这种形式上有序、实质上合理而本质上为道德仁义的公平正义观，与西方形式上平等、实质上对抗而本质上为独立自由的公平正义观恰成对极，但并不违背人类法律对秩序与正义的基本追求。一般说来，（近代以来）西方的正义以平等为原则，传统中国的正义以合理为原则。平等是机械宇宙论的正义观，合理是有机宇宙论的正义观。合理的正义观以理为据，亦即以事物固有的存在之理，或者说事物的自然法则为依

〔2〕　（唐）长孙无忌等撰：《唐律疏议》，刘俊文点校，中华书局 1983 年版。第 677 页。

据，所以，它是等者同等、不等者不等，这样一种合理有序的构成。由于这个构成是基于理而成的，所以它的有序或者说等差，因获得了理的支撑而拥有了正当性。这就使得传统中国法既不完全同于西方，又不违背人类法律对秩序与正义追求的内在使命和基本价值，并且对今天因简单西化所导致的形式上平等而实质上不等的正义观亦有矫正作用。因此，深入探讨和展示传统中国法中仁与义的对立统一这个"法"的内涵，即是对中国法史研究深度的体现。

第二，向外拓展法史中法的"思想"的广度。亦即在向里探索的同时，依次联系和贯通法思想与政治和文化哲学的内在逻辑，最后使法思想有机地融入中国思想的系统之中，从而体现出中国法思想的广度。如果我们能够很好地将这个广度和上面所说的深度结合起来，并从中求解整体的传统中国法的原理，就像前辈学者杨鸿烈先生的《中国法律思想史》和英国学者李约瑟在《中国科学技术史》（第 2 卷·科学思想史）[3]中对中国法思想所做的解读那样，中国法史学的研究成果，就有可能会更多一些思想，从而扩大它的影响。

如果我们能更进一步，亦即在有根有据的基础上，系统地梳理和建构传统中国的法理，那就能真正扩大它的影响。因为凡是理都具有持续影响众人的特点，所以梳理和建构传统中国的法理，探讨它的生长脉络、历史性状和内在逻辑，揭示它的源、

---

[3] 参见 [英] 李约瑟：《中国科学技术史》（第 2 卷·科学思想史），何兆武等译，科学出版社、上海古籍出版社 1990 年版，第 551 ~ 620 页"中国和西方的人间法律和自然法则"。

流、变以及变中不变的精神与内涵，展现它在时间之流中的传承变迁以及在当时和对现今的意义，就是一项有影响的工作。譬如，通过梳理和整合天道、情理、仁义、礼法、秩序、公平、正义、合理、正当、责任、权利、权力，以及犯罪、惩罚、调解、和谐等这些传统中国法中的关键词的观念史，就有可能帮助我们发现和揭示蕴含于其中而至今仍有生命力的法理（要素）。由于法理具有正当性、支配性和持久性，所以如果我们能从中抽绎出某些法理（要素），其成果不止对建设中国法律文化哲学，就是对建设中国特色的现代法制，甚至对参与中华法文明的复兴都有不可或缺的价值。显而易见，这不仅有助于中国法史学真正发挥它作为法学基础学科，亦即法的正当性历史学的基础作用，还可以理直气壮地回答如今对它独特功能和价值的质疑。

　　然而，要做到这一点，需有两个前提性条件：一是传统中国有没有法理或法理学？二是如果有，又如何呈现它隐在的理论结构？这是两个难题，但如果没有这两个条件，就不可能有系统的梳理和理论建构。所谓皮之不存，毛将焉附！确实，在现代法学体系中，法理学原是西方科学的一部分，这是不争的事实。但大凡自成系统而有特色的法律文化都有自己的法理，这亦是不争的事实。中国法律文化上下五千年，影响整个东亚地区，形成举世闻名的中华法系。中华法系是在相当长的时间、相当广阔的空间和相当部分人类的生活环境中生长起来的，协调人与人、人与社会和人与自然关系的智慧成果，其法理独具一格、源远流长。惜乎我们的先贤未能使之系统化，提升为现代科学意义上的法理学。但缺少了具有与西方对等意义上的法理学，是否亦意味着传统中国就没有自己的法理呢？

对此，我们有必要先了解"何谓法理"？虽然法理学著作和一些工具书对"什么是法理学"都有解释，[4]但对"何谓法理"却很少有交代，有的亦是语焉不详。我依据自己的理解，认为按中国人的思维，万物皆有其理，正像物理为物之道理一样，法理亦就是法的道理，或者说法的内在理据，亦即法的正当性。[5]一旦人们将他们对法理的认识系统化进而提升为学说，即是法理学。由此观之，传统中国没有系统的法理学，但不能说没有法理，可以说传统中国的法理是我们的先贤关于法的基本问题的实践理性和历史经验的凝结，是作为一种秩序文明的中华法系的共通原理。对此，早在 1902 年，梁启超先生在他的《中国法理学发达史论》的开篇中即已指出："近世法学者称世界四法系，而吾国与居一焉。……我以数万万神圣之国民，建数千年绵延之帝国，其能有独立伟大之法系，宜也。然人有恒言，学说者事实之母也。既有法系，则必有法理以为之原。"[6]杨鸿烈先生亦说："中国几千年法律思想演进的情形并不像一般所理想的那样贫乏。实际上中国法律思想的范围牵涉得很为广大，内容的意蕴很为宏

---

[4]　笔者所见的《法理学》教科书开篇都有这样的内容，而且解释往往大同小异，恕不列举。

[5]　有趣的是，笔者意外地发现在日本东海大学任教的刘得宽教授的《法学入门》中有对"法理"的解说，且与本人的理解有合辙之处。刘教授说："法理一语虽平时不太适用，但在法学上常被提起；法理乃指物之道理，事之理路而言。在德、法二国中亦有与法理类似性质者，称之为 Nature der Sache；Nature des Choses。法理为物之道理，故法理为所有法源之基础，成为制定法、习惯法、判例法等法源之最根底之物……"（刘得宽：《法学入门》，中国政法大学出版社 2006 年版，第 21 页。）

[6]　梁启超：《梁启超法学文集》，范忠信选编，中国政法大学出版社 2000 年版，第 69 页。

深，问题很为繁多，不是只懂法学而不熟习史事的人所能窥其究竟，亦不是专攻历史不娴法学的人所能赏识。"[7]今天我们要探究传统中国的法理，仔细品味这段话确有温故知新的启发。

如上所说，传统中国的确没有经由形式逻辑建构起来的，亦即近代西方式的法理学体系，但确实有着丰富深厚的法理。否则，我们就无法理解传统中国完备的法律体系和有序的司法运作是建立在什么道理之上的？中华法系作为世界五大法系之一的正当性依据又何在？而任何一个法系没有系统的理论和正当性依据是不可能成立和存在的。所以，我认为传统中国的法理不仅表现和渗透在传统中国法的思想、制度和实践中，还广泛存在并扎根于传统中国的思想体系中，亦即传统中国法理与传统中国的政治和文化哲学具有内在的贯通性。这表明传统中国的法理是传统中国思想体系的一部分，所以，单从法的角度看，似乎它的法理很薄弱，但这是不正确的。因为传统中国思想是一个宏大的有机整体，传统法理不仅是这个思想体系的一部分，而且还是这个体系不可分的一部分，所以必须将它置于整个思想体系中来理解，只有这样才符合事实。而一旦将它置于中国思想体系中来理解，它的法理意味就丰富和深邃了[8]（有如前面所提到的传统中国法中的仁义问题），只是由于传统中国没有经由形式逻辑建构的法理学体系，所以，它的理论结构是隐存在相应的思想、制度和实践

---

[7] 杨鸿烈：《中国法律思想史》，何兆武等译，中国政法大学出版社2004年版，第314页。
[8] 笔者曾概括地探讨过传统中国的法观念、法秩序、法运行，以及法的理想和原理中的法理意蕴。参见张中秋：《概括的传统中国的法理观》，载《法学家》2010年第2期。

中的，我们的任务就是要把这个隐存的理论结构揭示和呈现出来。[9] 如何来揭示和呈现？这是问题的困难同时亦是价值所在。我现在所能想到和试行的办法是，依据材料合理阐释，亦即在有根据的基础上，从法史中抽绎法理，用法理来解读法史，最后经由符合逻辑的推理加以梳理和建构。事实上，在其他领域中已有先行和成功者，如先贤著《易传》呈现《易经》的卦理（结构），冯友兰先生呈现传统中国的哲学理论，葛瑞汉教授呈现中国道德哲学中的准三段论[10] 等。

---

〔9〕　笔者的这个说法受到徐复观教授的启发。参见韦政通编：《中国思想史方法论文选集》，上海人民出版社 2009 年版，第 116～126 页 "研究中国思想史的方法与态度问题"。

〔10〕　参见 ［英］葛瑞汉：《论道者——中国古代哲学论辩》，张海晏译，中国社会科学出版社 2003 年，第 438～443 页 "中国道德哲学的准三段论的划分"。

附录 II

坚持有理想的现实主义
做中国的历史主义法学 *

在法文化的视野里，法制建设是现实的课题，但它总是与历史文化传统相联系。虽然中国有很多的特征，但历史文化传统无疑是压倒性的，或许这是它不同于其他文明的地方。美国学者罗杰伟先生在北京大学百年校庆的汉学国际会议上说，20世纪的中国一直面对着两个问题：一是中国应当怎样处理它与西方国家的关系；一是它应当怎样处理与它自己过去的关系。他认为第一个问题已经成功解决了，第二个问题还没有得到成功地解决，而且21世纪中国文化的命运与面貌，将取决于这个问题的解决，即取决于中国怎样处理它与自己的历史文化传统之间的关系，怎样诠释和消化它的过去。[1]我们不迷信洋人，但罗杰伟的观点确有旁观者清的味道。实际上，百余年来中国法制建设面对的亦是这两个问题，而且我认为这两个问题都还没有完全解决好，或者说都还在解决之中。因此，今天我提出坚持有理想的现实主义，做中国的历史主义法学的倡议。这首先是因为，有理想的现实主

---

* 原载于《历史法学》2013年第1期，有修改。

〔1〕 参见北京大学中国传统文化研究中心编：《文化的馈赠——汉学研究国际会议论文集》（哲学卷），北京大学出版社2000年版，第8页。

义本来就是中国传统法文化的基本性格。

一、有理想的现实主义是中国传统法文化的基本性格

中国人在哲学和观念上都认为，天人合一，天理、国法、人情相通。这种为中华民族所固有的法观念，正是我们从西周发展而来的中国传统法文化之道。这个道用理学的话说是理，用现在的话说是道德原理。道德原理的含义是，道是事物的结构，表示万物的有序性；德是事物的属性，表示万物的生生不息；其中，道是德的存在形式，德是道的存在依据，两者合二为一构成事物的统一性，亦即统一原理。道与德在哲学上被抽象为阴与阳，在法律上转化为礼与法或德与刑，这样，从阴阳合一、阳主阴从的万物原理，转化成了礼法结合、德主刑辅的法文化原理，亦即《唐律疏议·名例》所言："德礼为政教之本，刑罚为政教之用，两者犹昏晓阳秋相须而成者也"。

中国传统法文化蕴含了现实主义与理想主义，其文化因子正是源于道德原理的内在结构及其辩证关系。在传统中国思维中，道归属于阴性，表示稳定、不易、成型、安静等性状，其对应的是井然有序的表象世界，所以，道是现实主义的根源。它表示对现实的认可和接受，而世界最大的现实是有序与稳定，所以，传统中国法中的三纲五常之道，或者说重在秩序的讲礼，就是对传统中国现实的认可和接受，其中最突出的就是传统中国法中的差序性与宗法性。其实，这正是道德原理中的道，或者说道的现实主义一面的体现。同理，德归属于阳性，表示变化、不息、未成、活动等性状，其对应的是生生不息的内在世界，所以，德是理想主义的根源。它表示对变动而成长世界的期待，意味着对未

来可抱有希望，所以，传统中国法中的三纲五常之德，或者说关爱生命的重生，就是对生生不息世界的向往和追求，其中最突出的就是传统中国法中具有普世性的仁慈博爱。其实，这正是道德原理中的德，或者说德的理想主义一面的体现。

最后，依据道德原理的内在辩证关系，亦即道与德的对立统一，道德原理合现实主义与理想主义为一体，成为有理想的现实主义，其中理想主义具有引导和支配性。为什么理想主义具有引导和支配性？因为道德原理的内在结构是德生道成。德生道成是万物生育原理，它的核心是万物有道、道中有德、德贵在生，生是万物存在的第一条件，成是万物存在的第二条件。所以，根源于德的理想主义，具有了引导和支配性。当然，这都是相对的。因为没有了道，德将生而不成。道与德始终是对立统一的辩证关系。联系到传统中国法的道德人文特征，我们可以说，重生意味着德，德是生生不息的创生性象征，内含了变以及对变的期待，表现为理想主义，具有超现实的普世性，三纲五常之德是它的体现。讲礼意味着道，道是井然有致的有序性象征，内含不变以及对不变的信念，表现为现实主义，具有实用的现世性，三纲五常之道是它的体现。总结起来，从三纲五常到重生与讲礼，它们统一于传统中国法，这意味着德与道、理想主义与现实主义，在传统中国法中达到了辩证的统一，其中因理想主义具有引导和支配性，从而形成有理想的现实主义。中国传统法文化的这个基本性格，亦即以人为首、重生与讲礼对立统一的道德人文特征，其实亦是中国传统文化的基本性格。

二、中国的历史主义法学要探求中国传统法理

学术史告诉我们，学术发展的动力是：知识、材料、方法、理论。法律史学发展亦需要知识、材料、方法，但更需要思想和理论。法律史学作为一门科学，它由过去的法律事实和今天的理论认识构成。但事（事件、材料、制度）有具体性、时空性、局限性和事后流逝性，理（事理、学理、原理）却有抽象性、普遍性和超时空的连续性。所以，探讨学理比描述事实有价值，这正是中国历史主义法学的基本追求。

在有理想的现实主义支配和指引下，中国传统法文化蕴含着深邃的哲理、学理和法理。由于学理具有正当性、支配性和持久性，而且返本才能开新，所以如果我们能从法史中抽绎法理、用法理来解读法史，其结果对构建中国法律文化哲学，对吸收中国传统法律文化有益要素以建设中国特色的现代法制（因为中国的根本特色在于文化，中国文化的根本特色在于道德，即由有机/整体/多元的宇宙自然观衍生出来的共生、共荣、共享的道德世界观），以及对参与中华文明复兴都有不可或缺的价值，就是对我们克服由西方文化和现代性所带来的个人主义危机亦是一剂良方。这里无法一一论证，单就中国法律文化哲学来说，亦可以看到道德原理法的价值。

譬如，源于西方的现代法观念认为，法是秩序与正义的逻辑结合体，法学是关于法（秩序与正义）的学术。中国传统法观念认为，法是合乎情理亦即具有正当性的秩序体系，包括意识、规则和习惯，其核心乃是有序与合理的有机结合。有序与合理的有机结合即是道与德的一体化。虽然道有多义，但方法是它的基

本义，本质上是有序；同样，德亦有多义，但仁爱是它的基本义，本质上是合理。所以，有序与合理的有机结合即是道与德的一体化，中国传统法律学术即是关于道德（有序与合理的有机结合）的原理、规则和习惯及其实践的学术。我们知道并赞同，人类法律的内在使命和基本价值是秩序与正义。传统中国法的讲礼→差序→合理有序，即是对秩序追求的表现；传统中国法的重生→等序→共生共荣，即是对正义追求的表现，只不过是这个正义不同于西方而已。西方以平等为原则，中国以合理为原则。平等是机械宇宙论的正义观，合理是有机宇宙论的正义观。合理的正义观以理为据，亦即以事物固有的存在之理为依据，所以它不是单一的平等，而是平等与不平等的有机结合。这使得传统中国法既不完全同于西方，又不违背人类法律的内在使命和基本价值。

三、坚持有理想的现实主义，就是回到中国法文化的正道

坚持有理想的现实主义，是我们面对历史时所采取的一种恰当的态度。它要求我们正视历史与现实之间的联系，认识到这种联系具有不以人的意志为转移的客观性，因此，我们不应因对联系意义的认识分歧而改变对历史的客观态度，即使这种联系是消极的，亦应积极认真地对待它。这样，不仅可以有效地为应因它的消极性而做好必要的准备，同时还有可能转移、减少、化解，甚至转化利用它的消极性。否则，消极性完全有现实化的可能。简言之，就是要把握贯穿历史、制约现实、影响未来的历史内在性。譬如，普遍存在于中国民众中的以刑为核心的法观念，显然与中国的法律传统有着密切的联系，对现代中国法治信仰的确立无疑亦是消极的，但这不妨碍我们以积极的姿态来分析认识它的

成因、影响、分布等，从而为法观念的转变创造有利条件。事实上，中国传统法律文化与现代法制的联系是一个复杂的复合体，并存、交织、混合着各种要素，这需要我们做认真挖掘、引导的工作，以弘扬其中的优秀成分。

中国是世界性的大国，拥有根深蒂固的有机的整体宇宙观，长期又是人类文明的中心（之一），道义上一直以天下为己任，所以，像"仁"这样具有普世性质和理想价值的伦理，正是它自觉承担这一责任的体现。我们知道，"仁"的含义是仁慈博爱，它要求做人为政不仅要有仁爱之心，而且这仁爱之心还要"博"，亦即要普遍地推广，所以，"仁"实际上是一项普世伦理。"仁"是传统中国最高的道德原则，居于由仁、义、礼、智、信这"五德"，或者说"五常"所组成的"德目"的首位。它不仅是传统中国伦理学的前提，亦是传统中国法律文化的法理依据和价值追求。《唐律疏议·名例》开宗明义说："《易》曰：'天垂象，圣人则之。'观雷电而制威刑，睹秋霜而有肃杀，惩其未犯而防其未然，平其徽纆而存乎博爱，盖圣王不获已而用之。"它的意思是说圣人立法在于效法自然，所谓"天垂象，圣人则之""观雷电而制威刑，睹秋霜而有肃杀"，因此，圣人立法的目的不是为了刑杀，而是为了"惩其未犯而防其未然，平其徽纆而存乎博爱"。质言之，圣人立法的直接目的是"防其未然"，其深远意图则是"存乎博爱。"亦即宋儒朱熹所说的，"教之不从，刑以督之，惩一人而天下知所劝诫。所谓辟以止辟。虽曰杀之，而仁爱之实已行乎其中。"[2]这表明"仁"是唐律的第一

---

〔2〕（宋）朱熹：《朱子语类》卷七十八。

原则。这一原则在唐律和传统中国法中都有突出的表现，最集中的就是体现慎刑与恤刑的宽宥制度，包括死刑复奏、诸司会审、秋审朝审、秋冬行刑等慎刑制度，以及对老、弱、病、残、鳏、寡、孤、独和对妇女、儿童的恤刑制度。人类经验表明，普世伦理往往具有理想性，一般产生在我国和以天下为己任，特别是拥有整体宇宙观的文明中。因此，对包括法文化在内的文化建设上，譬如在中外法文化的交流中，我们既要走"针对问题解决问题"的现实主义路线，又要表达人类的理想，两者结合起来即是笔者所说的有理想的现实主义。概括地说，这是作为中国人的世界观，亦即他们的主体意识、道德责任和历史文化传统的共同要求。

无可否认，中国的法治现代化建设已取得相当的成就。不过，我们还是要问：为什么百余年来我们在域外法律文化的输入上几易对象，似乎没有自己一贯的立场？我的推想是，由于缺乏对自己法文化之根的认识和把握，所以导致某个时间段我们的选择成为一种无根的随势游移。那么，坚持有理想的现实主义，是不是解决这个问题的方法呢？我认为这只是解决问题的开始。在我国最近一百多年来的法律实践中，提倡积极面对历史的声音并不是没有，而是在某个时间段被忽视了。同时，或许更为重要的是，提倡者缺少将这种历史观落到实处，没有像德国的萨维尼这样的历史法学家，能够在争论中沉静下来，将激情转化为理性，认真仔细、全力以赴地研究自己的法律传统，阐明法律发展中的历史联系和科学原理，从而为新的法律创制提供坚实的历史文化基础和科学的指导原理。这样的工作不只是《德国民法典》，亦是别的国家法典跻身于优秀行列的重要条件。没有这样扎实的工作和成果，有理想的现实主义亦只是姿态而已。当然，这样的工作不是任何个人所能完成的，它是一个民族和国家在法治建设上的一项重大课题，需要集体的意志、力量和智慧，但这并不妨碍，相反而是鼓励任何个人的参与。我还认为，坚持有理想的现实主义，就是回到中国法文化的正道。这需要我们重新认识和评估传统中国的道德原理，并在此基础上推陈出新，重建中国的道德体系，探求和弘扬一种既适合中国人自己的生活，又有共生共荣天下观的法哲学。只有这样，我们才有可能创新中国法文化，并对人类做出较大的贡献。

张中秋老师访谈录（代后记）[*]

记者：非常感谢张老师接受我们的采访，首先请您谈谈在"文革"期间的经历。

张中秋（以下简称"张"）：我是 60 年代初出生的人，当时的物质条件差，文化意识形态较为单一，但记忆中童年还是蛮快乐的，有清新秀丽的自然风光和无忧无虑的大量时光，不过教育基础不好，学习的内容多为时政性的。那时最多的是学农，跟着老师开荒种地，学工主要学习拖拉机、水泵等简单知识，多少有了一些感性认识。

记者：您作为法律史专业的老师，您对"文革"这段历史是如何看待的呢？

张：历史是无法改变的东西，不论你怎么评论，它就是那样，所以我们必须面对。现在看来"文革"是一段弯路，但中国社会有它自身的规律，这个弯路亦许是必然的，没有这段经历，不会有后来的改革开放，亦不会有后来整个中国对自身的深刻反思。就像人的一生一样，历史有弯路亦是正常的，但毕竟是

＊ 这篇访谈录是华东政法大学研究生余莉、聂潍两位同学，以记者身份为何勤华教授主编的《法学名家访谈录》（北京大学出版社出版）对我进行的采访整理稿。本着人与书相通的经历和认识，移刊于此，以代后记。谨此，向两位同学致谢。

向前的，我们要宽容地看待它。

记者：老师您听到恢复高考的消息是什么样的感觉呢？

张：我们当时对大学没有什么认识，恢复高考前有工农兵大学生，但感觉和自己没有关系。我读高中亦是去学农，当时的想法是要不要去当兵。所以，恢复高考的时候，没什么大的感觉，但老师很兴奋，老三届亦很活跃。后来有人考上了大学，就认识到这个事情非常重要，对于我们农家子弟来说，这就等于是跳龙门了。但又因为是生长在乡村，对大地总是有感情的，那时有一部小说叫《人生》，里面的主人公高加林，他热爱土地，但他看着远方黑暗处闪烁的城市灯光，却又向往。这大概代表了我那时的心情。

记者：老师，您考大学的时候就是一心想学法律的吗？

张：我上中学的时候，对历史和地理都很感兴趣，所以我填报的大学志愿是历史系，但没有被录取，后来就进了华政的法学专业。

记者：您进了大学后，当时对整个学校是什么样的印象呢？

张：我 1980 年上大学，第一次到上海很兴奋。当时学校的条件还不好，但对于我们乡村来的孩子感觉很不错了。那时没有正式的图书馆，白天是食堂，晚上是图书馆，运动场地亦不够，但学校领导有理想、有精神、能吃苦，他们在帐篷里工作，把房间让出来供教学和学生学习用，很是值得敬佩。大学一年级的时候，我们专业课不是很多，晚上在食堂看学校的杂志，我很爱看小说，什么都翻着看，觉得很享受。那时的同学很刻苦，很朴素，年纪差距很大，有老三届的，亦有应届生，大家相互交流，收获不小。印象最深的是每天晚上的夜谈，谈到很晚很晚。那时是行政班，每个班都是一个集体组织，我是班里的学习委员，班里搞集体活动，大家纪律性很强，充满了朝气和正气。现在的同学自由感很强，和我们那时不一样。我最怀念的是上海的书店多，还有物价便宜。我是农村来的，不交学费，基本生活靠国家补助，每个月 23 元 5 角。我每月用 17 元生活，年底有时还有 50 元的困难补助，这在当时算是很高的了，用不完的钱就拿去买书。当时上海的学术气氛很浓，有很多的书，有公开发行的，亦有内部发行的。我几乎每个周末都去上海各大书店，一面看书一面买书，到我大学毕业的时候已买了 1000 多本书。我读大学的时候对哲学有了兴趣，记得卢梭的《社会契约论》和《论人类不平等的起源和基础》，我拿到手后，都是通宵读完，很受震撼。还有黑格尔的《小逻辑》，虽然不是很懂，但对其思辨的思维很欣赏。我一直喜欢历史，当时华东师范大学的学术比我们华政强，我经常到华师大去看我同学，借机向师大历史系 78、79 级的同学学习，有时就参与到他们的讨论中去，这让我在思考上更追求深度。可以说，大学阶段的求学热情是我后来从事学术研究的一个重要的预备阶段。

记者：您在华东政法大学的四年学习阶段，有没有印象深刻的老师和同学呢？

张：有的。我到华政后，师资还在恢复，但老师很热情，对学生很关爱。其中有位王绍棠老先生是教法史的，因我对历史的兴趣，所以就去拜访他。王先生人很好，热情接待了我。我当时写了篇文章，是对太平天国天朝田亩制度实施的探讨，王先生为我认真地加以修改，这对一个大学生来说是莫大的荣幸，我深受鼓舞和感动。王先生是研究唐律的，我后来亦研究唐律，多少是受这个影响。我还记得我那时是学习委员，我请王先生给我们做个演讲，他欣然答应了。他对同学们说，对于文科的同学来说，发明创造是很难的，一点点的进步亦是发明创造，如果你把发明创造看成是很长很大的突破，那你很难会有成果。这句话对我很有启发，我后来跟同学讲，知识是个积累的过程，认识是渐变的过程，顿悟亦是在渐变的基础上发生的。我后来考研究生，考的是法制史，但分数没有别人高，学校劝我转法理，起初我亦同意了，但当时对法理确实兴趣不大，所以，当中国政法大学招收法制史研究生班时，王先生问我要不要去，我很高兴地说要去。然后我就去了北京，现在想来当时最大的心愿应是去北京。

记者：能不能谈谈老师您最近的研究心得？

张：我高考前想学历史，到了大学后对法律逐渐有了兴趣。法学是博大精深的，但我对法学的兴趣主要集中在法学理论和法律史学。后来我研究法律史，觉得它是根。这些年我研究的是法律文化，关注的是中国法律文化的理论问题，亦即中国法律文化之道。走上这条路，对我来说有所必然。我生长于清秀自然的江南农村，天性中有乡土社会的求实倾向，同时又有对空灵文化的向往，所以，从探求法的历史到追寻它的文化原理，似乎成了我研究历程中的一个自然选择。我的研究路径是从法史到法文化，从法文化到法原理。在这方面，出了一点成果，主要是《中西法律文化比较研究》《中日法律文化交流比较研究》和《原理及其意义——探索中国法律文化之道》。《中西法律文化比较研究》从1991年初版以来已出到第四版，最近一版是在法律出版社出的，从内容结构上说，初步实现了我对中西法律文化差异、求同、会通的比较。顺便说一下，《中西》这本书除了在内地受到重视外，我在香港地区和日本的书店里亦看到过在售，美国国会图书馆东亚部亦收藏了本书。《中日》这本书不厚，但它牵连到我近三十年的时光。早在 1981 年，我正在华政读书，有一天晚上，我到了阅览室，里面有一本台湾地区的刊物上登了一篇题为"中日法律文化交流小史"的文章。这篇文章吸引了我，我仔细地把它读完。让我意想不到的是，发达的日本居然还有接受中国法律文化千年的历史，而中国法制近代化又居然是从引进日本法开始的。这使我惊讶不已，其印象之深迄今不忘。遗憾的是这篇文章没有分析，亦缺乏比较，于是我就想干一件弥补缺憾的事。到了 2003 年，我总算把初稿完成了，后来又改了几稿，到 2009 年才出版。《原理及其意义》这本书是一部论文集，它记录了我近二十年来对中国法律文化之道的探索，亦代表了我对中国法律文化原理及其意义追问的最新思考。现在很多人在研究法律文化，但坦率来说他们研究的不是法律文化而是法律制度和法律思想，因为他们的研究和以前的这类研究没有什么区别。法律文化关心的是法的观念、原理和价值体系，总之是理论性的。法律文化是贯彻在法律之中的，但它不等于法律制度或某某人的法律思想本身，而是起支配作用的精神力量。所以，现在法律文化研究似乎很热，但实际上称得上是法律文化研究的成果寥寥无几。

记者：在您的领域中，有没有出现比较大的争论？

张：在我研究的领域中有过比较大的争论，就是对中国传统法律文化价值的认识。简单说有否定、肯定和折中三派。我开始做中西法律文化比较时，对中国传统法律文化的价值有怀疑以至于某种否定，但进入 90 年代，我的认识发生了变化。譬如，我前几年写了一篇探讨传统中国法的道德原理及其价值的文章，像这样的文章，我以前是不会写的。因为我自 1980 年开始学习法学起，就领略到了传统中国法因其"礼法结合"所形成的法律道德化和道德法律化而受到的广泛且严厉的批评。这些批评已深深地刻在我的脑子里，其影响之大对自己任何稍有不同的想法，哪怕是本能的不满都形成某种压制。面对强大的批评声，即使心有疑惑亦不敢随便提出，似乎一提出就有为"人治"辩护之嫌。现在回过头来看，这个看似纯粹的个人经历，其实浓缩了一代人和一个时代的特征。我这样说的意思是，像我这样生于 20 世纪 60 年代，又在 80 年代初进入大学学习法律的人，有两个先天不足：一是深受政治意识形态和现代化话语的影响；一是接受法律实证主义的教育。前者让我们要么把传统当作封建专制加以批判，或者把传统与现代化对立起来；后者使我们将法律与道德分离。不幸的是，这成了我们那一代法律学人共有的理论和专业基础。如果再加上自己的根底不足，那就很难理直气壮地说出自己的看法了。我后来决定写这篇文章的因素，除了专业上的认识外，背后还有几个与之相关的问题意识。一个是费孝通先生讲的，在全球化的今天如何做到"文化自觉"。这一直促使我思考：对待中国传统法律文化我们如何有"文化自觉"？这可不是个小问题，它关系到我们法律学人对自己民族历史的主体性和文化价值观的觉悟。另一个是日本学者沟口雄三曾在一次国际会议的演讲中提到的："中国知识分子的历史课题是摸索中国文化传统下法的原理（法源在于权利还是在于道德），或者在私营经济活动日益活跃的现状下，探索如何对共同性和个人性的关系作出原理的说明。"对我们来说，这同样是贯穿历史与现实的重大课题。还有一个是目睹现实中国，一方面为它的发展深受鼓舞，一方面又为它存在的问题而忧虑。我以为当下中国最大的问题不仅在于制度亦在于人，人的问题不仅在于规范更在于道德。如果我们的制度、法律和人都没有道德，或者说缺乏德性，那后果是不堪设想的，但传统中国在这方面有丰富的资源可供我们汲取，这使我对中国传统法律文化的价值从怀疑到某种肯定。

记者：在您的研究中，您最乐于采用的是哪一种研究方法呢？

张：最早的时候，我们喜欢采用很多方法，觉得方法越多越好。其实，方法的好坏在于它是不是能解决问题，方法跟着问题走，如果一个问题用传统的方法可以很好地解决就用传统的方法。比如说文字考订，这个还是要用传统的方法更好。从我自己的研究经历讲，我喜欢比较和思辨的方法，在比较中寻求异同，在思辨中抽象概括。当然，历史的方法亦很重要，它讲究材料的扎实和对规律的把握。但对一个法律学人来说，法学的方法，亦即法理分析是最重要的，否则你做的就不是法学。

记者：您觉得我们国家和日本相比的研究差异在哪里呢？

张：日本学者的特点是扎实和精细，有的亦达到了精深，有的还力图在理论上有突破，但总体上来说，他们的理论不够博大。在扎实和精深上，中国现在的学者略逊色于日本学者，但另一方面，中国学者的优势在于他的宏观性视野，这与中国文化哲学传统中的天下观有关。

记者：在我们中国法发展的过程中，怎样做到把中国传统法文化和西方先进的法文化进行融合呢？

张：法律文化，不管是同类型的还是不同类型的，都可以交流，因为文化是人类产出的东西。但不同文化之间必然有差异和冲突，然而这种冲突是可以克服的，依靠的是人类理性对理想和自尊的追求。日本在这方面的态度是"大胆引进，善待传统"，这是一种理性但很现实的方法。中国有日本十倍以上的人口，有比日本大得多的国土，还有世界性的哲学，就是以天下为己任，而这是日本所没有的。这些形成了它们之间的差别，中国在解决自己的问题时还在想着天下的问题，日本走的是现实主义的路径，故它能比较迅速有效地进入先进国家。中国要学习日本现实主义的道路，但要超越日本，超越在哪里，就是要有理想的现实主义路径。日本完全是用实用的方法解决现实本土问题，中国要有为世界做贡献的心态，要有作为大国的世界担当。

记者：老师，您觉得在中国目前的情况下，走理想主义的现实路径有可操作性吗？

张：应该说中国目前都是实用主义。但中国问题本身具有世界性，不考虑国际是不合适的。现在世界正处于转型期，中国模式对世界有吸引力，现在有很多学者，特别是国际政治学者在考虑这个问题了。未来世界的体系不可能仍是西方主宰，必然是多种体系的融合，而中国在这里面必须要有担当。我们不是为了担当而担当，而是中国本身拥有世界性。走有理想的现实主义路径，目前的操作性虽然不明显，但是有极大可能的。

记者：您觉得自己最大的贡献是什么？

张：一个人的贡献，别人说比自己说好。如果非要说的话，我在中西法律文化比较方面，运用文化类型学和原型理论，透过对中西法律文化的比较，提出中西法律文化存在着诸多差异。在这些差异中，对"人"是什么——德性的存在还是理性的存在——的不同理解和设定，是中西法律文化最大的差异所在。中西法律文化的这些差异只能说是不同，很难说是不好。而且无论差异有多大，大家都是文化中的人，在人的本质属性上是一致的，因此，在人的文化原理层面上，中西法律文化具有同一性，即在人的文化原点、原理及其展开的轴心和结构模型上有其共同性，所以，中西法律文化的交流本质上是可行的。这个观点的理论贡献，一方面在于对中西法律文化进行了辨异、求同和会通的比较；另一方面在于从文化原理上解读了中西法律文化的同一性，这个认识既可检讨中西法律文化交流的历史实践，又可分析和推论中国法律文化在当下的构成及其未来走向。

在中日法律文化交流方面，我透过对唐与清末中日法律文化交流的比较，发现人类法律文化发展的不平衡引发了它们之间的交流，交流中起支配作用的是基于人类生活的共性和个性所形成的法律文化的同一性与差异互补性原理。在这个原理的作用下，通过人这个历史主体的参与和推动，人类法律文化的交流从理论上的必然转变成现实。唐与清末中日法律文化的输出与输入，乃是同一性原理和差异互补性原理在交流中发挥各自和相互作用的结果，即通过继受与变通的协奏，调和激进主义与保守主义的紧张关系，调适域外先进文化与本土固有传统，利用文化亲近因素化解和获取交流中的难与易。这是目前该领域中第一部具有学理意义的比较法律文化作品。

在中国法律文化原理方面，我透过对中国法律文化的理论探讨，认识到中国法律文化原理是道德原理。道德原理的含义是，道是事物的结构，表示万物的有序性；德是事物的属性，表示万物的生生不息；其中，道是德的存在形式，德是道的存在依据，两者合二为一构成事物的统一性，亦即统一原理。道与德在哲学上被抽象为阴与阳，在法律上转化为礼与法或德与刑，这样，从阴阳合一、阳主阴从的万物原理，转化成了礼法结合、德主刑辅的法律原理。如果不带现代人的偏见，我相信在传统社会的中国人看来，道德作为中国法律文化的原理，亦即传统中国法理根据之所在，理论上不仅具有充分的正当性，事实上亦是他们理想的至少是合理的现实生活的一部分；而且由于这个原理扎根于万物有序与生生不息的自然之理，于今除了要遗弃它一些旧时精华而今糟粕的东西，如过度尊崇权威和维护等差的"三纲"礼教外，更因为它在精神上肯定和追求有德的人、向善的法与和谐的社会，契合人类真、善、美的理想，所以依然具有某种程度的普适性和持久性；即使与西方法的自由原理相比较，亦永有其价值，因为道德与自由都是人类所必需的。这表明，我们的先人几千年的法律生活，在给我们留下悠久丰富的法律文化传统的同时，又赋予了它义理深邃的法律文化哲学。

记者：您觉得我们现在的中青年治学浮躁吗？是多发表文章好呢还是少发表好？

张：从法学群体来讲，现在还没有什么流派出现，虽然有这样的苗头。中青年法学家大部分还是在追求学问，他们中有相当部分人把学术当成生命来对待，可以说这样的学者是真正的学者。还有部分学者是双肩挑，在做学问的同时亦在做行政工作，但优秀的学者应该花更多的时间来做学问。可是现在的实际情况是，如果你不做行政工作，那你的学术资源就可能受到限制，从而影响你的学问。我认为学问一个人可以做，而且可以做得很好，人文社会科学的性质完全适合个人，因为它是对思想的追求，要的是个性，而个性和思想往往是难以合作的。但亦要承认，学科需要群体，一个人是撑不起学科的。所以，如何在学术和学科之间形成合理的关系，这是当代学人所面临的难题。此外，还有相当部分人我要批评，他们对学问并不热心，把大量时间花在社会活动上，很多与学术是没有关系的，纯粹是赚钱。我看现在发表文章多的优秀学者有，成果少的优秀学者亦有，量和优秀并不矛盾。不过，年轻学者应该知道，量不代表质，而且量不应该违背基本原则，比如你不能重复发表、不能抄袭，量应该是在遵循基本原则的前提下完成的。

记者： 您觉得一种良好的学术氛围应该是什么样子的呢？

张： 从体制和机制上讲，我觉得良好的学术氛围就是教师把心思放在教学和研究上，有完善的学术评价体制和激励体制。在这个体制和机制还没有健全的情况下，我个人觉得，如果单位能够提供基本条件，我就满足了，我就自己做学问。

记者： 您刚才谈到中国目前的学术研究状况和我们的高等教育体制有关，在您看来，我们要完善自己的高等教育体制，当前可以做的比较重要的改革措施是什么？

张： 在高等教育上，我的看法是，大学领导应该民选，选出的大学领导应该有大学精神，大学精神在于尊重学术、尊重教师、尊重学生，并在大学推行民主化管理。另外，大学应该引进竞争、淘汰机制，增强大学的活力。还有，考核不能没有但也不能太频繁，尤其要考核实质的东西，而不是形式主义。

记者： 听了老师的话觉得受益匪浅，最后希望老师给我们的年轻学子提供一些建议。

张： 一个人来到这个世界不容易，所以作为人来讲，应该有志向和追求。有了目标后，希望能坚持下去，中间可能有反复，但坚持下去就能实现。我的体会或许不足为训，但如果你想做学

问，而且是想做真学问，那我建议你，在态度上要诚，在志向上
要高，在钻研上要一心一意、全力以赴，在方法上要先博后专，
做到博中有专，专中有精，精而后通。达到精通，你就入道了。
中国文化的最高境界就是道，有了道，你就从容了。